Métropole de Lyon, an I :
des élections directes, et après ?

GRALE

Le GRALE (Groupement de Recherche sur l'Administration Locale en Europe) est un groupement d'intérêt scientifique (GIS) fondé sur un contrat pluriannuel associant plusieurs institutions ou entreprises : les universités Grenoble Alpes, Lille – CERAPS, Paris-I - Panthéon-Sorbonne, Reims-Champagne-Ardenne – CRDT et Toulon, Électricité de France, le Centre national de la fonction publique territoriale, la Mutuelle nationale territoriale et d'autres institutions ou entreprises, en fonction des projets.

Le GRALE, qui réunit une quarantaine de centres de recherches et institutions scientifiques nationales et internationales, a pour mission de promouvoir des recherches sur les collectivités locales, l'action publique territorialisée et des problèmes juridiques qui s'y rapportent. Il trouve sa raison d'être dans le réseau dense et diversifié des équipes de recherche ou associations scientifiques des diverses disciplines qu'il contribue à entretenir et à stabiliser. Ce réseau forme la base de l'Observatoire national de la décentralisation mis en place par le GRALE en 2004 en partenariat avec le ministère de l'Intérieur, et qui continue son activité de manière indépendante.

Le GRALE est également au centre d'un réseau international associant des chercheurs de plus de trente pays.

Contacts :

GRALE, Université Paris-I – Panthéon-Sorbonne, 12 place du Panthéon – Bureau 417, 75231 Paris Cédex 05 ; tél. : 33(0)1 44 78 83 87 ; mel : grale@univ.paris1.fr ; twitter : @g_grale ; site :*https://gis-grale.fr/*

Nicolas Kada, Directeur des publications du GRALE

Maud Lesueur, Chargée des publications

Dernières parutions dans la collection du GRALE

– J. Daniel et C. David (dir.), Préf. J. Ziller, *75 ans de départementalisation outre-mer. Bilan et Perspectives. De l'uniformité à la différenciation,* oct. 2021.

– L. Botti et J. Spindler (dir.), Préf. de Ch. Mourisard, *Organismes de gestion de destination : Stratégies et pratiques pour un management responsable et durable des territoires touristiques*, sept. 2021.

– M.-Ch. Steckel-Assouère (dir.), Préf. de R. Pasquier, *La résurrection des villes face à a Covid-19 : Les opportunités de la revitalisation et la régénération urbaines*, janv. 2021.

– P.-Y. Chicot et P. Obertan (dir.), *La régionalisation à l'aune de l'évolution législative de la décentralisation. Méthodologie(s) et visions(s) prospective(s) de régions stratèges*,janv. 2021.

– N. Peypoch et J. Spindler (dir.), Préf. de Ch. Mantel, *Marques et labels touristiques. Leurs contributions au développement des collectivités territoriales*, 2020.

Sous la direction de
Christophe Chabrot

METROPOLE DE LYON, AN I : DES ELECTIONS DIRECTES, ET APRES ?

L'Harmattan

Actes du colloque organisé par
la Faculté de droit Julie-Victoire Daubié de l'université Lyon 2,
avec le soutien de la Métropole de Lyon, le 26 février 2021.

5-7, rue de l'École-Polytechnique ; 75005 Paris

http://www.editions-harmattan.fr

ISBN : 978-2-343-25173-8

EAN : 9782343251738

Sommaire

Partie II

ÉLECTIONS ET TERRITOIRES

Auteur(e)s

CHABROT Christophe	Maître de conférences (HC) de droit public, Université Lumière-Lyon 2, Faculté de droit Julie-Victoire Daubié, UR Droits, Contrats, Territoires (DCT), Responsable de l'axe Territoires.
ENJALBAL Bertrand	Journaliste à *Rue89Lyon*.
FRAYSSE Élise	Maîtresse de conférences de droit public, Université Lumière-Lyon 2, UR Droit, Contrats, Territoires.
GEOFFROY Hélène	Sixième Vice-présidente de la Métropole de Lyon, en charge de l'Égalité des territoires.
GRIVEL Marc	Conseiller métropolitain, membre de la Commission permanente de la Métropole de Lyon, maire honoraire de Saint-Cyr-au-Mont-d'Or.
PROTIÈRE Guillaume	Maître de conférences de droit public, Doyen de la Faculté de droit Julie-Victoire Daubié, Université Lumière-Lyon 2, UR Droits, Contrats, Territoires.
PYKA Robert	Professeur des universités, Institut de sociologie, Observatoire des processus urbains et métropolitains, Université de Silésie à Katowice (Pologne), invité du Collegium de Lyon.

SOUVIGNET Xavier — Professeur agrégé de droit public, Faculté de droit Julie-Victoire Daubié, Université Lumière-Lyon 2, UR Droits, Contrats, Territoires.

TESTARD Christophe — Professeur des universités, Université Clermont Auvergne, Centre Michel de l'Hospital (EA 4232).

Table ronde 1

Animateur : Nicolas BARRIQUAND (Cofondateur et Rédacteur en chef du journal en ligne *Médiacités Lyon*).

Participants : Gilbert-Luc DEVINAZ (Sénateur, Villeurbanne), Nathalie FRIER (Commission permanente de la Métropole de Lyon, ancienne maire de la commune de Saint-Fons), David KIMELFELD (Commission permanente de la Métropole de Lyon, ancien président de la Métropole de Lyon), Romain MELTZ (Maître de conférences en science politique, Université Lyon 2), Pierre OBRECHT (Président du cercle *De la Démocratie en Métropole*), Béatrice VESSILLER (2de Vice-présidente de la Métropole de Lyon en charge de l'Urbanisme et du Cadre de vie).

Table ronde 2

Animateur : Christophe CHABROT (MCF, Université Lyon 2).

Participants : Laurence BOFFET (18e Vice-présidente de la Métropole de Lyon en charge de la Participation et des initiatives citoyennes), Bertrand CHABBAT (habitant de Lyon), Nicolas FRASIE (association « La Ville à Vélo »), Hélène GEOFFROY (6e Vice-présidente de la Métropole de Lyon en charge de l'Égalité des territoires), Xavier ODO (maire de Grigny).

Mises en pages : Maud Lesueur. SG GRALE.

AVANT-PROPOS

par

Christophe CHABROT

Maître de conférences (HC) de droit public
Université Lumière-Lyon 2, Faculté de droit Julie-Victoire Daubié
UR Droits, Contrats, Territoires (DCT), Responsable de l'axe Territoires

Je tiens à remercier chaleureusement la Métropole de Lyon, son président Bruno Bernard et ses services administratifs et techniques pour leur accueil et pour la confiance qu'ils nous ont renouvelée dans l'organisation de ces 24es Rencontres Juridiques de la faculté de Droit Julie-Victoire Daubié de l'université Lyon 2, ce vendredi 26 février 2021 sur le thème *Métropole de Lyon, an I : des élections directes, et après ?* Toute cette journée de colloque va en effet se tenir dans les locaux de la Métropole et plus particulièrement dans la salle du conseil métropolitain, qui plus est avec retransmission vidéo simultanée et en *podcast*[1]. Nous avions fait le pari risqué de maintenir la tenue de ce colloque en présentiel en cette période incertaine liée à l'épidémie de Covid 19, en prenant bien sûr toutes les mesures sanitaires appropriées et en envisageant différents plans B, et la Métropole nous a suivi dans ce pari qui s'est finalement révélé

1. À visionner sur : *https://droit.univ-lyon2.fr/recherche/actualites-de-la-recherche/retransmission-24e-rencontres-juridiques-metropole-de-lyon-an-i-des-elections-directes-et-apres.*

gagnant. Ce colloque est ainsi le premier tenu physiquement par la faculté, voire par notre université, depuis plus d'un an. S'inscrivant dans une tradition de réflexion Métropole-Université qui commence à se mettre en place, et premier colloque à essayer de tirer l'expérience des changements profonds connus par la Métropole avec les élections de 2020, il aurait été dommage de l'annuler.

Les 29 et 30 mars 2018, le centre de recherches Droits, Contrats, Territoires (DCT) de l'université Lyon 2 organisait en effet déjà, avec le soutien de la Métropole de Lyon et dans cette même salle du conseil métropolitain ainsi que dans le Grand Amphithéâtre de l'université Lyon 2, un colloque international sur le thème *La Métropole de Lyon, de la singularité à la modélisation ?*[2] La métropole venait de fêter ses trois ans, se mettait progressivement en place, et apparaissaient les grandes lignes de son fonctionnement institutionnel ainsi que la problématique de ses rapports avec les communes et la difficulté à nouer des liens directs avec ses populations. Mais son organigramme était encore très lié à son ancien statut d'établissement public de coopération intercommunale (EPCI), à cette communauté urbaine du Grand Lyon créée par la loi du 31 décembre 1966 et mise en place au 1er janvier 1969[3]. Le Conseil constitutionnel avait en effet accepté dans la loi dite MAPTAM de 2014[4] qui créait cette collectivité territoriale à statut particulier la prorogation de l'ancien conseil composé de représentants des communes membres désignés lors des élections

2. C. CHABROT (dir.), *La Métropole de Lyon. De la singularité à la modélisation ?*, éd. L'Harmattan, coll. « GRALE », 2019.

3. Les institutions, les compétences et le périmètre de cette communauté urbaine changeront peu jusqu'en 2014, seules 4 communes s'ajoutant aux 55 initialement prévues (Givors et Grigny au 1er janvier 2007, Lissieu au 1er janvier 2011 et Quincieux au 1er juin 2014).

4. Loi nº 2014-58 du 27 janvier 2014 de modernisation de l'action publique territoriale et d'affirmation des métropoles, qui créé la Métropole de Lyon à statut particulier selon l'article 72 de la Constitution, dans ses articles 26 à 39. Décision du Conseil constitutionnel nº 2013-687 DC du 23 janvier 2014, consid. 56 à 75.

municipales de mars 2014, ainsi que le maintien en poste de l'ancien président d'alors initiateur de sa transformation, Gérard Collomb qui, devenu ministre, cédera son siège en 2017 à David Kimelfeld.

Nouveauté institutionnelle territoriale, alors que toutes les autres métropoles ne sont que des EPCI, cette Métropole de Lyon interrogeait et ouvrait des perspectives. Elle devenait même une référence pour de futures réformes territoriales, la volonté de fusionner d'autres métropoles avec le département sur leur territoire et d'étendre ce statut de collectivité territoriale à régime particulier étant envisagé pour Aix-Marseille, Toulouse ou Nantes par exemple.

Mais la singularité n'est pas devenue modèle. Au contraire, la spécificité des conditions de naissance de cette métropole lyonnaise, l'aspect encore incertain de son devenir et les tensions redoutées entre élus et collectivités ont eu raison de sa généralisation à d'autres entités. Il faut toutefois signaler que certaines de ses innovations ont pu être étendues aux autres EPCI. Ainsi, le conseil de développement créé volontairement par la communauté urbaine de Lyon en 2000 et repris tout aussi volontairement par la Métropole a été rendu obligatoire pour les EPCI à fiscalité propre par la loi NOTRe du 7 août 2015[5]. Ainsi en va-t-il aussi du pacte de cohérence métropolitain créé par

5. Décision du conseil de la Métropole de Lyon du 11 mai 2015, et art. L. 5211-10-1 CGCT (Code général des collectivités territoriales) créé par la loi NOTRe du 7 août 2015 prévoyant un conseil de développement « composé de représentants des milieux économiques, sociaux, culturels, éducatifs, scientifiques, environnementaux et associatifs du périmètre de l'établissement public » pour les EPCI de plus de 20 000 habitants, seuil que la loi Engagement et Proximité du 27 décembre 2019 a porté à 50 000 habitants.

la loi MAPTAM pour la Métropole de Lyon et étendu à d'autres par la loi Engagement et Proximité du 27 décembre 2019[6], tout comme les conférences des maires[7].

Deux ans après ce colloque de 2018, les nombreuses évolutions prévues par la loi MAPTAM ont été mises en place, mettant fin à cette étrange période de transition.

La réforme la plus visible réside sans doute dans l'élection désormais directe des conseillers d'une métropole devenue collectivité territoriale, et devant donc être dirigée par des autorités désignées par les habitants selon l'article 72 de la Constitution. Depuis les élections des 15 mars et 28 juin 2020, les membres du conseil métropolitain sont ainsi élus au suffrage universel direct dans le cadre de quatorze circonscriptions électorales dépassant l'échelle communale, ce qui délie la Métropole de ses racines municipales. Aujourd'hui, moins d'une commune sur deux a son maire membre du conseil métropolitain[8], alors que cette situation était presque systématique dans le conseil de 2014-2015[9]. Cette élection pose d'ailleurs des questions

---

6. Art. L. 5211-11-2 CGCT qui renomme ce document « pacte de gouvernance ». Noter toutefois que seule est obligatoire, pour un établissement intercommunal à fiscalité propre, la discussion sur la nécessité de créer un tel pacte après les élections, et non son élaboration ou adoption qui restent donc facultatives.

7. Si la création des conférences territoriales des maires est envisageable par les pactes de gouvernance facultatifs sur les portions du territoire de l'EPCI (art. L. 5211-11-2 II CGCT), la création d'une conférence des maires, regroupant l'ensemble des maires de l'EPCI sur le modèle de la conférence métropolitaine des maires du Grand Lyon, est désormais obligatoire pour tous les établissements à fiscalité propre (art. L. 5211-11-3 CGCT : « La création d'une conférence des maires est obligatoire dans les établissements publics de coopération intercommunale à fiscalité propre, sauf lorsque le bureau de l'établissement public comprend déjà l'ensemble des maires des communes membres »).

8. 24 maires seulement, sur les 59 possibles, siègent ainsi au conseil métropolitain en 2021.

9. Le conseil de la communauté urbaine élu en 2014 et prorogé comme conseil de la Métropole au 1er janvier 2015 comportait ainsi 54 maires, seules les communes de Champagne-au-Mont-d'Or, de Corbas, Feyzin, Rochetaillée-sur-Saône

techniques, relatives au périmètre et au nombre des circonscriptions, à la date de tenue des élections à coupler ou non avec les élections municipales ou au mode de scrutin et aux primes majoritaires utilisées, notamment. Mais elle pose aussi des questions de fond, quant à la nature du Grand Lyon et aux liens que cette métropole est désormais appelée à créer ou recréer avec ses habitants-électeurs et avec les communes.

Liée à la désignation des instances dirigeantes d'une collectivité territoriale, cette élection rend de plus impossible désormais le cumul de deux exécutifs métropolitains et municipaux, cette classique double casquette de maire-président ici interdite par le principe de libre administration des collectivités et par la loi, et donc concrètement « l'accaparation » du Grand Lyon par le maire de Lyon, et ceci en rupture avec son histoire[10]. L'actuel maire de Lyon, Grégory Doucet, bien que membre du conseil métropolitain, n'est même plus vice-président du Grand Lyon ni membre de la Commission permanente, pas plus que son ancien maire-président, Gérard Collomb.

Mais d'autres réformes ont accompagné ce changement de mode de scrutin. Il faut ainsi signaler celle affectant le mode de désignation de la Commission permanente. Suite à l'amendement du sénateur villeurbannais Devinaz à la loi Engagement et Proximité de 2019,

---

et Saint-Genis-les-Ollières étant représentées par une autre personne.

10. Depuis la création de la communauté urbaine de Lyon par la loi du 1er décembre 1966, tous les présidents ont ainsi été également maires de Lyon : Louis Pradel (maire de 1956 à 1976), Francisque Collomb (1976-1989), Michel Noir (1989-1995), Raymond Barre (1995-2001) puis Gérard Collomb (2001-2017). David Kimelfeld (2017-2020), qui succédera à Gérard Collomb lorsque ce dernier deviendra ministre de l'Intérieur du gouvernement d'Édouard Philippe (la mairie de Lyon étant confiée à l'autre homme de confiance qu'était Georges Képénékian), était maire du 4e arrondissement de Lyon, 1er adjoint de Gérard Collomb à la mairie de Lyon et son 1er vice-président au Grand Lyon depuis 2014. Ironiquement peut-être, le nouveau mode de scrutin propulse en 2020 un Villeurbannais, Bruno Bernard, président de la métropole (Villeurbanne « l'ouvrière » étant historiquement considérée comme la concurrente de Lyon « la bourgeoise »).

cette commission qui comprend le président, les vice-présidents et d'autres membres désignés, est désormais élue par le conseil de la Métropole au scrutin de liste à la proportionnelle[11], ce qui fait entrer l'opposition en son sein. Mais il faut également parler de l'augmentation de sa taille, passant de 45 membres en 2014 à 66 aujourd'hui, soit 44 % du conseil métropolitain qui lui, au contraire, a régressé de 166 membres à 150. Ces nouveaux étiages questionnent alors le fonctionnement structurel de la métropole, et notamment la place des conseillers métropolitains et du conseil, surtout lorsque ceux-ci ne sont pas membres de la Commission permanente.

Ces évolutions ont de plus été accentuées par l'alternance politique issue des élections de l'an dernier, qui a mis aux commandes de la Métropole une nouvelle majorité[12] porteuse, semble-t-il, d'une autre conception métropolitaine qui a suscité de nombreux débats voire oppositions, lors par exemple du conseil métropolitain des 25 et 26 janvier 2021 relatif à l'adoption du budget annuel et de la programmation pluriannuelle d'investissement (PPI) qui annonce les grands postes budgétaires de l'action métropolitaine pour le mandat à venir[13]. Les fortes tensions qui se sont développées en 2021 entre le nouvel exécutif métropolitain et les maires d'opposition témoignent

11. Sa désignation rejoint ainsi celle de la commission permanente du département, pareillement élue par le conseil départemental au scrutin proportionnel de liste (art. L. 3122-4 CGCT), comme celle de la Région (art. L. 4133-4 CGCT).

12. La majorité de 2021 dirigée par l'écologiste Bruno Bernard, ayant fait alliance avec différents groupes et partis de Gauche, a ainsi remplacé celle menée par Gérard Collomb depuis 2014 unissant les élus LREM (souvent ex-PS) et des maires de Droite ou Centristes réunis notamment sous la bannière Synergie. Sur les résultats des élections, voir la communication de B. Enjalbal, p. 73.

13. Le compte rendu du conseil métropolitain des 25 et 26 janvier 2021 est accessible sur le site du Grand Lyon : *https://agora.grandlyon.com/portail/jsp/openfile.jsp?pdf=A9iCZwGvgK5FubNtu322bcS53GS0sK4fqUNzpPiImFcNNkx%2BTqSn6NcCoEvAfojpJijHlf%2BPQNnyHn2bsoZngBu7To8ZueBKE3XXcCl4shguc%2Bx1SRBuag%3D%3D*, et sa retransmission en vidéo sur la chaîne YouTube de la Métropole : *https://www.youtube.com/playlist?list=PL5hiTZUmgff6xDbRqj-JktuNjyPp075qE*.

de cette dualité d'approche, les uns se prévalant du mandat donné par les électeurs métropolitains et les autres d'une légitimité électorale identique renforcée par leur proximité envers les habitants communaux.

Ce colloque a alors pour objet l'étude de cette Métropole qui en 2021 n'est plus en transition, qui achève sa période de rodage et qui connaît, par ces différentes réformes en œuvre depuis les dernières élections, l'an I de son accomplissement. Selon la méthodologie déjà adoptée en 2018, seront mises en dialogue des analyses d'universitaires, d'acteurs et d'élus de la métropole, chacun apportant « sa » métropole dans les débats relatifs au fonctionnement même des institutions (conférences du matin) et aux relations entre la Métropole et son environnement (conférences de l'après-midi).

Nul doute qu'un seul colloque ne suffira pas à cerner le sujet. Mieux, en prévision des prochaines élections de 2026, plusieurs séminaires ultérieurs seront sans doute nécessaires pour mettre à plat les révisions législatives à envisager afin que l'expérience lyonnaise soit un processus continu d'amélioration jusqu'à trouver un point d'équilibre pouvant éventuellement servir de référence. Le centre DCT tâchera d'apporter sa pierre à l'édifice, et je remercie tous les collègues et les intervenants de cette journée, et de celles à venir, pour le temps qu'ils ont bien voulu accorder en toute cordialité à ce grand débat.

PROPOS INTRODUCTIFS

par

Guillaume PROTIÈRE

Maître de conférences de droit public
Doyen de la Faculté de droit Julie-Victoire Daubié, Université Lyon 2
UR Droits, Contrats, Territoires

Président de séance de la matinée

Bonjour à toutes et à tous.

Je vais ouvrir cette journée en prononçant plusieurs mots d'accueils introductifs.

Tout d'abord, je tiens à présenter les excuses de Jean-Michel Longueval, vice-président de la Métropole de Lyon en charge de l'Enseignement supérieur, qui n'a malheureusement pas pu se joindre à nous et en est fort désolé.

Je me fais également le porte-parole de Nathalie Dompnier, la présidente de notre université, qui est retenue à l'université justement par une journée d'élection, deux conseils se tenant en ce moment pour élire nos vice-présidents, notamment. Elle m'a transmis un mot que je vais vous lire.

« Monsieur le Sénateur,
Mesdames les Vice-présidentes de la Métropole,
Mesdames et Messieurs les Élu(e)s à diverses instances,
Monsieur le Doyen, Chers Collègues de Lyon 2 et d'ailleurs,
Mesdames, Messieurs,

C'est avec un très grand plaisir que je vous adresse ces quelques mots, plaisir aussi grand que le regret qui est le mien de ne pouvoir être présente physiquement avec vous, ceci d'autant qu'il s'agit de l'une des premières manifestations scientifiques organisées en présentiel depuis bientôt un an. C'est pourquoi je tiens à remercier la Métropole de son accueil civique. Il n'est pas chose aisée en ce moment d'envisager la tenue d'un tel événement, et que vous ayez fait cet effort-là témoigne de l'importance que vous attachez, tout comme l'université Lyon 2, à la dynamique qui s'est mise en place entre nos deux institutions. Dynamique qui perdure d'ailleurs au-delà des majorités en place, puisque ce colloque qui vous réunit ce matin fait suite à un précédent colloque de 2018 dont les actes ont été publiés chez L'Harmattan.

La Métropole est désormais bien ancrée dans le paysage territorial, mais cherche encore à perfectionner son identité et son fonctionnement. L'université Lyon 2 est heureuse de réfléchir à cette problématique à vos côtés, sans parti pris ni polémiques partisanes, d'autant qu'il m'arrive parfois de faire le parallèle entre la gouvernance territoriale et la gouvernance universitaire, faite d'expérimentation, de partage de responsabilités et d'activités entre une multiplicité d'acteurs, chacun avec leur histoire, leur dynamique propre, le tout se faisant non sans mal, mais toujours dans un objectif commun.

C'est mon vif espoir que cette journée permettra entre élu(e)s, universitaires, responsables associatifs, habitantes et habitants, de mieux cerner les conséquences des évolutions démocratiques qu'a connues la Métropole, et ne sera qu'une étape dans un dialogue toujours renforcé entre l'université et son environnement local.

Je vous souhaite donc un bon colloque, à tous les participants dans cette salle et à ceux qui le suivent sur la chaîne YouTube de l'université. »

Je reprends ici ma casquette de doyen de la Faculté de droit Julie-Victoire Daubié.

Mesdames, Messieurs, c'est un plaisir, et cette formule sans doute classique prend ici pour moi une réelle densité qu'elle n'a pas toujours. C'est un plaisir incroyable de vous accueillir dans cette salle du conseil de la Métropole. D'abord parce que c'est la deuxième fois en moins de trois ans, et je remercie ici la Métropole de son accueil et fais miens les mots de notre présidente, mais aussi parce que ces 24es Rencontres juridiques sont l'occasion de renouer enfin avec une forme de normalité et avec nos traditions.

Renouer avec une forme de normalité d'abord, en parvenant à organiser une journée scientifique en présentiel un an après la suspension de telles manifestations dans le contexte de l'épidémie de coronavirus. Un an déjà. Je pense ici à cette phrase émouvante d'Annie Girardot lors de la cérémonie des César 1996, que je vais ici paraphraser : « Je ne sais si nous avons manqué aux colloques, mais à nous, les colloques ont bien manqué, follement, éperdument, douloureusement. » Et cette journée me fait penser que peut-être, je dis bien peut-être, la banalité de notre quotidien n'est pas totalement, n'est pas irrémédiablement bouleversée.

Alors, merci à toutes et à tous, merci à vous d'être présents. Je remercie Christophe Chabrot d'avoir présidé scientifiquement aux destinées de cette manifestation. Je renouvelle mes remerciements à la Métropole de Lyon de nous accueillir, et à ses élus de participer à nos travaux. J'exprime mes chaleureux mercis à toutes les intervenantes et à tous les intervenants d'avoir accepté de participer et de donner vie et corps à la Recherche. Je tiens enfin à saluer l'investissement des services de la Faculté de droit Julie-Victoire Daubié, et particulièrement celui de nos deux Marion, Mmes Bonnet et Jallat, d'avoir logistiquement permis que nous soyons réunis ce matin.

Ce colloque est aussi l'occasion de renouer avec nos traditions. Ce sont nos 24es Rencontres juridiques. Et rendez-vous est pris d'ailleurs pour nos 25es à venir, pour lesquelles nous organiserons bien entendu un événement spécial. Ce colloque nous permet de renouer avec nos traditions aussi parce que le thème des Rencontres juridiques retrouve cette année celui des études territoriales, thématique classique de cette journée annuelle. C'est ainsi la neuvième fois en 24 éditions que les Rencontres juridiques en traiteront. Après, et sans exhaustivité, l'exécution des budgets locaux (1re éd. en 1997), le gouvernement des régions (2e éd., 1998)[1], l'état du département (3e éd., 1999), les cantons (7e éd., 2003)[2], les modes de scrutin locaux (8e éd., 2004), le pouvoir local (12e éd., 2008) ou encore la réforme territoriale de 2010 (14e éd., 2010)[3], voici donc les élections de la Métropole de Lyon, thématique qui prolonge le colloque que nous avions organisé ici il y a trois ans, les 29 et 30 mars 2018[4]. Nous renouons aussi avec nos traditions en délocalisant cette journée. Les Rencontres juridiques furent en effet longtemps hébergées par le département du Rhône, et c'est un plaisir de pouvoir travailler à nouveau au plus près de nos partenaires.

J'espère que nos étudiantes et nos étudiants profiteront de cette journée, comme nous sommes nombreux à avoir pu en profiter naguère.

Je vous souhaite donc à toutes et tous une formidable journée, mêlant normalité et tradition un peu comme cet échelon métropolitain qui s'inscrit de plus en plus dans le quotidien de la population comme une figure nouvelle, mais à travers des constructions juridiques qui s'inscrivent dans le temps long du territoire politique et administratif.

---

1. J.-L. ALBERT, Cl. JOURNÈS (dir.), *Le gouvernement des régions*, Lyon, Presses universitaires de Lyon, 1998.
2. P. BLACHÈR (dir.), *Le canton*, Lyon, L'Hermès, coll. « Actes de colloque », 2004.
3. G. PROTIÈRE (dir.), *La réforme territoriale : le territoire en faux-semblants ?*, Paris, L'Harmattan, coll. « Administration et aménagement du territoire », 2011.
4. C. CHABROT (dir.), *La Métropole de Lyon : de la singularité à la modélisation ?*, Paris, L'Harmattan, coll. « GRALE », 2019.

Mais en prenant cette fois ma casquette de président de séance, je crois qu'il est temps de rentrer dans le vif du sujet. Cette matinée est centrée autour de la thématique Élections et Institutions, permettant d'étudier l'influence des changements démocratiques récents de la Métropole sur son identité et sur son fonctionnement. Je vais donc directement donner la parole aux différents intervenants en les remerciant de respecter la durée prévue pour leurs communications afin que nous puissions avoir un temps d'échange entre nous et avec la salle.

Partie I

ÉLECTIONS ET INSTITUTIONS

LA MÉTROPOLE DE LYON, SOCIÉTÉ LOCALE

par

Christophe CHABROT

Maître de conférences (HC) de droit public
Université Lumière-Lyon 2, Faculté de droit Julie-Victoire Daubié
UR Droits, Contrats, Territoires (DCT)
Responsable de l'axe Territoires

J'aimerais poser dans cette conférence introductive quelques éléments généraux, quelques réflexions déterminant le cadre permettant de *penser* les évolutions de la Métropole de Lyon depuis cinq ans. À quelle jauge peut-on en effet peser ces réformes, cette constitution d'un système original à cheval entre les communes, l'intercommunalité et le département ? Qu'est au fond cette métropole et surtout comment l'appréhender, comment la comprendre dans le système territorial français ?

Alors que la plupart des débats territoriaux s'organisent autour de la question d'une décentralisation qu'il s'agirait d'approfondir[1], il me semble pour ma part que cette conception classique de la décentralisation recèle quelques risques intellectuels et surtout ne permet pas

1. Voir par exemple « L'appel de Marseille » de septembre 2018 cosigné par les représentants des grandes associations d'élus locaux (AMF, ADF, ARF), créant à l'occasion l'association commune « Territoires Unis », pour exiger de l'État central une décentralisation approfondie, ou les différents rapports et textes comme

de saisir le nouveau paradigme territorial en constitution à travers les métropoles. Finalement, continuer de penser le territoire en France et au XXIe siècle à partir de la décentralisation ne peut que reproduire les éternelles insatisfactions constatées depuis plus de quarante ans et qu'égrènent les agacements politiques des élus locaux. Il me semble plus pertinent de fonder la réflexion sur un autre terrain, en considérant la Métropole de Lyon comme une « société locale » en construction et non comme une nouvelle administration locale de l'arsenal étatique, et juger alors son existence et ses réformes au regard de cette approche. Mais voyons tout d'abord ce que j'entends par « société locale » (I), avant d'appliquer ce concept à la métropole grand-lyonnaise (II).

I. La reconnaissance des sociétés locales

Classiquement entendue, une société est un ensemble de personnes vivant en interaction sur un territoire proche, organisée par une culture minimale, des comportements convergents, des intérêts partagés et des règles communes, et souvent coordonnée par des instances directrices[2]. Ces sociétés peuvent se développer à l'échelon immédiat de la famille ou du village ou à des échelons supérieurs, régionaux, nationaux, voire mondiaux, et parfois même en dehors de tout territoire.

La construction de la société française a été très complexe et s'est étalée dans le temps pour vaincre de nombreux obstacles intrinsèques. Un de ses enjeux principaux a été de « nationaliser » le territoire, afin de faire de cet ensemble hétéroclite de peuples distincts, parlant des

---

l'importante résolution du Sénat n° 109 du 25 juin 2020, « Pour une nouvelle ère de la décentralisation » : *http://www.senat.fr/leg/tas19-109.pdf* et *http://www.senat.fr/dossier-legislatif/ppr19-515.html.*

2. Voir ici les approches classiques de F. TÖNNIES et E. DURKHEIM notamment, ou C. ROSTAING, « Communauté et société », *in* S. PAUGAM (dir.), *Les 100 mots de la sociologie*, Paris, PUF, coll. « Que sais-je ? » n° 3870, 2018, p. 51-52, le « local » pouvant se situer à la jonction entre communauté et société.

langues multiples[3] sur des espaces juridiques et fiscaux différents, une unité sociale et politique sanctionnée par le droit. Dans le souci de construire cette société nationale, son unification post-révolutionnaire s'est faite par une centralisation radicale consistant à soumettre toute affaire et toute décision locale à l'emprise du pouvoir central. Même lorsque la nécessité a conduit ensuite à redonner un peu plus de liberté aux collectivités territoriales, l'État central ne pouvant finalement pas tout gérer lui-même, la restitution des compétences a continué de porter les stigmates de cette conception nationalisée du territoire. La « décentralisation » qui s'est imposée progressivement dans le vocabulaire traduit en effet cette conception étatique du sol (A), qui empêche sans doute de saisir au mieux le fait territorial actuel, et notamment l'émergence des métropoles, fondé au contraire sur la reconnaissance de véritables « sociétés locales » composantes de la société nationale, et que d'autres notions juridiques peuvent sans doute mieux décrire en y intégrant de plus les habitants (B).

A. Une décentralisation au service de l'État

Pour penser les métropoles en général et la Métropole de Lyon en particulier, la notion de décentralisation révèle vite ses limites et ses faux-semblants. Car il faut rappeler qu'en fait et en droit, non, la décentralisation ne se fonde pas sur la valorisation des collectivités territoriales, ne vise pas à accroître leurs pouvoirs ni leur autonomie. Ou du moins pas obligatoirement. Pour faire court, il n'est que de reprendre cette définition posée par le doyen Hauriou en 1892 : « La décentralisation est une manière d'être de l'État »[4], ajoutant que toute décentralisation ne peut alors être qu'*administrative*, c'est-à-dire destinée à mettre en œuvre la loi nationale adoptée par le

3. Le rapport du Pr Cerquiglini de 1999 identifiait ainsi encore plus de 75 langues régionales pratiquées en France, sans compter les dialectes et patois et autres langues de migrants.
4. M. HAURIOU, *Répertoire du droit administratif* (dit *Répertoire Becquet*), Paris, P. Dupont, 1882, entrée « Décentralisation », p. 482.

Souverain ou à n'exister que dans le cadre qu'elle pose. Tout est dit. La décentralisation est avant tout un mode d'organisation de *l'État*, un système de répartition des compétences *étatiques*, attribuant sous son contrôle leur exercice aux autorités centrales, déconcentrées ou décentralisées (collectivités ou établissements publics) en fonction d'intérêts nationaux spécifiques. Pourquoi ? Parce que tout notre système juridique est organisé autour du Souverain national, autorité suprême qui, pour unifier le corps social, fusionne toutes les populations et toutes les autorités dans une seule entité politico-juridique, et qui impose à tous sa volonté générale à laquelle ne peuvent s'opposer durablement des intérêts locaux ou individuels contraires. Et c'est justement l'État qui est chargé d'exprimer et de mettre en œuvre cette volonté supérieure, cette unité, qui est le garant de cet intérêt général qu'il impose en fonction de critères et de stratégies qu'il élabore lui-même et à ses propres fins[5].

Dans cette conception, nulle place pour une quelconque légitimité territoriale propre, pour un *droit à* l'autonomie ou à la liberté locale. Dans sa pensée intime, la décentralisation fondée sur cette conception ne fait qu'instrumentaliser les autorités locales au profit de l'État, et n'est qu'une manière pour le Centre étatique d'organiser selon ses propres critères les compétences et les autorités sur le territoire national dont il a la garde, avec la mission de préserver un intérêt national qui ne coïncide pas forcément avec celui des collectivités et des populations locales.

Espérer alors que la décentralisation satisfasse les attentes des élus locaux en quête de reconnaissance ou des acteurs publics et privés en attente d'émancipation ne peut en général conduire qu'à la déception. Ceci posé, l'intelligence peut néanmoins aussi ouvrir à des compromis. C'est ainsi que les politiques de décentralisation

5. Pour une analyse plus détaillée, voir de l'auteur *La centralisation territoriale. Fondements et continuité en droit public français*, thèse consultable sur HAL : *https://halshs.archives-ouvertes.fr/tel-01121381/*.

ont pu également, à côté des garde-fous posés par l'État pour se prémunir de toute rébellion ou émancipation, démocratiser les autorités locales pourtant de nature administrative, étendre les compétences des collectivités décentralisées, promouvoir des politiques locales et même admettre l'émergence d'un intérêt général local[6]. La France est d'ailleurs championne de ces changements législatifs qui réforment à une cadence infernale la dentelle de ces compétences locales qui ont tendance à augmenter, ou les structures mêmes charpentant le territoire[7].

Mais à y regarder de plus près, si les élus locaux membres du parlement national arrivent parfois à modifier tel projet de loi à leur avantage, c'est bien souvent la logique centrale qui prédomine dans ces réformes. Certes, les députés et sénateurs élus dans les départements ont pu par exemple bloquer en 2014 la suppression de cet échelon pourtant prévu par le gouvernement Valls, et finalement abandonnée pour des raisons de tactique politique. Mais à l'inverse, la refonte des macro-régions en 2015 a clairement été imposée par l'État, par volonté présidentielle et sur des motifs incertains, sans

---

6. F. RANGEON « Peut-on parler d'un intérêt général local ? », *in* C. LE BART et R. LEFEBVRE (dir.), *La proximité en politique*, PU Rennes, coll. « Res Publica », 2005, p. 45 et s.

7. Depuis vingt ans signalons rapidement, sans être exhaustif ni compter les lois spécifiques à l'outre-mer ou à la Corse ni les lois ayant indirectement un impact sur les collectivités, la loi du 27 février 2002 sur la démocratie de proximité, la loi constitutionnelle du 28 mars 2003 relative à l'organisation décentralisée de la République et les lois organiques du 1er août 2003 sur l'expérimentation et sur le référendum local, ou la loi du 13 août 2004 relative aux libertés et responsabilités locales, et plus récemment la loi relative au Grand Paris du 3 juin 2010 complétée par celle du 28 février 2017, la loi du 16 décembre 2010 de réforme des collectivités locales et des métropoles et du SDCI, du 27 janvier 2014 dite MAPTAM, du 16 janvier 2015 sur les nouvelles grandes régions, du 16 mars 2015 sur le régime des communes nouvelles fusionnées, du 7 août 2015 sur la nouvelle organisation du territoire de la République (loi NOTRe), la loi Engagement et Proximité du 29 décembre 2019 ou l'actuelle loi dite 4D ou 3DS (décentralisation, différenciation, déconcentration et simplification) en débat.

même prendre la peine de consulter les anciens conseils régionaux comme il devait pourtant le faire depuis la ratification de la Charte de l'autonomie locale par la France[8]. Les discussions législatives autour de la loi NOTRe ou de l'actuelle loi dite 4D ou 3DS montrent de même le faible enclin du gouvernement à prendre en compte les propositions contraires des élus locaux.

Ainsi, vouloir fonder l'affirmation du fait métropolitain sur la décentralisation recèle un vice de fond qui assujettit alors les métropoles à une volonté étatique extérieure à leur réalité, et qui va vouloir leur imposer un cadre de fonctionnement dépendant de ses propres conceptions ou analyses et intérêts. Bien sûr, une autorité locale ne saurait revendiquer elle-même son autonomie et l'imposer aux autorités centrales, au Souverain. Car la notion même d'État repose au fond sur cette puissance souveraine supérieure et sur la soumission locale. Mais cette analyse n'empêche pas d'autres approches intellectuelles ni la reconnaissance d'une légitimité territoriale propre dont doit tenir compte l'État[9]. La Métropole de Lyon, suscitée par des élus locaux arrivant à convaincre les détenteurs du pouvoir central, se pose justement comme un symbole de cette nécessaire refondation des paradigmes territoriaux.

8. Charte du Conseil de l'Europe (Congrès des pouvoirs locaux et régionaux) du 15 octobre 1985, finalement ratifiée par la France le 17 janvier 2007, dont l'article 5 prévoit que toute modification des frontières de collectivités doit se faire avec la consultation préalable de celles-ci. La France a imposé directement ces modifications pour les macro-régions par la loi de 2015, le Conseil d'État n'y voyant aucun problème juridique (ord. du 2 oct. 2015 et arrêt du 15 oct. 2015), soulevant l'indignation des États européens. Voir M. DEGOFFE « La nouvelle délimitation des régions est-elle contraire à la Charte de l'autonomie locale ? », *BJCL* 01/2016, 1er janv. 2016, p. 9.

9. Voir de l'auteur, « De la légitimité territoriale », *in Constitution, Justice, Démocratie, Mélanges en l'honneur du Pr D. Rousseau*, LGDJ, coll. « Mélanges », 2020, p. 357-365.

B. Des sociétés locales en attente de libre administration

La décentralisation administrative n'est pas le seul concept permettant de penser le territoire. La situation de la Métropole de Lyon peut aussi être analysée au regard du concept de libre administration des collectivités territoriales, consacré par la Constitution de 1946, mais dont on trouve déjà trace depuis la Révolution, et même avant.

Il ne faut pas confondre libre administration et décentralisation. Au contraire. La libre administration reconnaît aux autorités locales des droits constitutionnels protégés par le juge, que le législateur ne peut enfreindre dans ses lois de décentralisation. Il est vrai que le très jacobin Conseil constitutionnel n'a jamais eu d'interprétation extensive de ces droits, qui se limitent pour l'essentiel à l'existence d'une assemblée délibérante élue et à des compétences minimales exercées sans tutelle d'une collectivité sur une autre, droits qui peuvent facilement être contraints par des lois justifiées par un intérêt dit national et selon l'opportunité décidée par le législateur qui est paradoxalement compétent selon l'article 34 de la Constitution pour « déterminer les principes fondamentaux de la libre administration des collectivités »[10].

Mais du moins, cette libre administration renverse les perspectives. Car elle confirme la dissociation entre les collectivités territoriales et l'État, en leur reconnaissant des droits fondamentaux qu'elles peuvent lui opposer au titre d'une identité et d'intérêts propres. Ainsi, les collectivités territoriales sont ici considérées *en elles-mêmes*,

10. Sur l'analyse constitutionnelle du principe de libre administration, voir par exemple « Le principe de libre administration a-t-il une portée normative ? » de J.-H. STAHL, *Nouveaux Cahiers du Conseil constitutionnel*, n° 42, janv. 2014 ; L. FAVOREU et A. ROUX, « La libre administration des collectivités territoriales est-elle une liberté fondamentale ? », *Cahiers du Conseil constitutionnel*, n° 12, mai 2002 ; E. BRONER-KAYDEL, « Le principe de libre administration des collectivités territoriales dans la jurisprudence du Conseil d'État », *in Les Annales du Droit*, éd. Presses universitaires de Rouen et du Havre (PURH) et diffusé sur *Open Edition Journals (https://journals.openedition.org/add/328)*, n° 10-2016.

comme « sociétés de citoyens » disait la Constitution de 1791, et non comme de simples instruments administratifs du Souverain national. Plus exactement, avec le principe de libre administration est consacrée la double nature des collectivités locales qui sont à la fois des « administrations » soumises aux lois de l'État et chargées de mettre en œuvre la volonté générale, et des « sociétés locales » porteuses d'une identité propre et d'un intérêt local dont elles ont la charge dans le cadre des compétences qui leur sont reconnues et qu'elles doivent pouvoir gérer avec une certaine liberté. Faut-il créer des pistes cyclables ? Passer la gestion de l'eau en régie ? Aménager les berges du Rhône ? La loi pourrait y obliger au nom de politiques décidées par un Souverain conquérant qui se saisirait de ces sujets, en l'absence d'affaires locales par nature qui échapperaient à son emprise[11]. Mais sans loi qui les impose, ces décisions restent bien du seul ressort des autorités locales elles-mêmes qui peuvent les prendre en toute opportunité, si bien sûr cette compétence leur est reconnue. Dans le cadre de leurs compétences propres légales, il faut ainsi considérer les collectivités comme des communautés gérant leurs intérêts personnels à côté de ceux de l'État, et donc investies à la fois de la mission de mettre en œuvre la volonté du souverain, d'exécuter la loi tenant de l'intérêt général national, et d'adopter les

11. Voir la thèse de J. CHAPUISAT, *La notion d'affaires locales en droit administratif*, 1971 ; J.-M. PONTIER, « Les affaires locales » *in* S. REGOURD, J. CARLES et D. GUIGNARD (dir.), *La décentralisation, 30 ans après*, LGDJ, 2013, et téléchargeable en OpenEditions Books, 2018 (*https://books.openedition.org/putc/1352*). La Résolution n° 109 du Sénat, du 25 juin 2020, *op. cit.*, propose cependant que les compétences de l'État soient listées dans la Constitution, le reste relevant alors des collectivités territoriales, habile compromis entre compétences étatiques déterminées volontairement et compétences locales protégées par choix.

mesures qui ne concernent essentiellement que la société locale dont elles ont la charge, dans le cadre de la Constitution et de la loi, mais selon une réelle liberté d'appréciation et d'administration[12].

Une métropole se définit justement pour sa part comme un phénomène urbain complexe, alliant des dynamiques économiques, sociales, politiques et juridiques l'amenant à exercer des fonctions de commandement, d'organisation et d'impulsion sur sa région, voire au niveau national ou à l'échelle mondiale. Faisant particulièrement apparaître une véritable société locale porteuse d'intérêts propres et, au mieux, d'une identité collective, son développement global dépasse ainsi la seule appréhension juridique et administrative du territoire par l'État. Cette reconnaissance des métropoles en France ne saurait alors s'inscrire dans le seul cadre d'une décentralisation instrumentalisée par l'État. Pour rester en phase avec ses fondements, son statut doit bien plutôt consacrer sa libre administration, quant aux compétences transférées et aux libertés reconnues à ses autorités pour les gérer en dehors de prescriptions étatiques trop restrictives.

Même d'un point de vue structurel, on ne pense pas non plus une telle « société locale » de la même manière qu'une administration gérant les compétences décentralisées de l'État. Par exemple, dans le modèle de la décentralisation administrative française toutes les collectivités sont organisées sur un critère d'efficacité décisionnelle. Ainsi, les élections locales sont toutes marquées par une

---

12. Sans doute, dans cette analyse, décentralisation et libre administration peuvent converger : la centralisation historique ayant pu aboutir à une confiscation de plus en plus importante des compétences locales par l'État avec l'intervention croissante du Souverain dans la gestion des intérêts locaux, c'est la décentralisation qui va redonner compétence aux collectivités pour agir désormais dans ces domaines. Mais si cette demande d'extension des compétences décentralisées n'est pas aussitôt relayée, ou fondée, sur la libre administration, voire sur la subsidiarité, elle peut aboutir à ce que ce transfert de compétences s'accompagne de prescriptions étatiques fortes répondant à la seule logique de contrôle par l'État de son territoire, et non à la gestion autonome des intérêts locaux par les collectivités elles-mêmes, en toute opportunité et avec une certaine liberté de décision.

prime majoritaire qui permet à la liste arrivée en tête de bénéficier d'une majorité au conseil, l'assurant de pouvoir décider en dépit de l'opposition[13]. De même, la confusion entre l'organe délibérant et l'organe exécutif permet par exemple au maire de bien contrôler le conseil municipal qu'il préside. Imaginerait-on, au niveau national, un président de la République qui serait en même temps Premier ministre, président de l'Assemblée nationale et chef du parti majoritaire ? C'est pourtant ce qui existe au niveau local sur le fondement de la décentralisation[14]. Car il ne saurait être question dans cette conception de voir l'application de la loi nationale malmenée par des blocages politiques locaux.

Pensée comme société locale, une collectivité, et en l'occurrence la Métropole de Lyon qui se rapproche le plus du standard métropolitain international, peut et doit donc se construire sur d'autres fondements. Au critère de l'efficacité qui amène à brider les oppositions et à confondre les fonctions, peut être opposée par exemple la capacité à faire émerger collectivement l'intérêt général local, par la nécessaire prise en compte de la diversité politique, géographique et sociale et surtout par l'intégration essentielle des habitants. Car après tout,

13. Voir ainsi l'article L. 262 du Code électoral pour les élections municipales, qui attribue la moitié des sièges du conseil municipal à la liste arrivée en tête au 1er ou au 2d tour, avec une répartition des sièges restant entre toutes les listes en lice (y compris la liste arrivée en tête, qui peut donc obtenir plus de 75 % des sièges si elle a remporté les élections à la majorité absolue), et l'article L. 338 de ce code pour les élections régionales (prime de 25 % des sièges attribués à la liste arrivée en tête). Noter que la prime de 50 % des sièges pour la liste arrivée en tête aux élections des conseillers de la métropole de Lyon est attribuée au niveau de chaque circonscription métropolitaine elle-même (art. L. 224-4 et 224-5 Code élect.), ce qui est un non-sens puisqu'il n'y a aucun « conseil » à l'échelle de cette circonscription qui nécessiterait d'obtenir une majorité claire décisoire. Il aurait été plus pertinent, à garder cette prime, de l'attribuer au niveau du conseil métropolitain lui-même au vu des résultats globaux, ou de purement supprimer cette prime.

14. La Résolution du Sénat n° 109 du 25 juin 2020 semble toutefois remettre en cause cette confusion et opter pour une claire dissociation entre les organes délibératifs et exécutifs (*https://www.senat.fr/leg/tas19-109.html*).

lorsque les élus locaux ne sont pas considérés comme des *agents* du Souverain national dont ils doivent exécuter les décisions et dont ils tirent alors leur supériorité sur les administrés, ils redeviennent de simples *délégués* des populations pour gérer en leur nom les intérêts propres de la communauté et selon les vœux de ces habitants qui deviennent à la fois le fondement et l'objectif des pouvoirs locaux.

Ce mode de fonctionnement propre à une société locale relève alors de ce que j'appelle la « domocratie ». « Domo-cratie » et non « démo-cratie », car à ce niveau-là, ce n'est pas le Peuple souverain, le *« demos »*, qui est en jeu, mais bien plutôt, si l'on peut dire, le *« domus »*, l'ensemble des habitants[15]. Cette « dépolitisation » du niveau local[16] ouvre paradoxalement de nombreuses perspectives, dont certaines peuvent être ici confrontées à la construction de la métropole lyonnaise.

15. « Domus » signifiant en latin la résidence ou l'habitation, et par extension le domicile. Sur cette notion de domocratie, voir de l'auteur « Réflexion sur la "domo-cratie" locale » *in* C. CHABROT (dir.), *La Métropole de Lyon. De la singularité à la modélisation ?*, éd. L'Harmattan, coll. « GRALE », 2019, p. 115-130.

16. Pour le Conseil constitutionnel, la notion de « politique » n'est juridiquement reliée qu'aux affaires impliquant le souverain national, le « demos » étant alors la seule autorité véritablement « politique ». Les élections locales ne désignant que les autorités administratives d'entités administratives qui n'adoptent que des décisions administratives devraient alors être disjointes de ce « politique ». Pour autant, le Conseil ne va pas jusqu'au bout de sa logique et continue d'appliquer à ces élections les principes relevant de la démocratie nationale (décis. n° 82-146 DC du 18 novembre 1982, *Quotas par sexe I*, consid. 7), en excluant par exemple les non-nationaux de tout scrutin local, hors élections municipales suite au traité de Maastricht (décis. n° 92-308 DC du 9 avril 1992 Traité de Maastricht I), ce qui est d'ailleurs très incongru, voire juridiquement mal fondé. Mais si l'on en revient toutefois aux origines du « politique », la « polis », la *cité*, est au contraire la collectivité même d'expression du *poli*-tique.

II. L'organisation lyonnaise d'une métropole-société

La Métropole de Lyon, plus que toutes les autres métropoles en France restées établissements publics de coopération, doit donc être pensée à la fois comme collectivité décentralisée d'exécution de la volonté nationale, *et* comme société locale de gestion d'intérêts propres. Des mécanismes de conciliation peuvent être envisagés entre ces deux logiques, mais je me contenterai ici, dans cette conférence introductive, de poser des jalons quant à l'approche « sociétale » de la Métropole. Des jalons seulement, car il n'y a bien sûr aucune solution toute faite, aucune organisation unique qui par nature traduirait cette approche. Nous aurons d'ailleurs toute la journée pour saisir la complexité de cette réflexion et des modèles pouvant servir de référence. En la matière, tout reste à créer en fonction du contexte. Mais encore faut-il partir de la bonne intention.

Or le maître mot de cette pensée est ici, me semble-t-il, celui de démocratie, ou plutôt de « domocratie » vu plus haut. Et cette domocratie soit trouver à s'appliquer tant au niveau des structures institutionnelles (A) que de l'intégration des habitants (B).

A. Les éléments de la domocratie institutionnelle

Il est possible de gérer l'intérêt local de manière technique et les premières formes intercommunales du Grand Lyon ont d'ailleurs bien exprimé cette approche dans les années 1970 et 1980, avec la mise en œuvre de grands travaux d'aménagements (transports urbains, réseaux, assainissement, Part-Dieu, etc.) décidés par des services techniques de la COURLY[17] prenant peu en compte les habitants, ni même l'opinion des maires. De nombreux témoignages sont assez révélateurs de cette approche technocratique de la première communauté urbaine. Mais la transformation du Grand Lyon d'EPCI à collectivité a introduit un critère démocratique dans son fondement

17. Appellation médiatique de la COmmunauté URbaine de LYon adoptée en 1971, tout autre acronyme pouvant se révéler suspect, jusqu'à l'adoption en 1991 de l'appellation Grand Lyon.

et son objectif qui modifie profondément la nature même de cette métropole, dont les services techniques et les élus commencent progressivement à saisir l'importance. C'est donc autour de cette démocratie locale, ou domocratie, que doit être réfléchie notre métropole-société, et tout d'abord au niveau même de ses institutions.

Les questions sont ici nombreuses, et il faudra sans doute un peu plus de recul dans le temps pour mieux saisir la manière de les aborder. Nous pouvons présenter ici deux points essentiels à clarifier, relatifs au(x) territoire(s) et aux institutions.

Quant au(x) territoire(s), Vincent Aubelle a rappelé dans son étude pour la fondation Jean Jaurès[18] plusieurs faits connus portant sur le périmètre de la métropole et sur ses découpes internes. La Métropole de Lyon ne comprend pas par exemple l'aéroport de Saint-Exupéry[19], ce qui est assez étonnant d'autant qu'elle gère pourtant la navette Rhône-Express qui assure sa liaison avec le centre de la Part-Dieu. Mais l'histoire explique bien sûr cette disjonction, alors que l'extension de l'aérodrome de Lyon-Bron était apparue désuète et que les terrains pertinents n'étaient pas si nombreux autour de Lyon. Pour autant, le périmètre du Grand Lyon a peu changé depuis l'origine. Après la difficile mise en place d'une intercommunalité limitée[20], aux 55 communes initiales imposées par la loi de 1966 ne se sont

---

18. Étude du 23 novembre 2020 à télécharger sur : *https://www.jean-jaures.org/publication/nest-pas-metropole-qui-veut-ou-le-trompe-loeil-lyonnais/?post_id=16624&export_pdf=1.*

19. Cet aéroport inauguré en 1975 se situe sur la commune de Colombier-Saugnieu, à 25 km de Lyon. Cette commune anciennement iséroise a été rattachée par la loi au département du Rhône au 1er avril 1971, mais sans intégrer la nouvelle communauté urbaine de Lyon. Depuis, elle tient à son indépendance vis-à-vis de l'agglomération, étant désormais membre de la communauté de communes de l'Est lyonnais qui regroupe huit communes anciennes collectivités de l'Isère rattachée au Rhône. Il est vrai que la manne financière que représente l'aéroport ne pousse pas à renoncer à celle-ci au profit d'une intégration réductrice dans la métropole.

20. Voir l'étude de C. POLÈRE sur le site *Millénaire 3* : *https://www.millenaire3.com/content/download/1368/19031.*

adjointes, et ce assez tardivement, que quatre communes supplémentaires[21]. Cette relative inertie n'empêche pas de poser la question du fondement conceptuel du territoire grand-lyonnais qui mêle des critères géographiques, historiques, juridiques et administratifs ou économiques divers, sur des échelles et des critères multiples, et au défi de créer une dynamique culturelle commune. Le changement du mode de scrutin et la nouvelle politique menée depuis 2020 semblent renforcer d'ailleurs les clivages territoriaux et poser la question du périmètre actuel[22]. Celui-ci ne devrait toutefois pas connaître de prochaine évolution, toute modification des frontières métropolitaines devant désormais faire l'objet d'une loi, alors qu'un arrêté préfectoral suffisait pour la communauté urbaine (art. L. 5211-18 CGCT), à moins que tous les acteurs (communes concernées, métropole, département du Rhône) ne soient d'accord auquel cas c'est par décret en Conseil d'État qu'est prononcée la modification (art. L. 3621-1 CGCT). Ce périmètre en tout état de cause ne peut être

21. Givors et Grigny au 1er janvier 2007, Lissieu au 1er janvier 2011 et Quincieux au 1er juin 2014. Sur ces questions d'extension territoriale et certaines péripéties qu'elle recèle, voir C. CHABROT « Les discontinuités territoriales dans la métropole de Lyon », *in* N. KADA (dir.), *Les discontinuités territoriales et le droit public*, éd. Dalloz, coll. « Thèmes et commentaires », 2020, p. 99-108 (à lire sur la page HAL de C. Chabrot : *https://halshs.archives-ouvertes.fr/search/index/q/*/authIdHal_s/christophe-chabrot*).

22. Suite aux décisions relatives à la PPI adoptée au printemps 2021 par la nouvelle majorité, certaines communes de la métropole comme Pierre-Bénite et Vernaison envisagent par exemple, dans le sillage de Sainte-Foy-lès-Lyon, de quitter la métropole, même si la procédure semble juridiquement et politiquement bien trop complexe. Le 11 septembre 2021, 44 maires de la couronne lyonnaise, ainsi que les conseillers municipaux et métropolitains d'opposition, ont même fait paraître une tribune dans le *Journal du Dimanche* pour dénoncer la politique menée par la Métropole qu'ils jugent contraire aux communes, colère à remettre aussi dans le contexte du changement de majorité suite aux élections de juin 2020 (*https://www.lejdd.fr/Politique/tribune-metropole-de-lyon-et-si-on-arretait-la-casse-4066104*).

pensé qu'en lien avec les autres périmètres collatéraux, notamment du pôle métropolitain[23] ou de l'inter-SCoT faisant apparaître cette aire métropolitaine Lyon-Saint-Etienne[24].

La question des découpes internes de la métropole est tout aussi sujette à discussion[25], d'autant plus que plusieurs territoires se recoupent ici sur des frontières variables : circonscriptions électorales locales et nationales, conférences territoriales des maires, zones d'intervention des services métropolitains, etc. Ainsi, les circonscriptions électorales métropolitaines ne correspondent pas aux frontières municipales sauf exception[26]. Elles ne correspondent pas non plus strictement aux conférences territoriales des maires sauf pour quatre d'entre elles sur quatorze[27]. Ces divergences amènent donc à voter pour des conseillers sur des territoires métropolitains mal

23. Le pôle métropolitain regroupe aujourd'hui 173 communes faisant partie de six espaces de coopération, dont deux jouxtent directement la métropole de Lyon (la Communauté de communes de l'Est lyonnais et Vienne-Condrieu Agglomération) et trois qui en sont proches (Saint-Étienne Métropole, et les communautés d'agglomération Porte de l'Isère et Villefranche-Beaujolais-Saône). Il œuvre en matière de tourisme, de transport, d'aménagement et de recherche notamment (*https://www.polemetropolitain.fr*).

24. Initié en 2004 dans un processus assez unique en France, l'inter-SCoT de l'aire métropolitaine Lyon-Saint-Etienne (*https://www.inter-scot.fr/*) animé notamment par UrbaLyon (*https://www.urbalyon.org*), l'Agence d'urbanisme de l'aire métropolitaine lyonnaise, coordonne aujourd'hui treize SCoT intercommunaux à cheval sur six départements.

25. Sur la complexité du territoire lyonnais, voir les nombreuses études d'UrbaLyon ou la thèse d'E. THIMONIER-ROUZET, « L'efficacité du découpage territorial. Contribution méthodologique pour déterminer des territoires d'expertise adaptés de la Métropole lyonnaise », soutenue le 9 nov. 2009 : *http://www.theses.fr/2009LYO31064*.

26. Seule la commune de Villeurbanne est également une circonscription électorale métropolitaine. Sur le territoire lyonnais, seules deux circonscriptions métropolitaines, respectivement Lyon Sud et Lyon Sud-Est, correspondent intégralement aux 7e et 8e arrondissements de Lyon.

27. Circonscriptions électorales métropolitaines Rhône Amont, Portes du Sud, Porte des Alpes, et Plateau Nord.

identifiés et sans désigner d'élus ayant pour autant de quelconques pouvoirs territoriaux, et à l'inverse les conférences territoriales des maires insérées dans l'organigramme métropolitain ne correspondent à aucune élection métropolitaine spécifique, ne regroupant que des maires élus dans leurs communes et non les élus métropolitains de la circonscription.

Une chose est pourtant sûre : à l'aune de la domocratie, les territoires doivent être stables et cohérents au-delà de tout calcul politicien, et ils doivent associer élection et pouvoirs, afin que les habitants et les électeurs puissent s'en approprier les enjeux et identifier les lieux de décisions et de recours. Toutefois, les options ne manquent pas pour apporter de la cohérence et de la visibilité à ces territoires internes : fusion de toutes les communes en une seule Métropole, avec un éventuel redécoupage territorial en arrondissements, maintien des communes, mais dans le cadre d'une circonscription électorale métropolitaine unique, possiblement subdivisée sur le modèle des élections régionales départementalisées, ou regroupement des communes dans le cadre de circonscriptions électorales identiques aux conférences territoriales des maires et dont la composition serait à revoir, voire simple redécoupage des circonscriptions pour faire apparaître d'autres espaces, etc. Signalons d'ailleurs que sur ce point, le découpage interne de la métropole est en évolution et tâche de mieux rapprocher circonscriptions électorales et conférences territoriales des maires, comme nous l'expliquera cet après-midi Madame la Vice-présidente Geoffroy.

Sur le plan des institutions, la situation s'est simplifiée avec l'élection des conseillers au SUD et la désignation de la commission au scrutin proportionnel. Mais de nombreuses questions restent en suspens. Faute de temps, je vais n'en retenir qu'une : celle du fonctionnement des institutions, qui est encore calqué sur le modèle d'une collectivité décentralisée voulue « efficace », mais dont il faut sans doute renforcer l'aspect démocratique. On peut imaginer différentes solutions, de l'élection du président de la Métropole au SUD à l'introduction de mécanismes parlementaires dans les institutions.

Mais, quel que soit le système retenu, on risque de toujours retomber sur cette démocratie du 50 %+1 qui permet à une majorité élue un jour de confisquer l'intérêt général tous les jours. Sans doute avons-nous bien intériorisé les règles de la démocratie représentative majoritaire, et compris les dangers d'une démocratie non majoritaire[28]. Mais celle-ci dérive vers une tendance structurelle : la majorité va souvent vouloir *s'imposer* par principe, sauf ouverture d'esprit louable, mais précaire, et la minorité souvent *s'opposer* par principe, sauf exception ou arrangements eux aussi précaires. Or, la domocratie peut ne pas reproduire à l'échelon local ces déceptions et caricatures que nous offre la démocratie nationale. Si la politique est sans doute un art de combat, elle peut aussi trouver les mécanismes d'une construction plus positive.

Trois options peuvent être envisagées :

1. Le maintien voire le renforcement de la démocratie majoritaire, voire autoritaire, qui permet de choisir tous les six ans un programme politique tranché, porteur d'identité forte, mis en œuvre sans faillir durant le mandat sans tenir compte des oppositions.
2. Le maintien d'une puissance majoritaire, mais en intégrant des procédures favorisant certains contre-pouvoirs institutionnels ou démocratiques, voire l'insertion des opinions minoritaires[29] et de mécanismes de contrôles endogènes ou exogènes[30], etc.

---

28. En Rhône-Alpes surtout, nous avons touché du doigt les pièges tendus par les élections régionales de 1998 ne débouchant pas sur une claire majorité et poussant des élus du RPR à faire alliance avec le Front national pour obtenir une majorité de gouvernement au conseil régional.
29. On peut imaginer des quotas d'amendements, des majorités renforcées de plus de 50 % pour faire adopter certains textes, ce qui implique l'assentiment de l'opposition et donc l'obligation de lui reconnaître des propositions, avec néanmoins des mécanismes de « dernier mot » pour permettre la décision finale sous condition, etc.
30. Hypothèse de tribuns élus ou de l'opposition, ayant accès aux réunions internes et aux documents de la majorité et pouvant exercer un contrôle au moins médiatique sur les mécanismes décisionnels.

3. La fragilisation de la majorité sur le modèle westphalien, en supprimant les primes électorales et autres mécanismes de domination majoritaire, obligeant alors à des programmes et décisions plus consensuels construisant l'unité métropolitaine par le débat et le compromis, mais au risque de blocages ou de décisions peu ambitieuses.

Un mélange de ces différentes combinaisons est bien sûr aussi à construire. Et notons que si ces options peuvent éventuellement impliquer une modification des règles métropolitaines par la loi, la Métropole peut aussi adopter elle-même, comme le souligne M. Grivel dans son rapport de 2019, ses propres pratiques coutumières et autres *gentlemen's agreement*, modifier son règlement intérieur ou créer des organes facultatifs permettant d'établir les règles d'un jeu domocratique plus ouvert dans ses institutions plutôt majoritaires.

B. L'intégration des habitants

Ces différentes options institutionnelles ne doivent non plus en écarter une autre, désormais fondamentale : celle de l'intégration des habitants dans les mécanismes métropolitains.

Car en fondant désormais la métropole non plus sur les conseils municipaux membres d'une communauté urbaine qu'ils créent à leur service, mais sur les habitants qui vont alors choisir eux-mêmes les autorités locales et les programmes sur lesquelles ils veulent que la métropole fonctionne, la mutation programmée de 2020 change fondamentalement les horizons. Sans doute, cette transformation de l'an dernier n'a pas encore été bien assimilée par les différents acteurs, dans le flou d'une campagne complexe partagée entre confusion avec les élections municipales, alliances subites et déroutantes et procédures sanitaires strictes en épidémie Covid. Le taux d'abstention très fort conjugué à la venue d'une nouvelle majorité aux projets parfois radicaux semblent alors ouvrir une nouvelle période de transition, durant laquelle les instances métropolitaines devront encore faire la preuve de l'intérêt d'un tel changement.

Mais l'irruption de l'habitant dans le mécanisme métropolitain peut se ressentir à deux niveaux.

Le premier est celui de son association aux décisions locales. Car en domocratie, hors de la hiérarchie impliquée par le rapport au Souverain supérieur, les institutions sont bien *au service* des habitants qui les désignent et qui sont destinataires de leurs décisions. Et il faut sans doute développer fondamentalement ces mécanismes de consultation et d'intégration des habitants dans les choix métropolitains, et à tous les niveaux, si l'on veut que ceux-ci s'identifient à leur collectivité et participent à son développement. La science démocratique locale a fait suffisamment de progrès pour que la Métropole trouve aujourd'hui les modes adéquats d'intégration de ses habitants dans l'élaboration des politiques, dans leur adoption et dans leur suivi, par des consultations, des référendums, un travail de fond avec les associations et les corps intermédiaires dont nous reparlerons lors de la table ronde de cet après-midi, des rendez-vous politiques de terrains, la création de comités de suivi d'usagers, de conseils consultatifs, des conférences citoyennes, etc. Mme Boffet, vice-présidente à la Participation citoyenne pourra nous en dire plus en fin de journée.

Bien sûr, l'introduction de mécanismes de démocratie participative ne peut être naïve. Elle doit engager les autorités politiques qui s'y risquent, mais elle doit aussi savoir faire la part entre la défense d'intérêts individuels « de trottoir » et l'émergence d'un véritable intérêt collectif métropolitain porté par les habitants. Mais c'est bien toute une philosophie de l'action publique qui doit alors évoluer[31], afin que cette métropole initialement au service des maires devienne une institution au service des habitants, sans pour autant que la dimension

31. Notons à ce propos le changement assez radical de conception du Conseil de développement à partir de novembre 2021, ouvert désormais à tous les habitants pouvant y participer en fonction des thèmes retenus et de façon ponctuelle ou pérenne. Voir : *https://www.grandlyon.com/metropole/le-conseil-de-developpement.html.*

historique intercommunale ne disparaisse complètement. Délicat équilibre à trouver, refondation des services métropolitains que la nouvelle majorité doit savoir mettre en place afin de convaincre de la métamorphose.

Et pour ceux que le temps long de la démocratie n'intéresse pas, la métropole doit aussi savoir désormais être un guichet de services facile à identifier et à mobiliser, à l'instar, par exemple, des villes qui se dotent de guichets uniques, de numéros d'appel centralisateurs, d'applications pour Smartphones permettant de connaître, faire connaître et accueillir les informations montantes et descendantes[32]. La métropole de Lyon a commencé à développer ce processus depuis quelques années par son site internet de plus en plus complet[33] ou avec l'application généraliste sur Smartphone Toodego[34] ou diverses applications sectorielles (Onlymov, Eau du Grand Lyon, par exemple). Mais il reste encore très compliqué de savoir à qui s'adresser en cas de problème, que ce soit dans le partage des compétences entre métropole et commune ou au sein même de la métropole.

Par ailleurs, une métropole fondée sur une démocratie électorale directe est désormais tenue de donner du sens à la collectivité. Simple gestionnaire des tuyaux, elle pouvait n'être qu'un organisme de gestion administrative inconnue des habitants. Mais désormais élue par eux, elle doit assumer l'effet miroir que l'élection implique. Elle devient non seulement un lieu de pouvoir identifié, mais elle a aussi en jeu et en ses mains l'identité collective. Elle devient l'intermédiaire

32. Pensons aux applications telles que Panneau Pocket, diffusant l'information municipale et permettant de faire remonter les demandes des habitants.
33. *https://www.grandlyon.com/* qui ne contient cependant aucun numéro de téléphone ni d'adresse mail permettant de saisir directement un service ou un responsable concerné, et ne renvoyant qu'au seul standard (04 78 63 40 40) ou à un numéro unique de signalement de problèmes sur l'espace public (04 78 63 40 00).
34. Site internet (*https://www.toodego.com)* ou application téléchargeable sur Google Play ou App Store.

entre les habitants métropolitains et les autres, elle doit être porteuse de valeurs, de pratiques, de sens que les habitants intérioriseront dans leur construction personnelle, comme l'ont été à l'époque les communes et les départements, puis les régions. Être métropolitain, c'est « devenir » grand-lyonnais, sur la base d'éléments d'identification qui permettent de construire son soi et sa différence, et que la Métropole doit créer et savoir mettre en œuvre.

Rappelons que la métropole lyonnaise, en croissance démographique continue, ne peut plus compter sur sa seule population d'origine pour asseoir son identité et le sentiment d'unité que procure généralement cette histoire partagée. Qui d'entre nous est né dans une commune du Grand Lyon ? Qui parle le lyonnais avec l'accent ? Même Gérard Collomb, figure éminente de la construction métropolitaine, vient de Chalon-sur-Saône. C'est alors aussi par son être et ses interventions que la métropole doit identifier ses habitants : construction de bâtiments emblématiques, organisation d'événements collectifs (pourquoi ne pas envisager des « jeux métropolitains » par exemple ?), création de moments de partage, de solidarité, de lieux d'émergence des voix et des figures locales, les pistes sont nombreuses et quelques métropoles, comme Nantes en ce moment, arrivent très bien à mettre en mouvement cette construction identitaire locale porteuse de dynamisme collectif tirant vers le haut.

Car une « société locale » n'est pas une entreprise anonyme territorialisée ; elle est avant tout une société d'hommes, à construire et à reproduire[35].

35. Dans son ouvrage, *L'essence du politique* (Paris, éd. Sirey, coll. « Philosophie politique », 1965), Julien Freund rappelait les grands piliers permettant de fonder une société (l'économie, la politique, la religion, la morale, la science et l'art), qui peuvent inspirer en partie les dirigeants locaux pour faire naître ce sentiment commun d'appartenance, porteur de dynamisme économique et social et de solidarités.

Mais je ne fais qu'évoquer ici en introduction quelques-uns de ces nombreux sujets de réflexion en la matière[36], réservant à d'autres études ou à d'autres lieux des analyses plus poussées. Car je constate avec plaisir qu'en effet se créent différents cercles de réflexion sur ce devenir métropolitain, qui montrent que cette Métropole a pris racine dans le paysage local et suscite un certain engouement. Autre indice : l'utilisation de plus en plus fréquente dans les discours politiques ou journalistiques et les textes officiels de cette appellation unitaire de « Grand lyonnais » pour identifier une population qui s'est pourtant si longtemps caractérisée par ses divergences et oppositions.

Si, selon le bon mot de Francisque Collomb, sénateur-maire de Lyon et président de la COURLY en 1976, rapporté par le Pr Aubelle, la communauté urbaine était comme « un enfant qu'on n'a pas désiré », la Métropole est peut-être bien en train de devenir, quant à elle, un réel objet de désir, dont il faut sans doute néanmoins affiner encore les atours avant les prochaines élections.

Je vous remercie.

36. Un autre élément important serait notamment la possession d'un véritable pouvoir normatif semi-autonome d'exécution des lois, permettant de spécifier les politiques métropolitaines nationales en renforçant sa libre administration. Sur ce sujet, voir notamment G. CHAVRIER, *Le pouvoir normatif local : enjeux et débats*, LGDJ, coll. « Systèmes », 2011. Notons d'ailleurs que la DGA (Direction générale de l'administration) vient de publier un rapport en juin 2021 intitulé *Le pouvoir réglementaire des collectivités territoriales : enjeux et perspectives*, dans lequel il envisage l'aménagement de l'article 21 de la Constitution réservant au seul Premier ministre l'exécution des lois, afin d'envisager la possible exécution directe de celles-ci par les collectivités territoriales, sous conditions (*https://www.interieur.gouv.fr/Publications/Rapports-de-l-IGA/Rapports-recents/Le-pouvoir-reglementaire-des-collectivites-territoriales-Enjeux-et-perspectives*).

MÉTROPOLE ET MÉTROPOLES. ÉTUDE COMPARÉE

par

Robert PYKA

Professeur des universités
Institut de sociologie, Observatoire des processus urbains et métropolitains, Université de Silésie à Katowice (Pologne)
Invité du Collegium de Lyon

I. Introduction

Notre monde globalisé, c'est ce monde interconnecté et interdépendant dans lequel presque tout circule à une vitesse sans précédent. La pandémie de Covid-19 et la dynamique de propagation du virus l'ont cruellement démontré. Le réseau mondial des interconnexions multipliées développe des nœuds, des lieux d'intersection, de flux où se rencontrent des acteurs majeurs du jeu global et où se cumulent des potentiels économiques, financiers, scientifiques. Nous observons par conséquent la formation d'une nouvelle structure spatiale, avec l'apparition de nouvelles territorialités[1], à savoir les métropoles qui dépassent les périmètres territoriaux des collectivités territoriales classiques. Ces nouvelles territorialités s'autoproduisent dans un jeu d'acteurs métropolitains complexe qui contraste avec le

1. M.-Ch. JAILLET, « Contre le territoire, "la bonne distance" », *in* M. VANIER (dir.), *Territoires, territorialité, territorialisation – Controverses et perspectives*, Rennes, Presses universitaires de Rennes, 2009.

gouvernement vertical des municipalités. On y retrouve la même densité et la même complexité des relations, la même diversité et les mêmes interdépendances des acteurs, les mêmes « malaises » et les mêmes promesses qu'on observe au niveau global. Les métropoles constituent des miniatures du monde globalisé.

Par conséquent, il faut constater que les métropoles que l'on vient de définir ne se laissent pas entièrement décréter par des décisions politiques, des lois ou des ordonnances, même si tel semble être le cas de la métropole lyonnaise que nous étudions aujourd'hui dans le cadre de ces Rencontres juridiques.

L'émergence des espaces métropolitains et des métropoles présente avant tout un effet d'agrégation des logiques et des flux mondiaux. La métropole se distingue d'autres espaces urbains par sa dimension fonctionnelle relative à son poids en termes d'économie, d'innovation et de rayonnement infra et international, qui prime sur ses dimensions démographiques, territoriales et institutionnelles. Les tentatives de transformation d'Ottawa en métropole au poids équivalant d'autres métropoles canadiennes, par agrandissement de son périmètre et absorptions des grands espaces urbains et ruraux limitrophes, n'ont pas donné par exemple les résultats attendus. La capitale canadienne étant actuellement placée parmi les villes les plus étendues au monde avec sa population d'environ un million d'habitants, elle n'atteint pourtant pas le potentiel des premières métropoles canadiennes de Toronto, Montréal ou Vancouver[2].

Il faut donc bien distinguer la métropole au sens propre du terme, comme effet d'agrégation des phénomènes globaux transférés au niveau des grandes agglomérations, de la métropole au sens institutionnel du terme. Les deux dimensions sont fortement liées. Les processus spontanés de métropolisation sont ainsi la source des dynamiques de développement et du potentiel de croissance et

2. « Population and Dwelling Count Highlight Tables », 2016 Census, *Statistics Canada* : *http://www12.statcan.gc.ca.*

d'innovation, accompagnés d'effets d'agrégation inattendus[3] relatifs notamment aux logiques d'extraction[4] et de dérives de la ville néo-libérale. La création des encadrements institutionnels de ces espaces métropolitains fonctionnels découle, elle, du rejet du fatalisme et de la conviction que la force publique est en mesure d'apporter les ajustements appropriés, voire de mobiliser ces processus spontanés à son profit. Les métropoles institutionnelles constituent alors le résultat d'actions volontaires des acteurs publics qui cherchent à inspirer, contrôler et modeler la métropole par la définition des périmètres territoriaux d'intervention, de la gouvernance et de leurs politiques publiques en phase avec ces nouvelles territorialités émergentes.

Une croissante inadéquation de la structure territoriale de l'État et de son système institutionnel, par rapport aux systèmes de réseau et des relations juxtaposées formant de nouvelles territorialités, initie cependant de profonds changements intérieurs des États presque partout dans le monde. Suivant une étude de l'OCDE[5], 68 % des espaces métropolitains disposent de structures institutionnelles de coordination et de collaboration (*governance bodies*).

Cette recherche de réponses adéquates en termes d'organisation territoriale face aux défis globaux et métropolitains apporte des résultats divers et nuancés. Les stratégies d'adoption sont habituellement classifiées entre *public choice school*, visant à la mise en concurrence des collectivités existantes, et la création de structures de gouvernement spécifiquement métropolitain, ce qui peut

3. R. BOUDON, *La logique du social. Introduction à l'analyse sociologique*, Paris, Hachette, 1979.

4. S. SASSEN, *Expulsions. Brutality and complexity in the global economy*, Harvard University Press, The Belknap press, 2014, et en français : *Expulsions. Brutalité et complexité dans l'économie globale*, éd. Gallimard, coll. « NRF Essais » (trad. P. Guglielmina), 2016.

5. R. AHREND, C. GAMPER, A. SCHUMANN, *The OECD Metropolitan Governance Survey : A Quantitative Description of Governance Structures in large Urban Agglomerations*, OECD Regional Development Working Papers, n° 4, 2014.

emmener la création de nouvelles collectivités territoriales. D'autres États suscitent plutôt quant à eux des unités territoriales hybrides de gouvernance métropolitaine, apparaissant notamment en France à travers les EPCI que l'on peut qualifier de substituts aux réformes territoriales dans un contexte d'inertie institutionnelle des collectivités territoriales classiques. Ces différentes hypothèses ne sont bien évidemment que quelques idéaux types parmi d'autres stratégies possibles, dont les combinaisons multiples peuvent être observées dans la pratique des États. En dehors du constat que le choix entre ces stratégies provient du positionnement normatif et politique du moment, qui peut présenter des pièges pour les autorités publiques, il est intéressant de réfléchir aux facteurs structurels des systèmes politiques et sociaux qui impactent les trajectoires institutionnelles des métropoles.

Deux principales questions vont structurer la présente étude. La première concerne les facteurs structurels qui déterminent le choix des stratégies d'adaptation par rapport au phénomène métropolitain. La deuxième est relative à l'efficacité de ces stratégies en termes de stabilité politique et de gouvernabilité des métropoles. Les hypothèses correspondantes à ces interrogations seront confrontées à l'analyse des cas des métropoles en France, au Canada et en Pologne.

Dans cet article, la dimension institutionnelle de la métropole est centrale. Néanmoins, le *focus* sera également mis sur les nouvelles formes d'articulation des relations entre les métropoles « institutionnelles » et la métropole comme « système social complexe ». Nous partons du constat que des prémisses du changement de modèle de développement métropolitain, basé sur une alliance pragmatique entre les autorités publiques métropolitaines et les grands acteurs mondiaux, peuvent être observées. La démocratisation lente, mais progressive de certaines métropoles, qui peut être illustrée par l'introduction du suffrage universel pour désigner les autorités métropolitaines lyonnaises, contribue à la corrosion du jeu capital-centré, basé sur l'extraction, comme scène unique du développement métropolitain. D'autres scènes émergent, sur lesquelles les habitants-contributeurs revendiquent, en tant que citoyens métropolitains, leur place et le contrôle sur leur environnement en expérimentant de nouveaux modèles de fabrication de la ville et de la métropole par le bas, en substituant la logique *d'extraction* par l'idée de *commun*. Les enjeux climatiques, écologiques et alimentaires accentués dans le milieu urbain par la pandémie de Covid-19, renforcent la recherche de plus grande résilience par recours aux solutions émergentes de « la société locale métropolitaine », faisant recours à la « domocratie », notions que Christophe Chabrot propose dans son texte.

II. Les stratégies d'adaptation à la métropolisation. Entre impératifs globaux et « historicité » du système social territorialisé

L'objectif de ce chapitre consiste à identifier et analyser un certain nombre de propriétés structurant le système politico-territorial, qui en dehors des fluctuations politiques et normatives relatives aux mécanismes de la démocratie électorale vont favoriser certaines trajectoires institutionnelles des métropoles. La force heuristique des hypothèses proposées reste à ce stade modeste, comme ces propositions de réponses qui découlent d'une approche inductive basée sur l'analyse de cas choisis de métropoles canadiennes (Montréal, Toronto), françaises (Lyon, Saint-Étienne) et polonaise (Katowice). Néanmoins, les présomptions proposées apportent un éclairage supplémentaire sur les cas analysés et pourraient par la suite être testées dans d'autres cas. Par rapport à la première question concernant les facteurs structurels qui déterminent le choix des stratégies d'ajustement institutionnel et territorial au phénomène métropolitain, l'hypothèse suivante est proposée : les stratégies d'adaptation à la métropolisation résultent d'une confrontation des impératifs globaux avec « l'historicité » de la société et de son organisation territoriale (H1). Des hypothèses supplémentaires peuvent également être mises en avant. Il existe en effet une relation entre le choix de la stratégie d'adaptation au phénomène métropolitain et le niveau d'autonomie des collectivités territoriales (H1.1). La force du *leadership* local et de son influence, voire la pénétration au niveau du pouvoir central, présente un autre facteur important (H1.2). Un autre élément intervenant concerne la présence dans l'agenda politique national et/ou local de « la question métropolitaine » comme défi important dans la stratégie de développement du pays (H1.3).

Le processus des changements institutionnels et territoriaux ne s'opère pas automatiquement ni de manière purement rationnelle. Les stratégies d'adaptation à la métropolisation présentent le plus souvent le résultat d'une confrontation des impératifs du marché global (rationalité économique) avec des valeurs, normes, institutions et représentations sociales profondément enracinées socialement et formées à l'époque westphalienne (rationalité normative et historique). La notion « d'historicité »[6] proposée par Alain Touraine décrit ce processus de changement comme travail de la société sur elle-même, ce qui signifie qu'elle entre en interaction avec ses propres produits, notamment son organisation territoriale, ses représentations sociales et ses institutions qui déterminent les champs des ajustements possibles et catalysent les contraintes et impératifs extérieurs issus du niveau global.

À la base des études comparatives mentionnées, il est possible de constater qu'une position forte des collectivités locales ainsi qu'un niveau élevé de leur influence dans le système politique peuvent favoriser les ajustements dans les espaces métropolitains, ce qui peut signifier la création de structures fédérales de type intercommunal avec le maintien du niveau local existant. Cela se produit le plus souvent lorsque le gouvernement local et ses acteurs ont un impact réel et direct sur le contenu des réformes mises en œuvre au niveau central. Le cas français le confirme où, suite au phénomène de cumul des mandats à différents niveaux, le Parlement est dominé par des élites de collectivités locales qui sont source d'inertie du système d'organisation territoriale, notamment par rapport à la commune

6. A. TOURAINE, *Production de la société*, Seuil, 1973, p. 11.

française et au département qui ont résisté à plusieurs tentatives de fusions ou de suppression. La corrélation entre l'influence historique des élus locaux dans le système politique et le champ des réformes territoriales peut aussi conduire à des exceptions en cas d'un *leader* local puissant qui cherche à se démarquer par un changement, un héritage qu'il veut laisser. Le cas de la métropole du Grand Lyon et de son président, Gérard Collomb, illustre bien ce cadre de figure.

La situation peut être différente dans les États où le niveau d'autonomie des collectivités locales est limité. L'indépendance du pouvoir central par rapport aux élites des gouvernements locaux peut signifier une plus grande liberté dans la mise en œuvre de réformes territoriales profondes, à condition que les questions urbaines ou métropolitaines fassent partie de l'agenda politique. Cette configuration des facteurs peut conduire à une large réorganisation territoriale des bassins urbains et même à la disparition des collectivités locales préexistantes avec comme résultat leur fusion en de nouvelles collectivités territoriales au périmètre territorial élargi.

C'est le cas du Canada fédéral où les municipalités restent très faibles en termes de ressources financières et de compétences propres, puisque leur statut et éventuelle autonomie sont entièrement déterminés par les pouvoirs des provinces. Ces dernières ont la liberté non seulement de créer des unités municipales, mais aussi d'interférer de manière significative dans leur fonctionnement en ayant une large compétence notamment dans le domaine de l'éducation et de la santé. Les sources principales des budgets municipaux sont les taxes foncières qui atteignent 50 % des revenus municipaux, suivies des transferts de la province et du gouvernement fédéral et des revenus des permis délivrés. Pour les villes des États-Unis, la part des taxes foncières dans les budgets municipaux est d'environ 15 %, tandis que pour les villes européennes elle est de 5 %. Les villes canadiennes sont aussi privées de leur participation dans l'impôt sur le revenu[7]. Les municipalités se présentent ainsi un peu comme des créations des provinces, ce qui détermine la faiblesse de la scène politique urbaine et la prédominance d'une conception pragmatique de leur fonctionnement relatif à la fourniture de biens et services municipaux spécifiques.

Il n'est donc pas étonnant qu'à un moment donné les Provinces de Québec et d'Ontario, sous contrôle de forces politiques favorables à des ajustements territoriaux urbains et métropolitains profonds, aient privilégié la stratégie de fusion (amalgamation) dans les espaces métropolitains de Toronto en 1998 et de Montréal en 2000. Les stratégies de ces deux provinces ont ainsi presque coïncidé, et ont été réalisées malgré leur forte contestation par les habitants et les dirigeants locaux. Les choix réalisés par ces provinces contredisaient aussi les conclusions de certains rapports officiels (commission de Claude Pichette, rapport Bédart, rapport Golden) visant plutôt à la réorganisation et à l'élargissement des structures intercommunales préexistantes (*Municipality of Metropolitan Toronto - Metro ; Communauté urbaine de Montréal*). Par conséquent le 1er janvier 1998, les villes de la Metro de Toronto ont été fusionnées en une seule nouvelle ville de Toronto forte de 2,8 millions d'habitants qui, malgré un recours des opposants devant le tribunal administratif, a vu son existence confirmée[8]. Deux ans plus tard, Montréal a subi la même stratégie puisque la Province de Québec a décidé par la

7. E. CHAMPAGNE, C.-É. BEAUDRY, « Les statuts particuliers des grandes villes au Canada : promesses et limites », *Revue d'études sociologiques de Haute-Silésie*, vol. 9, Issue 2, 2018, p. 258.

8. E. SLACK, R. BIRD, « Does Municipal Amalgamation Strengthen the Financial Viability of Local Government? A Canadian Example », *International Center for Public Policy, Georgia State University, Working Paper*, 13-05, 2013, p. 10 ; J. A. BOUDREAU, R. KEIL, « La réconciliation de la démocratie locale et de la compétitivité internationale dans le discours réformiste à Toronto : Essai d'interprétation sur le néolibéralisme normalisé », *Politique et Sociétés*, vol. 25, n° 1, 2006, p. 83-98.

Loi 170 de décembre 2000[9] la fusion de l'ensemble des municipalités de l'île de Montréal. C'est ainsi que la nouvelle Ville de Montréal a vu le jour avec une population de 1,8 million d'habitants répartie sur 27 arrondissements[10], issus des anciennes villes de banlieue et du territoire de l'ancienne ville de Montréal.

Même si les collectivités territoriales en Pologne, notamment les villes, disposent sans doute d'une autonomie plus importante que les municipalités canadiennes, elles restent soumises au pouvoir central quant à leurs compétences, mais avant tout en termes de ressources. Plus de 73 % des ressources des collectivités territoriales polonaises sont en effet sous contrôle unique de l'État[11]. La crise économique de 2007-2008, les derniers changements fiscaux[12] et la crise sanitaire ont renforcé ces tendances. Les municipalités ne sont pas directement représentées au niveau du Parlement, puisque tout cumul de mandat est interdit. Le lien entre le niveau local et central n'est qu'à peine assuré par la commission mixte du gouvernement et des collectivités. Les maires des plus grandes villes n'ont aucune influence sur les réformes, étant d'ailleurs aujourd'hui plutôt en opposition à la majorité de la droite conservatrice de Droit et Justice.

Suivant les hypothèses formulées (H1.2), l'absence d'influence des municipalités sur le pouvoir central (voire provincial) peut ouvrir la voie à des réformes métropolitaines ambitieuses, mais à condition que la question métropolitaine fasse partie de l'agenda politique en tant

9. Loi portant réforme de l'organisation territoriale municipale des régions métropolitaines de Montréal, de Québec et de l'Outaouais (loi 170, 2000, c. 56) : *http://legisquebec.gouv.qc.ca.*

10. M. TOMÀS, « Exploring the Metropolitan Trap : The Case of Montreal », *International Journal of Urban and Regional Research*, Vol. 36.3, May 2012, p. 558.

11. Depuis 2004, les taux d'imposition ont été abaissés pour les entreprises de 27 % à 19 % et récemment pour des personnes physiques à 17 % avec l'exonération de l'impôt sur le revenu des jeunes jusqu'à 26 ans.

12. R. PYKA, « L'évolution du système politico-administratif local polonais et les réformes territoriales à l'épreuve des défis de XXIe siècle », *RFDA* juill.-août 2015, p. 44.

que défi important dans la stratégie de développement du pays (H1.3). Cependant, ce n'est pas du tout le cas en ce moment en Pologne, et même au contraire. Considérant que les villes concentrent l'essentiel de l'électorat d'opposition à la majorité actuelle, les reformes visant au renforcement des grandes agglomérations ne sont pas actuellement prioritaires.

Dès lors, après plus de quinze ans de discussions concernant les ajustements territoriaux relatifs à la prise en compte du phénomène métropolitain, une seule « métropole institutionnalisée » a vu le jour en Pologne, en 2017, le seuil démographique ayant été placé dans la loi au niveau de 2 millions d'habitants[13]. Il s'agit de la Métropole GZM[14] dans la conurbation de Katowice qui a accueilli le sommet climatique COP 24 en 2018 et où aura lieu le Forum mondial urbain de l'ONU en 2022 (UN-Habitat WUF-11). Cette communauté métropolitaine, créée le 1er juillet 2017 et regroupant 41 communes, n'a pas le statut de collectivité territoriale. Elle est dirigée par un *« manager »* indépendant choisi par les maires des villes membres, mais pas parmi ces derniers. La Métropole GZM dispose de ressources propres et de compétences en matière d'aménagement du territoire, de développement économique et social, de transport et de promotion du territoire métropolitain[15]. Même si le budget et les prérogatives de la Métropole GZM demeurent relativement modestes, son statut de

---

13. Loi sur la communauté métropolitaine dans la voïvodie de Silésie du 9 mars 2017, *Journal officiel* 2017, position 730 (Ustawa z dnia 9 marca 2017 r. O związku metropolitalnym w województwie śląskim, Dz.U. 2017 poz. 730.).
14. L'abréviation de « Górnośląsko-Zagłębiowska Metropolia » contenant des dénominations des composantes géographiques de la métropole et illustrant l'histoire difficile de ce territoire, à travers la juxtaposition des termes Górnośląskie (Haute-Silésie) et Zagłębie (littéralement le bassin).
15. Art. 12 al. 1 de la loi du 9 mars 2017 sur la communauté métropolitaine de la voïvodie de Silésie (Dz.U. 2017 poz. 730).

syndicat métropolitain est revendiqué par d'autres espaces métropolitains polonais notamment de ceux de Wrocław, Cracovie, et surtout de Gdańsk.

On constate donc qu'en France, où les élites municipales pénètrent clairement le pouvoir central, le développement d'intercommunalités fortes s'est substitué à la mise en place de réformes territoriales modifiant les collectivités territoriales classiques elles-mêmes (avec cependant une particularité à Lyon). Cela s'est d'ailleurs traduit par une inflation des métropoles sous forme d'EPCI (au nombre de 22), ce statut revendiqué par les dirigeants locaux s'inscrivant plutôt dans une stratégie de valorisation et de visibilité de leur territoire. En Pologne, la quasi-absence d'influence des collectivités locales et notamment des villes au niveau central, qui plus est dans le contexte d'un centre niant l'importance du phénomène métropolitain, s'est traduit par une stratégie très restrictive, avec la création d'une seule métropole de droit. Au Canada la conscience des élites provinciales par rapport à l'importance de la métropolisation, accompagnée de leur quasi total contrôle du statut des municipalités, a généré des réformes extrêmement osées et « forcées » d'amalgamation, à savoir de fusion des municipalités en de nouvelles villes – métropoles, comme le démontre le cas de Montréal et de Toronto.

III. Trajectoires institutionnelles des métropoles et leur évaluation ambiguë

Après avoir décrit de manière générale les stratégies d'ajustement au phénomène métropolitain appliquées dans les agglomérations choisies au Canada, en France et en Pologne, la deuxième question de cette recherche peut être abordée. Cette dernière concerne l'efficacité de ces stratégies d'adoption en termes de stabilité politique et de gouvernabilité des métropoles. On va donc chercher à savoir si certaines stratégies peuvent être considérées comme plus performantes que d'autres. Dans ce contexte, on pourrait s'attendre à une plus grande efficacité de la stratégie de fusion (amalgamation) des unités territoriales existantes (H2). La création de nouvelles collectivités locales, généralement plus larges en termes de périmètre territorial, semble ainsi pouvoir apporter une simplification de l'architecture administrative, l'harmonisation et peut-être même la réduction des coûts de fonctionnement et des services (H2.1). Au contraire, la stratégie de création de structures parallèles et juxtaposées aux collectivités territoriales classiques, se substituant aux réformes territoriales à accomplir, peut générer un dualisme du système d'organisation territoriale et entraîner la multiplication des niveaux de gouvernance territoriale. On pourrait s'attendre dans ce cas à une complexité croissante issue du chevauchement des compétences, à la multiplication des coûts financiers et à une transparence réduite des processus décisionnels (H2.2). Il faut néanmoins tout de suite signaler que l'observation des trajectoires institutionnelles des métropoles étudiées dans cette conférence ne permettent pas de confirmer les hypothèses que l'on vient d'avancer. Au final, l'absence d'un modèle universel et optimal de métropole institutionnelle s'impose comme constatation appropriée.

Reprenant l'analyse du cas canadien, il faut noter que la fusion des municipalités des noyaux métropolitains de Toronto et Montréal a présenté des coûts politiques et sociaux conséquents, entraînant une déstabilisation qui se ressent encore aujourd'hui. Il convient même de souligner que si la transformation de la Metro (*Municipality of Metropolitan Toronto*) en une seule ville a certes simplifié la gouvernance du cœur de la métropole, elle n'a pas été une solution pour le problème de la gestion de l'espace métropolitain élargi, de plus de 6 millions d'habitants, dont la moitié s'est retrouvée en dehors de la nouvelle ville. Une tentative pour combler ce déficit a probablement été la création du GTSB (*Greater Toronto Services Board*) en 1998. Mais l'audit des opérations du GTSB réalisé en 2001 a démontré la faiblesse de cette structure qui a été dissoute la même année[16]. Bien que Toronto a longtemps été présentée comme un modèle réussi de réorganisation de l'espace métropolitain[17], la fusion inattendue des gouvernements locaux dans le noyau de la région métropolitaine en 1998 a interrompu le processus de son intégration. Par conséquent, Toronto est actuellement la seule métropole canadienne dépourvue d'une unité de gestion institutionnelle dans la région métropolitaine, même si des initiatives comme la *Toronto City Summit Alliance* émergent.

L'expérience et les conséquences de la fusion des municipalités au sein de la nouvelle ville de Montréal sur l'ensemble de l'Île de Montréal ont été encore plus mouvementées. La taille limitée de la présente conférence ne me permet d'en mentionner que les points les plus importants. Dans l'atmosphère de mécontentement suite à la fusion municipale forcée, le Parti libéral du Québec (PLQ) a remporté les élections en 2003, notamment grâce aux promesses relatives à la révision de l'amalgamation et à la perspective de renforcement de la position des arrondissements, issus notamment des anciennes municipalités de banlieue, et finalement réalisée par la Loi 33[18]. Le nouveau gouvernement provincial a ensuite accordé par la Loi 9[19] aux citoyens de certaines municipalités le droit de se prononcer sur la réorganisation territoriale introduite par la Loi 170. Suite à un référendum de 2004, 15 ex-municipalités de l'île de Montréal ont alors été reconstituées et ont quitté la nouvelle ville de Montréal au

16. E. SLACK, R. BIRD, « Does Municipal Amalgamation Strengthen the Financial Viability of Local Government? A Canadian Example », *International Center for Public Policy, Georgia State University, Working Paper*, 13-05, 2013, p. 11.
17. A. SANCTON, « Differing Approaches to Municipal Restructuring in Montreal and Toronto : From the Pichette Report to the Greater Toronto Services Board », *Canadian Journal of Regional Science*, vol. 11, 1999, p. 191.
18. Loi modifiant la Charte de la Ville de Montréal (Loi 33, 2003, chapitre 28) : *http://legisquebec.gouv.qc.ca.*
19. Loi concernant la consultation des citoyens sur la réorganisation territoriale de certaines municipalités (Loi 9, 2003, chapitre 14) : *http://legisquebec.gouv.qc.ca.*

1er janvier 2006. C'était surtout le cas de municipalités dans lesquelles l'anglais était la langue maternelle d'au moins 40 % de la population. Cela reflète le niveau de mobilisation de la population anglophone[20], dominant surtout dans la partie orientale de l'île de Montréal (West Island) et qui, n'ayant pu s'opposer à la fusion de 2002, a continué à lutter pour garder son identité et autonomie à travers notamment certains services publics délivrés en anglais.

L'exemple de Montréal montre bien que les solutions qui paraissent être les plus rationnelles sur le plan économique ou gestionnaire, mais qui nient l'historicité d'un territoire, les identités et les institutions en place, peuvent mener à des résultats inattendus, loin de l'efficacité recherchée. Après l'intégration et la désintégration, Montréal ressemble aujourd'hui à un « fromage suisse », avec des enclaves de municipalités indépendantes à l'intérieur. Afin d'assurer des services cohérents à l'ensemble de la population de l'île de Montréal, il a alors fallu créer un nouveau conseil d'agglomération[21], échelon intermédiaire entre la nouvelle ville de Montréal et la Communauté métropolitaine de Montréal (CMM) établie en 2000[22]. L'amalgamation visant la simplification et l'équilibre fiscal a donc généré au final un système de gouvernance métropolitaine à plusieurs niveaux et d'une très grande complexité puisque depuis 1er janvier 2006 l'espace métropolitain de Montréal est géré par cinq niveaux territoriaux (Communauté métropolitaine de Montréal, Conseil d'agglomération, Conseil municipal de Montréal et les conseils municipaux de ville reconstituées, conseils d'arrondissements de la ville de Montréal).

Les expériences difficiles liées au processus de fusion des collectivités locales à Toronto et à Montréal ont changé la stratégie des autorités des deux provinces. La coopération dans les régions

---

20. P. DROUILLY, A.-G. GAGNON, « Amères défusions », *in* M. VENNE, *L'Annuaire du Québec 2005*, Montréal, Fides, p. 524-532.

21. Décret concernant l'agglomération de Montréal (1229, 2005) : *http://legisquebec.gouv.qc.ca*.

22. Loi sur la Communauté métropolitaine de Montréal (2000, chapitre C-37.01).

métropolitaines a été freinée, voire arrêtée, avec un repli sur les nouvelles villes et donc les noyaux des métropoles. Les auteurs du rapport *Does municipal amalgamation strengthen the financial viability of local government? A Canadian example*[23] ne confirment donc pas les résultats attendus du processus de fusion des collectivités en termes d'économies ou d'augmentation de la qualité de services publics. On s'est rendu compte qu'il n'était pas rationnel de continuer des réformes structurelles et territoriales qui, même si elles pouvaient corriger les résultats des fusions forcées, ne seraient certainement pas acceptées ni par les habitants ni par les décideurs locaux. Par conséquent, les deux provinces ont changé de stratégie en se concentrant sur l'augmentation du potentiel et des compétences des nouvelles villes-métropoles après leurs fusions, au détriment de l'équilibre territorial et du développement de la coopération dans les régions métropolitaines. Le repli sur les noyaux de l'espace métropolitain est confirmé en Ontario par l'adoption en 2006 de la nouvelle loi sur la ville de Toronto (City of Toronto Act, 2006)[24], dotant cette nouvelle métropole d'un statut et de compétences spécifiques par rapport aux autres villes de cette province. La province de Québec a suivi le pas de l'Ontario et une dizaine d'années après a adopté la « Loi augmentant l'autonomie et les pouvoirs de la Ville de Montréal, métropole du Québec »[25], accompagnée de l'entente « Réflexe Montréal »[26]. Même si à première vue les nouvelles régulations paraissaient très progressives en termes de nouvelles prérogatives

---

23. E. SLACK, R. BIRD, « Does Municipal Amalgamation Strengthen the Financial Viability of Local Government? A Canadian Example », International Center for Public Policy, Georgia State University, Working Paper, 13-05, 2013.

24. City of Toronto Act (2006, S.O. 2006, c. 11, Sched. A) : *https://www.ontario.ca.*

25. Loi augmentant l'autonomie et les pouvoirs de la Ville de Montréal, métropole du Québec, Assemblée nationale du Québec, Éditeur officiel du Québec 2016. (Loi 121, 2017, chapitre 16) : *http://legisquebec.gouv.qc.ca.*

26. « Réflexe Montréal », Entente-cadre sur les engagements du Gouvernement du Québec et de la Ville de Montréal pour la reconnaissance du statut particulier de la métropole. Québec, 8 décembre 2016, s. 2-3.

des villes-métropoles, il faut plutôt les considérer à travers les limites et promesses qui entourent leur adoption[27] que comme le signe d'une révolution métropolitaine.

L'analyse du cas français en matière d'évolution des structures de gestion des espaces métropolitains et de leur performance restera limitée, celle-ci faisant l'objet de l'ensemble des interventions du présent colloque. Le statut de l'élu local en France et sa pénétration du pouvoir législatif national ont plutôt favorisé la stratégie des « petits pas » que des « révolutions territoriales » illustrées par les amalgamations au Canada. Les établissements de coopération intercommunale (EPCI) omniprésents sur le territoire français à l'issue de la loi Chevènement[28] présentent un substitut fonctionnel aux réformes territoriales, permettant de répondre à un certain nombre de défis relatifs à la formation des espaces métropolitains, sans pour autant toucher à la commune, socle du système politique et des représentations collectives locales. Néanmoins, la stratégie permettant aux élus « le choix à la carte » de la forme et des périmètres des EPCI a juxtaposé, à côté de l'émiettement communal, un morcellement de la carte intercommunale par rapport aux espaces fonctionnels et aux bassins de vie. Les SCoT[29], les Inter-SCoT et les pôles métropolitains[30] qui arrivent en aide en s'inscrivant dans l'idée de la coopération inter-intercommunale voire interterritoriale, illustrent le potentiel énorme de créativité dans le secteur public français accompagné de l'incapacité à éliminer les structures

27. E. CHAMPAGNE, C.-É. BEAUDRY, « Les statuts particuliers des grandes villes au Canada : promesses et limites », *Revue d'études sociologiques de Haute-Silésie*, vol. 9, Issue 2, 2018.

28. Loi n° 99-586 du 12 juillet 1999 relative au renforcement et à la simplification de la coopération intercommunale : *www.legifrance.gouv.fr*.

29. Loi n° 2000-1208 du 13 décembre 2000 relative à la solidarité et au renouvellement urbains : *www.legifrance.gouv.fr*.

30. Loi n° 2010-1563 du 16 décembre 2010 de réforme des collectivités territoriales : *www.legifrance.gouv.fr*.

préexistantes. Même si un observateur étranger peine à trouver de la rationalité dans le système territorial français, sa lente évolution et son développement par bourgeonnement suit des logiques politiques et sociales locales en favorisant le processus d'apprentissage collectif des acteurs et en les préparant pour le changement suivant qui finalement, et malgré les annonces, n'est jamais définitif non plus. C'est dans cette optique qu'on peut lire les réformes introduites entre 2014 et 2015[31], notamment les lois MAPTAM et NOTRe dont l'objectif était de rationaliser l'organisation territoriale par la clarification de la répartition des compétences et la réduction des dépenses publiques de collectivités[32]. Ces réformes conservent le dualisme du système territorial français, mais présentent un pas important dans le transfert du centre de gravité financier et décisionnel des structures de la première modernité (commune, département) vers celles de la deuxième modernité (métropole et région). Au final, la disparition de 40 % des EPCI au 1er janvier 2017 et la fusion des régions présentent des « amalgamations à la française », qui s'inscrivent dans la continuité et la stratégie des « petits pas ». Le cas de la Métropole de Lyon n'échappe pas à cette logique, devenant la seule métropole collectivité territoriale de plein droit dont le statut était déjà projeté dans le rapport du comité Balladur de 2009[33].

En Pologne, la domination d'un pouvoir central réticent à la question métropolitaine a généré une réponse restrictive du système politique, avec la création d'un seul syndicat métropolitain dans la

31. Loi n° 2014-58 du 27 janvier 2014 de modernisation de l'action publique territoriale et d'affirmation des métropoles ; Loi n° 2015-29 du 16 janvier 2015 relative à la délimitation des régions, aux élections régionales et départementales et modifiant le calendrier électoral ; Loi n° 2015-991 du 7 août 2015 portant nouvelle organisation territoriale de la République : *www.legifrance.gouv.fr.*

32. E. THIMONIER-ROUZET, L. ROLLAND, « Les agences d'urbanisme françaises et la réforme territoriale de 2015. Étude de cas à Lyon », *Revue d'études sociologiques de Haute-Silésie*, vol. 9, Issue 2, 2018, p. 255.

33. C. CHABROT (dir.), *La Métropole de Lyon. De la singularité à la modélisation ?*, Paris, L'Harmattan, coll. « GRALE », 2019, p. 17.

région de Haute-Silésie (la Métropole GZM) autour de la conurbation de Katowice. Il s'agit d'un syndicat de communes caractérisé par l'existence des liens fonctionnels et l'avancement des processus d'urbanisation, situé dans un espace territorialement cohérent habité par au moins 2 000 000 habitants[34]. Ce syndicat n'est pas une collectivité territoriale, mais le législateur n'a pas résolu définitivement la question de son positionnement dans le système de l'organisation territoriale. D'une part, il dote ce syndicat métropolitain d'un modèle de pouvoir technique et managérial, rare dans de telles institutions (*council-manager form*)[35]. Le pouvoir exécutif est confié à un administrateur-manager extérieur, sans mandat démocratique direct, nommé par (mais pas parmi) les maires des communes membres qui à leur tour forment l'assemblée communautaire où les décisions sont prises à une double majorité des communes et de la population qu'elles représentent. D'autre part, le syndicat métropolitain a une garantie légale de ressources fiscales sous la forme d'une contribution de l'ordre de 5 % de l'impôt sur le revenu des personnes physiques, prélevée sur la part de cet impôt qui revient à l'État[36]. Il dispose également de compétences propres qu'il partage avec les communes, parmi lesquelles on trouve le développement social et économique de son territoire[37].

Les deux premières années de fonctionnement de ce syndicat métropolitain inédit en Pologne montrent que l'on est toujours à la recherche du modèle approprié de métropole institutionnelle. Pour le moment, ce syndicat se concentre sur ses compétences dures,

---

34. Art. 1, al. 2 de la loi du 9 mars 2017 sur la communauté métropolitaine de la voïvodie de Silésie (Dz.U. 2017 poz. 730).
35. P. E. MOURITZEN, J. SVARA, *Leadership at the Apex*, University of Pittsburgh Press, Pittsburgh, 2002.
36. Art. 52, al. 1 de la loi du 9 mars 2017 sur la communauté métropolitaine de la voïvodie de Silésie (Dz.U. 2017 poz. 730).
37. Art. 12, al. 1 de la loi du 9 mars 2017 sur la communauté métropolitaine de la voïvodie de Silésie (Dz.U. 2017 poz. 730).

notamment le transport, en se comportant comme une technostructure ce qui présente un risque de devenir « un zombie institutionnel », une structure invisible, qui risque à terme de partager le lot du GTSB de Toronto. La mise en place d'une gouvernance collaborative reste très difficile, avant tout à cause du faible niveau de capital social (de confiance et de coopération) des élites municipales dont les relations sont plus conflictuelles que collaboratives et consensuelles, notamment entre la ville-centre et la métropole[38]. Des ajustements sont nécessaires, mais la fusion de type canadien reste irréaliste dans le contexte de la structure historique et identitaire de la métropole, extrêmement complexe, et qui incarne la présence au sein de la métropole du « triangle des trois empereurs »[39].

L'analyse de l'évolution des métropoles institutionnelles choisies en termes de stabilité politique et de gouvernabilité ne permet donc pas de vérifier positivement l'hypothèse d'une plus grande efficacité de la stratégie de fusion (amalgamation) des unités territoriales au sein des espaces métropolitains (H2). La désintégration de la nouvelle ville de Montréal constitue un effet secondaire des réformes métropolitaines mises en œuvre trop rapidement et sans tenir compte des réalités du terrain. Ce piège métropolitain (*metropolitan trap*)[40] peut surprendre même des acteurs de territoires où la coopération métropolitaine remonte au début du XXe siècle.

---

38. V. BEHR, R. PYKA, « La métropole haute-silésienne, une gouvernance territoriale innovante. Ressources et défis de la première communauté métropolitaine de Pologne », *Revue d'études comparatives Est-Ouest* (RECEO), n° 4/2019.

39. Le terme de « Triangle des trois empereurs » désigne le point de convergence, de 1846 à 1915, entre les frontières des trois puissances (Autriche, Prusse et Russie) s'étant partagé le territoire de la Pologne.

40. M. TOMÀS, « Exploring the Metropolitan Trap : The Case of Montreal », *International Journal of Urban and Regional Research*, Vol. 36.3, May 2012.

IV. Discussion et conclusions[41]

Le modèle universel et optimal de construction d'une métropole institutionnelle n'existe pas. Il n'y a pas de solutions idéales, il y a seulement celles qui sont adéquates à la métropole et à son système social complexe et unique. Il s'agit donc, suivant l'hypothèse de départ (H1), d'un processus laborieux d'adaptation qui résulte de la confrontation entre des impératifs globaux (rationalité économique) et l'historicité (rationalité sociale et historique) du système social territorialisé. Les solutions les plus simples et les plus rationnelles ne sont pas toujours les meilleures ni les plus efficaces. Comme la meilleure réponse au phénomène métropolitain n'existe pas en tant qu'idée attendant d'être découverte, la méthode de l'essai et des erreurs s'impose. Mais après une période d'essais courageux, on peut aussi s'attendre à des contre-réactions, dont les symptômes semblent déjà apparaître dans la métropole lyonnaise, pionnière en matière d'expérimentation territoriale. L'affaiblissement de la position des communes, dont certaines ne sont plus représentées à l'assemblée métropolitaine, semble ainsi générer un contre-pied par le renforcement du statut des conférences territoriales de maires, vues néanmoins par certains comme le début de la « balkanisation »[42] de la métropole lyonnaise.

41. Les éléments de ce paragraphe sont en partie tirés de l'interview de R. PYKA, « À la recherche des lieux alternatifs d'innovations sociales. De l'innovation décrétée à l'innovation informelle et dispersée sur le territoire des métropoles », *Rue89Lyon* (*www.rue89lyon.fr*), 18 mai 2021, liée elle-même à la conférence de l'auteur dans « Les Mercredis de l'Anthropocène » de l'École urbaine de Lyon, du 19 mai 2021 : *https://collegium.universite-lyon.fr/robert-pyka-eul-les-mercredis-de-l-anthropocene-228181.kjsp.*

42. Voir ainsi les propos tenus lors de ce colloque et notamment durant la session de l'après-midi « Élections et Territoire », et les discussions faisant suite aux conférences dédiées aux niveaux intermédiaires de la métropole (M. Grivel, p. 185) et au nouveau pacte de cohérence métropolitain (H. Geoffroy, p. 201).

L'analyse des trajectoires des métropoles institutionnelles choisies a démontré l'importance non seulement des impératifs globaux, mais aussi de l'historicité du système social territorialisé. Le choix de l'architecture institutionnelle métropolitaine est important, mais est peut-être encore plus importante aujourd'hui la façon par laquelle la métropole institutionnelle entre en interaction avec la métropole comme système social complexe. La démocratisation de la métropole, illustrée notamment par l'introduction du suffrage universel dans la Métropole de Lyon, peut à terme avoir un impact important.

À cause des urgences écologiques, climatiques et sanitaires, nous sommes aujourd'hui à la recherche de nouvelles solutions et de nouvelles approches du monde. Les métropoles cumulent les défis contemporains, mais en même temps leur densité et leur diversité sociale et économique nous permettent d'y voir un terrain de créativité et d'expérimentation extraordinaire où un réel changement pourrait être initié.

Le pourcentage de la population urbaine dans le monde ne cesse d'augmenter, et se concentre avant tout dans les espaces métropolitains. Cette concentration progressive de la population accompagnée de postulats tels que « zéro artificialisation nette » des sols peut sans aucun doute contribuer à la protection de la biodiversité et des terrains naturels et agricoles. En même temps, les stratégies de rurbanisation et de densification des villes seront bientôt confrontées à des limites, bien plus sociales que techniques, relatives à la résilience des villes et à la qualité de vie qu'elles peuvent offrir pendant les périodes de crise notamment sanitaires qui risquent de se perpétuer. Cela concerne avant tout les villes de l'Europe occidentale, qui sont déjà deux fois plus denses que les villes américaines, où 12,4 % de la population dépense plus de 40 % de son revenu à disposition aux coûts d'habitation[43] et qui par conséquent sont soumises au « paradoxe urbain »[44]. Si les grandes villes et métropoles européennes devraient continuer à se densifier, il faut d'ores et déjà réfléchir aux nouveaux modes de vie, d'habitat (partagé), de création de ressources (communs) et leur cogestion, garantissant une qualité de vie urbaine en maintenant un accès aux espaces végétalisés.

Par conséquent, la métropole n'est plus seulement perçue comme une « locomotive » de croissance, d'attractivité et d'absorption des ressources extérieures, économiques et humaines. Elle devient, aussi, la source d'innovations sociales qui émergent de lieux d'invention ascendante, dispersés sur le territoire métropolitain en dehors des lieux totem « décrétés » par les autorités métropolitaines.

Aujourd'hui, d'autant plus en raison de la crise sanitaire, le modèle d'extraction néo-libérale et de croissance est requestionné : grandir jusqu'à quel point, à quelle fin et pour qui ? Certaines recherches démontrent les limites de la stratégie visant à la seule concentration physique des acteurs dits « créatifs » susceptibles de créer, automatiquement, d'autres types de proximités (cognitive, sociale, organisationnelle) nécessaires pour l'hybridation des innovations. Il s'avère que les innovations, et avant tout les innovations sociales, ne se laissent que très rarement décréter dans les lieux issus des logiques d'attractivité et de croissance. Des solutions alternatives émergent de lieux d'innovation dispersés sur le territoire métropolitain, forts de l'énergie des habitants-contributeurs. Les acteurs de ces lieux se mobilisent et jouent avec les règles du jeu pour fabriquer et transformer, ensemble, la ville : ils cherchent à retrouver le contrôle sur leur environnement immédiat où ils produisent et gèrent collectivement les nouveaux communs urbains. Dans cette nouvelle perspective, la métropole est produite par le haut à travers de

43. Base des données d'Eurostat.

44. *Eurostat regional yearbook* – 2019 edition, Statistical Books, Eurostat, Publications Office of the European Union, 2019, p. 190.

grands projets d'aménagement portés par des institutions publiques et des investisseurs (éléphants et arbres), mais aussi, par des habitants contributeurs actifs (papillons et abeilles). Les solutions proposées par ces deniers ne sont peut-être pas optimales suivant les critères d'efficacité économique, mais, en dehors des valeurs purement monétaires, elles génèrent par recours aux innovations sociales des externalités non-économiques très précieuses.

Il s'agit de nouvelles façons de faire, de produire, de gérer des communs urbains par lesquelles des habitants se réapproprient la ville qui devient plus durable, vivable et résiliente et permettant aux habitants de s'opposer aux logiques d'extraction et de lancer des défis aux institutions publiques en termes d'évolution de leurs cadres et des politiques publiques. Les changements décrits ci-dessus peuvent-ils contribuer à la lecture des alternances politiques récentes dans les métropoles de Montréal en 2017 et de Lyon en 2020 ? Le système politique métropolitain lyonnais change sa logique. Les fonctionnaires et les élus, qui ont intériorisé la stratégie de croissance et d'attractivité comme jeu dominant, devraient, maintenant, davantage prendre en compte, directement, les attentes des habitants-électeurs qui revendiquent leur place, leur contrôle et leurs intérêts au sein de la métropole.

Bibliographie

- AHREND R., GAMPER C., SCHUMANN A., *The OECD Metropolitan Governance Survey : A Quantitative Description of Governance Structures in large Urban Agglomerations*, OECD Regional Development Working Papers, n° 4, 2014.
- BEHR V., PYKA R., « La métropole haute-silésienne, une gouvernance territoriale innovante. Ressources et défis de la première communauté métropolitaine de Pologne », *Revue d'études comparatives Est-Ouest (RECEO)*, n° 4/2019.
- BOUDON R., *La logique du social. Introduction à l'analyse sociologique*, Paris, Hachette, 1979.

– BOUDREAU J. A., KEIL R., « La réconciliation de la démocratie locale et de la compétitivité internationale dans le discours réformiste à Toronto : Essai d'interprétation sur le néolibéralisme normalisé », *Politique et Sociétés*, vol. 25, n° 1, 2006, p. 83-98.
– CHABROT C. (dir.), *La Métropole de Lyon. De la singularité à la modélisation ?*, Paris, L'Harmattan, coll. « GRALE », 2019, p. 17.
– CHAMPAGNE E., BEAUDRY C.-É., « Les statuts particuliers des grandes villes au Canada : promesses et limites », *Revue d'études sociologiques de Haute-Silésie*, vol. 9, Issue 2, 2018, p. 258.
– DROUILLY P., GAGNON A.-G., « Amères défusions », *in* M. VENNE, *L'Annuaire du Québec 2005*, Montréal, Fides, p. 524-532.
– *Eurostat regional yearbook* – 2019 edition, Statistical Books, Eurostat, Publications Office of the European Union, 2019, p. 190.
– JAILLET M. Ch., « Contre le territoire, "la bonne distance" », *in* M. VANIER (dir.), *Territoires, territorialité, territorialisation, Controverses et perspectives*, Rennes, Presses universitaires de Rennes, 2009.
– MOURITZEN P. E., SVARA J., *Leadership at the Apex*, University of Pittsburgh Press, Pittsburgh, 2002.
– PYKA R., « À la recherche des lieux alternatifs d'innovations sociales. De l'innovation décrétée à l'innovation informelle et dispersée sur le territoire des métropoles », *Rue89Lyon* 18 mai 2021 : *www.rue89lyon.fr.*
– PYKA R., « L'évolution du système politico-administratif local polonais et les réformes territoriales à l'épreuve des défis de XXIe siècle », *RFDA* juill.-août 2015, p. 44.
– SANCTON A., « Differing Approaches to Municipal Restructuring in Montreal and Toronto : From the Pichette Report to the Greater Toronto Services Board », *Canadian Journal of Regional Science*, vol. 11, 1999, p. 191.
– SLACK E., BIRD R., « Does Municipal Amalgamation Strengthen the Financial Viability of Local Government? A Canadian Example », *International Center for Public Policy, Georgia State University, Working Paper*, 13-05, 2013, p. 10.

- THIMONIER-ROUZET E., ROLLAND L., « Les agences d'urbanisme françaises et la réforme territoriale de 2015. Étude de cas à Lyon », *Revue d'études sociologiques de Haute-Silésie*, vol. 9, Issue 2, 2018, p. 255.
- TOMÀS M., « Exploring the Metropolitan Trap : The Case of Montreal », *International Journal of Urban and Regional Research*, vol. 36.3, May 2012, p. 558.
- TOURAINE A., *Production de la société*, Seuil, 1973.

Textes des lois

- Loi portant réforme de l'organisation territoriale municipale des régions métropolitaines de Montréal, de Québec et de l'Outaouais, 2000 (loi 170, 2000, c. 56).
- Décret concernant l'agglomération de Montréal (1229, 2005).
- Loi sur la Communauté métropolitaine de Montréal (2000, chapitre C-37.01).
- Loi modifiant la Charte de la Ville de Montréal (loi 33, 2003, chapitre 28).
- Loi concernant la consultation des citoyens sur la réorganisation territoriale de certaines municipalités (loi 9, 2003, chapitre 14).
- City of Toronto Act (2006, S.O. 2006, c. 11, Sched. A).
- Loi augmentant l'autonomie et les pouvoirs de la Ville de Montréal, métropole du Québec, Assemblée nationale du Québec, Éditeur officiel du Québec 2016 (loi 121, 2017, chapitre 16).
- « Réflexe Montréal », Entente-cadre sur les engagements du Gouvernement du Québec et de la Ville de Montréal pour la reconnaissance du statut particulier de la métropole. Québec, 8 déc. 2016.
- Loi n° 99-586 du 12 juillet 1999 relative au renforcement et à la simplification de la coopération intercommunale.
- Loi n° 2000-1208 du 13 décembre 2000 relative à la solidarité et au renouvellement urbains.
- Loi n° 2010-1563 du 16 décembre 2010 de réforme des collectivités territoriales.
- Loi n° 2014-58 du 27 janvier 2014 de modernisation de l'action publique territoriale et d'affirmation des métropoles.

- Loi n° 2015-29 du 16 janvier 2015 relative à la délimitation des régions, aux élections régionales et départementales et modifiant le calendrier électoral.
- Loi n° 2015-991 du 7 août 2015 portant nouvelle organisation territoriale de la République.
- Loi sur la communauté métropolitaine dans la voïvodie de Silésie du 9 mars 2017, *Journal officiel* 2017, position 730 (Ustawa z dnia 9 marca 2017 r. O związku metropolitalnym w województwie śląskim, Dz.U. 2017 poz. 730).

ÉLECTIONS À LA MÉTROPOLE DE LYON 2020 : UNE LARGE VICTOIRE DES ÉCOLOGISTES ET DE PROFONDS BOULEVÉRSEMENTS DANS LE PAYSAGE POLITIQUE LOCAL[1]

par

Bertrand ENJALBAL

Journaliste à Rue89Lyon

Les élections métropolitaines 2020 resteront en tous points extra-ordinaires. La Métropole de Lyon, collectivité territoriale à statut particulier, a été la première du genre à voir le jour en 2015 en France.

1. La conférence à deux voix « Le scrutin métropolitain de 2020 », des maîtres de conférences politistes C. Desrumaux et S. Cadiou analysant la campagne électorale de 2020 n'a pu être reproduite dans cet ouvrage. Vous pourrez retrouver leur intervention dans la vidéo du colloque à l'adresse : *https://droit.univ-lyon2.fr/recherche/actualites-de-la-recherche/retransmission-24erencontres-juridiques-metropole-de-lyon-an-i-des-elections-directes-et-apres,* et leur analyse écrite complète à la référence suivante : S. CADIOUX, C. DESRUMAUX, « Le scrutin métropolitain lyonnais : des élections de premier ordre ? Construction et hiérarchisation des élections », *in* R. LEFEBVRE, S. VIGNON (dir.), *L'enjeu intercommunal en 2020*, Presses du septentrion, 2022. En remplacement de cette intervention, le journaliste du journal *pure-player* en ligne *Rue89Lyon*, spécialiste de la vie politique locale, Bertrand Enjalbal nous livre ici sa synthèse des résultats électoraux. Les données chiffrées de cet article sont reportées en annexe de l'ouvrage.

Son assemblée était jusque-là l'émanation des conseils municipaux. En 2020, pour la première fois, les élus métropolitains ont été élus au scrutin universel direct.

Ces élections se sont déroulées par ailleurs dans un contexte très particulier, marqué par la crise sanitaire naissante du Covid. Le premier confinement a été annoncé la veille du premier tour. Par la suite, près de trois mois se sont écoulés entre les deux tours du scrutin au lieu d'une semaine habituellement.

Au-delà de ce baptême, ces élections métropolitaines présentaient de nombreux enjeux. Le premier : la mobilisation électorale. Allaient-elles mobiliser à la hauteur des compétences et du pouvoir de la collectivité sur son territoire ? Imposante de par son champ d'action dans le quotidien des habitants, la Métropole de Lyon dispose d'un budget de fonctionnement de près de 4 milliards d'euros. C'est quatre fois plus que celui de la Ville de Lyon. Pourtant, la collectivité est-elle associée à un réel lieu de pouvoir et de décision aux yeux de ses habitants, à la différence de la mairie ?

Un second enjeu concernait l'émergence d'une réelle campagne électorale sur des enjeux métropolitains, et l'élaboration de programmes quelque peu distincts pour les deux élections locales. Lors des précédentes élections, notamment celles de 2014, à un an pourtant de la naissance de la Métropole en tant que collectivité territoriale, celle-ci restait la grande absente des campagnes pour les municipales.

Un troisième enjeu concernait lui une possible modification du paysage politique local, ainsi qu'un modèle de gouvernance plus clair que celui qui a prévalu jusque-là. Dotée de son propre mode de scrutin, la Métropole de Lyon allait-elle enfin offrir une large majorité et les coudées franches aux vainqueurs ? Les équilibres entre les forces politiques, mais aussi les territoires allaient-ils être bouleversés ?

Nous verrons ainsi en quoi certains éléments ont contrarié l'émergence d'une véritable campagne métropolitaine, comme la prévalence durant cette campagne de thématiques nationales ou la polarisation autour de la figure de Gérard Collomb. Véritable instigateur, avec

Michel Mercier, ancien président du conseil général du Rhône, de cette Métropole de Lyon englobant les compétences du département, il espérait retrouver son fauteuil laissé en 2017 à son ancien vice-président David Kimelfeld, suite à sa propre nomination comme ministre de l'Intérieur. D'autres aspects de ces élections, induits par les règles du mode de scrutin, ont également pu contrecarrer les espoirs d'une véritable campagne métropolitaine.

Les résultats de ces élections, marquées par une large victoire des écologistes et de leurs alliés de gauche, ont constitué une véritable transition dans la vie politique métropolitaine. Par ailleurs, les différentes candidatures, notamment les dissidences au sein de la majorité sortante LREM, puis les alliances dans l'entre-deux tour, notamment celle inattendue entre Gérard Collomb et la droite, ont finalement quelque peu clarifié le paysage politique local.

I. Les élections métropolitaines ont-elles permis une métropolisation des enjeux ?

Le Grand Lyon, encore communauté urbaine, allait voir le jour comme Métropole de Lyon le 1er janvier 2015. Elle allait ainsi absorber le département du Rhône et ses compétences sur son territoire. Pourtant, elle fut la grande absente ou presque de la campagne des municipales en 2014. L'élection pour la première fois au suffrage universel direct des élus de la Métropole de Lyon en 2020 allait-elle permettre l'émergence dans le débat public d'enjeux métropolitains ? Et à travers eux d'une véritable campagne électorale distincte des enjeux purement municipaux ? Globalement, cela n'a pas été véritablement le cas, pour des raisons qui tiennent autant au contexte national qu'à celui local ainsi qu'aux règles du scrutin.

A. Une campagne locale marquée par des enjeux nationaux

Comme ailleurs en France, la campagne des élections locales de 2020 à Lyon a été marquée par les thématiques liées à l'environnement. Dans la foulée des élections européennes de 2019 réussies, les écologistes ont ainsi bénéficié d'un terrain plutôt favorable pour installer leurs thématiques au centre de la campagne.

Les principales formations politiques en lice lors de ces élections métropolitaines ont consacré une large part de leurs programmes électoraux à l'environnement. Difficile alors de voir de profonds clivages, les nuances se situant davantage sur l'ampleur des projets, la rapidité de leur mise en application ou sur l'agenda du futur exécutif.

De ce point de vue, il n'est donc pas surprenant que le projet de l'Anneau des sciences soit un des rares sujets, si ce n'est le seul, à avoir rythmé la campagne électorale. Ce projet de bouclage du périphérique lyonnais à l'ouest de l'agglomération, essentiellement sous tunnel, a été un fil rouge de la campagne des élections métropolitaines, obligeant chaque candidat à se prononcer en faveur ou non de sa réalisation.

Il est devenu à l'échelle locale le prototype du « grand projet inutile » aux yeux de ses opposants. Parmi eux, les écologistes et leurs (futurs) alliés de gauche. Son promoteur originel, Gérard Collomb, l'a défendu jusqu'à l'orée du second tour de juin 2020 où il l'a alors abandonné du bout des lèvres. Entre-temps, David Kimelfeld, président sortant de la Métropole et candidat LREM dissident, est passé dans le camp des opposants, après l'avoir longtemps soutenu. Il ne restait donc plus que la droite, menée par le sénateur LR François-Noël Buffet, pour le soutenir sans trop de vigueur.

Au-delà de ce projet, ce sont plus largement les thématiques de la nature en ville et de la place de la voiture qui furent les rares thématiques transversales de cette campagne. Aucune autre thématique, propre aux compétences de la Métropole de Lyon, n'a toutefois émergé. Elles auraient pourtant pu être nombreuses et certaines formations politiques ont formulé des propositions de nature à susciter des débats métropolitains : la gestion de l'eau, que les écologistes souhaitent reprendre en régie publique (ce qui a d'ailleurs été fait après leur élection), le logement à travers la gestion de la pression immobilière et la construction de logements sociaux, la gestion des déchets et des incinérateurs... Tous ces thèmes n'étaient pas absents des programmes électoraux, mais, malgré parfois de vrais clivages, n'ont pas structuré la campagne.

Un exemple : le logement. La droite ainsi que Gérard Collomb (LREM) ou même David Kimelfeld (LREM dissident) ont critiqué l'ambition des écologistes et de leurs alliés de gauche au second tour de construire 5 000 logements sociaux par an. Cette question, parfois technique, n'a pourtant pas rythmé la campagne. Au contraire, la question du logement s'est déplacée vers celle de l'attractivité de la métropole lyonnaise.

En parallèle de cette volonté de construction de logements, les écologistes ont formulé l'idée que la réduction de la pression immobilière passait par le développement des territoires voisins, comme Saint-Étienne, pour mieux absorber l'attractivité de la Métropole de Lyon. Une brèche dans laquelle se sont engouffrés certains de leurs adversaires, notamment Gérard Collomb. Chantre du développement et du rayonnement de Lyon et de la Métropole, il n'a eu de cesse de critiquer des écologistes coupables à ses yeux de vouloir affaiblir et appauvrir Lyon.

Cette question complexe a donc été en grande partie réduite à une opposition binaire : ceux qui veulent continuer de développer le territoire et ceux qui voudraient l'affaiblir. Une illustration de ce qui marquera la campagne de certains opposants des écologistes : tenter de jouer sur le « péril vert ». Signe que cette formation politique et leurs thématiques ont été centrales tout au long de la campagne.

B. Un mode de scrutin qui n'aide pas à l'émergence d'enjeux métropolitains

> « Le grand public attend des messages simples. La sécurité, les transports, ça intéresse directement. Pour nous, c'est extrêmement compliqué de synthétiser dans un tract les enjeux de la Métropole. »

Voilà ce que disait un des directeurs de campagne du candidat de droite, Michel Havard, à la mairie de Lyon et à la Métropole de Lyon en 2014. Un constat plutôt partagé au sein des autres formations politiques. Beaucoup l'assuraient à l'époque : il fallait attendre 2020 pour voir une vraie campagne métropolitaine.

En 2020, elle a fait long feu. Cette position et cette analyse résument en tout cas plusieurs facteurs qui nous semblent expliquer en partie l'absence de véritable campagne électorale métropolitaine et avec elle l'émergence de véritables enjeux métropolitains.

1. Un découpage en circonscriptions qui complexifie la lecture du territoire et l'émergence des enjeux

Le mode de scrutin choisi pour ces élections métropolitaines correspondait globalement à celui des élections municipales pour les communes de plus de 1 000 habitants. À savoir : un scrutin de listes avec prime majoritaire à la liste gagnante. La particularité tenait au fait que la Métropole de Lyon était divisée en quatorze circonscriptions.

Les circonscriptions ont été découpées de façon à respecter un relatif équilibre démographique, mais aussi géographique, en reprenant en partie le découpage des conférences métropolitaines des maires (une des instances consultatives de la Métropole de Lyon).

Portes du sud, Ouest, Lônes et Coteaux, Rhône-Amont, Plateau-Nord... Les noms de circonscriptions ne reflètent pas une unité géographique clairement identifiée aux yeux des électeurs. Elles ont bien souvent comme seule unité de regrouper des communes limitrophes.

Ce découpage en circonscriptions a aussi poussé certaines formations politiques à s'appuyer sur leurs élus locaux et leur notoriété. Et notamment les maires. Les listes métropolitaines de droite par exemple, conduites par François-Noël Buffet, étaient très souvent menées et constituées de tous les maires LR présents sur la circonscription. Une stratégie assez naturelle qui se base en partie sur la volonté de faire voter aux élections métropolitaines comme aux élections municipales, sans forcément dissocier les deux votes. Difficile alors de faire émerger une campagne métropolitaine quand elle est portée par des candidats concernés par leur réélection municipale[2].

2. Voir l'annexe 3, p. 287 et 288.

2. Les règles sur les frais de campagne largement moins favorables pour les élections métropolitaines

Par ailleurs, les règles électorales en matière de remboursement des frais de campagne n'encouragent pas l'émergence de ces nouvelles élections. En effet, les niveaux de dépenses et de remboursement des frais de campagne pour les élections métropolitaines sont bien inférieurs à ceux permis pour une campagne aux élections municipales. Ce qui, au regard des compétences XXL de la Métropole de Lyon par rapport à celles des communes, est au mieux une incongruité, au pire un paradoxe.

Cette situation est particulièrement vraie dans les grandes communes de la Métropole. Faisons quelques calculs et prenons deux exemples.

- Villeurbanne : commune et circonscription à la fois, 149 019 habitants au 1er janvier 2020. Selon les règles de calcul évoquées, un candidat aux élections municipales assuré d'être au second tour pourra ainsi dépenser jusqu'à 182 000 euros pour les élections municipales, mais seulement 70 300 euros pour les élections métropolitaines ;
- Vénissieux : 66 000 habitants environ et située sur la circonscription Portes du Sud comptant 107 975 habitants. Michèle Picard, maire sortante ayant des chances d'être au second tour des municipales, mais aussi tête de liste aux élections métropolitaines, pourra dépenser jusqu'à environ 110 000 euros pour sa campagne des municipales, mais seulement 55 000 euros pour sa campagne métropolitaine.

Ainsi, certaines formations politiques ont bien souvent couplé les deux élections dans leur propagande officielle pour réaliser des économies. La tenue des élections métropolitaines en même temps que les municipales a de ce point de vue pu contribuer à les invisibiliser.

II. Les résultats des élections métropolitaines : un festin pour les écologistes, mais dans une toute petite assiette

La victoire des écologistes lors de ces élections métropolitaines de 2020 est sans conteste. Une victoire en partie permise par la division du camp de la majorité sortante (PS devenue LREM). Toutefois, leur victoire comme les défaites de leurs adversaires sont à analyser avec prudence. La Métropole de Lyon, à l'image du reste de la France, a connu un très fort taux d'abstention. Avec seulement 30 % de participation environ au second tour, difficile de proposer des lectures définitives de ces résultats. Nous essayerons toutefois de proposer quelques éléments d'analyse.

A. Premier tour : une gifle pour Gérard Collomb

Au premier tour des élections métropolitaines, six formations politiques avaient présenté des listes dans l'ensemble des quatorze circonscriptions. D'autres formations étaient seulement présentes dans une ou plusieurs circonscriptions ce que le scrutin permet.

Le 15 mars 2020, au soir du premier tour, les résultats pouvaient laisser augurer d'un second tour relativement serré. À l'échelle de la Métropole, les résultats voyaient les écologistes, menés par Bruno Bernard, en tête :

Résultats des principaux candidats :

– Bruno Bernard (Europe Écologie-Les Verts) : 22,6 % des suffrages exprimés ;
– François-Noël Buffet (Les Républicains et divers droite) : 17,7 % ;
– David Kimelfeld (LREM dissident) : 17 % ;
– Gérard Collomb (LREM) : 15,7 % ;
– Renault Payre (PS, PCF) : 8,05 % ;
– Andrea Kotarac (Rassemblement National) : 7,6 % ;
– abstention : 64,13 % des inscrits.

Ce premier tour a représenté une gifle pour Gérard Collomb. Concepteur et premier président de la Métropole de Lyon, il a laissé la présidence à son départ au ministère de l'Intérieur en 2017 dans la foulée de l'élection d'Emmanuel Macron à la présidence de la République, à laquelle il avait activement participé. Mais s'il avait repris la mairie de Lyon à son retour du ministère, siège occupé un temps par son ami fidèle Georges Képénékian, il n'avait pu reprendre celui de la Métropole aux mains de David Kimelfeld qui n'avait pas voulu démissionner. G. Collomb comptait donc sur ces élections pour reprendre « son bien ». Il arrive finalement en quatrième position. Pire, il est devancé par son successeur et dauphin, David Kimelfeld, finalement candidat dissident LREM face à lui.

Au soir du premier tour, une chose semble claire, avant même la réalisation de futures alliances : il lui est quasiment impossible de retrouver la présidence de la Métropole de Lyon.

B. Second tour : une large victoire des écologistes et de la gauche qui leur assure une majorité forte

Au second tour, le 28 juin 2020, la victoire des écologistes s'est confirmée. Entre-temps, ils ont fait alliance avec les listes menées par Renaud Payre (PS-PCF) et celles de Nathalie Perrin-Gilbert (LFI-Gram) uniquement présentes dans les circonscriptions de Lyon. David Kimelfeld (LREM dissident) s'est maintenu sans faire d'alliance. Quant à Gérard Collomb, il a noué une alliance inattendue avec la droite au profit de laquelle il s'est désisté pour la présidence de la Métropole (en échange d'un désistement du candidat de droite au profit du poulain de G. Collomb à la mairie de Lyon).

La victoire des écologistes est très large à l'échelle de la métropole :

- Bruno Bernard (Europe Écologie-Les Verts - PS - PCF - LFI) : 42,4 % des suffrages exprimés;
- François-Noël Buffet (Les Républicains – divers droite – LREM) : 24,25 %;
- David Kimelfeld (LREM dissident) : 20,15 %;
- Andrea Kotarac (Rassemblement National) : 2,25 % (les listes ne s'étaient pas maintenues dans toutes les circonscriptions);
- abstention : 68,46 % des inscrits.

Les résultats du second tour, grâce au scrutin de listes avec prime au vainqueur, assurent ainsi une très large majorité à l'union de la gauche. Et particulièrement aux élus écologistes, principal groupe au sein de la majorité métropolitaine (58 élus sur les 84 de la majorité). Forts de leurs résultats au premier tour, les écologistes n'avaient laissé que des miettes à leurs alliés de gauche (socialistes, communistes et Insoumis).

Voici la répartition de la nouvelle assemblée métropolitaine pour le mandat 2020-2026.

Conseil de la Métropole de Lyon

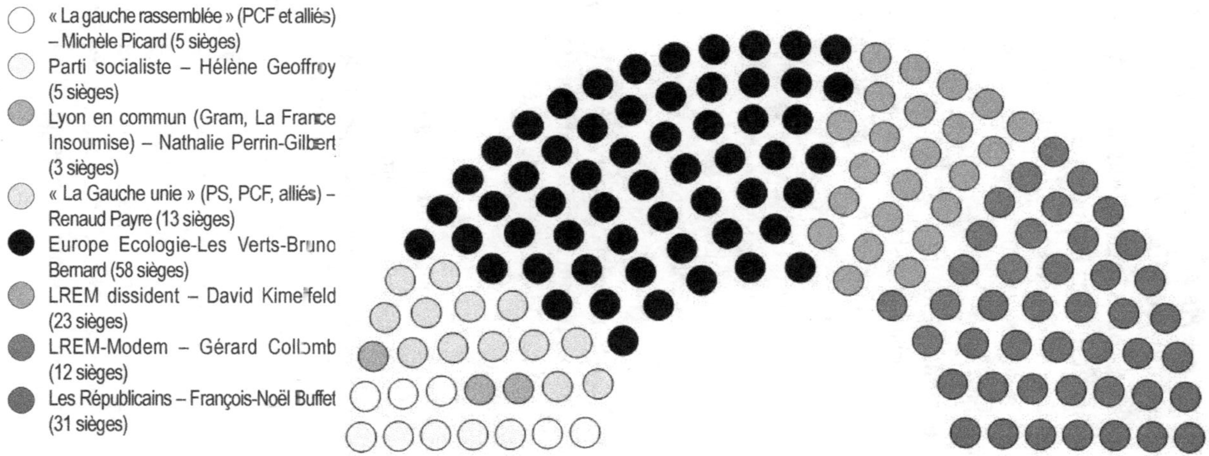

Source : *Rue89Lyon.*

C. Une abstention très forte qui confirme le manque d'intérêt pour les élections métropolitaines

Ces toutes nouvelles élections métropolitaines n'ont pas suscité davantage d'engouement que les municipales dans les communes de la Métropole de Lyon. L'abstention, lors des deux tours, a été importante. Elle est d'ailleurs légèrement supérieure à celle constatée aux élections municipales.

L'ampleur de l'abstention invite donc à la prudence quant à la portée de l'analyse de ces résultats. Si les victoires ou les défaites sont incontestables mathématiquement, leur interprétation est périlleuse tant la base électorale qui s'est exprimée est faible.

Dans un second temps, on constate que les élections métropolitaines n'ont pas davantage intéressé les (rares) électeurs qui se sont déplacés. Si l'abstention est sensiblement la même qu'aux élections municipales, elle est tout de même légèrement supérieure aux élections métropolitaines.

Surtout, elle atteint des niveaux encore plus élevés dans les communes non concernées par un second tour des élections municipales. Là, on remarque que les électeurs se sont très peu déplacés pour venir voter uniquement aux élections métropolitaines. Près des deux tiers des communes de la Métropole de Lyon se trouvaient dans ce cas de figure. Là, l'abstention aux élections métropolitaines a augmenté de près de 12 points en moyenne par rapport au premier tour. Dans les communes encore concernées par la double élection, l'abstention est restée stable (+ 0,22 % en moyenne).

Au tableau des horreurs, citons Corbas (+ 31 points), Cailloux-sur-Fontaines (+ 26,3) ou encore Jonage (+ 22,5) et surtout Feyzin, où 85 % des électeurs n'ont pas voté au second tour des élections métropolitaines.

Le tableau n'est pas moins noir dans certaines communes où se tenait un second tour des élections municipales. Ainsi à Craponne, l'abstention a connu une progression de presque 10 points entre les deux tours. À Villeurbanne, elle a progressé de 5 points. Dans ces communes, notamment pour Villeurbanne, l'issue du scrutin municipal était, il est vrai, assez peu indécise.

D. Les électeurs ont globalement voté pour les mêmes étiquettes politiques aux élections métropolitaines et aux élections municipales

On note également que le comportement électoral aux élections métropolitaines a été dans l'ensemble conforme au vote des municipales. En clair, les électeurs ont plutôt voté pour la même étiquette politique (parfois pour le même candidat quand c'était possible) aux deux élections.

Cela se vérifie dans les secteurs Rhône-Amont (Vaulx, Meyzieu, Décines, Jonage), Plateau Nord-Caluire (Rillieux, Caluire, Sathonay-Camp), Lônes et Coteaux (de Oullins à Givors) ou encore Porte des Alpes (Saint-Priest, Bron, Chassieu).

Dans ces circonscriptions, les tendances politiques des listes arrivées en tête aux deux élections sont les mêmes (à quelques nuances centristes près), dans toutes les communes qui les composent.

Il existe toutefois quelques exceptions, notamment dans les circonscriptions Val de Saône, Ouest et Porte du Sud. Dans certaines communes de ces territoires, la liste écologiste est arrivée en tête au scrutin métropolitain (aux deux tours) contrairement aux élections municipales. Ces discordances dans les votes peuvent s'expliquer par trois cas de figure dans ces secteurs :

– absence de liste de gauche et/ou écologiste aux municipales : c'est notamment le cas d'Albigny-sur-Saône ou de Sathonay-Village ;
– liste d'union de la gauche sans les écologistes : là, les votes de gauche semblent alors s'être reportés sur la liste écologiste aux métropolitaines (comme à Neuville-sur-Saône par exemple) ;
– prime au sortant aux municipales : c'est le cas à Francheville, où le maire sortant de droite arrive largement en tête aux municipales lors du premier tour, mais c'est la liste écologiste qui est en tête aux élections métropolitaines.

E. Des écologistes des villes et une droite des champs ?

1. Le vote écologiste : un vote de centre-ville et de l'Ouest Lyonnais

La victoire des écologistes s'est grandement appuyée sur leurs résultats dans les six circonscriptions de Lyon et celle Villeurbanne. Au premier tour, les listes écologistes y sont arrivées en tête. *Idem* au second tour pour les listes d'union de la gauche autour des écologistes, à l'exception de la circonscription Lyon Nord (correspondant au 6e arrondissement de Lyon).

En termes de base électorale, les résultats métropolitains permettent de prolonger l'analyse du vote écologiste aux municipales à Lyon. Là, il semblait être marqué par l'âge (plutôt jeune) et la catégorie socioprofessionnelle (professions intermédiaires et cadres supérieurs). Les résultats des élections métropolitaines semblent montrer que les professions intermédiaires ont compté dans les scores écologistes. Peut-être davantage même que les professions supérieures.

Cela semble être le cas notamment dans le secteur du Val de Saône. La liste menée par Jérémy Camus arrive en tête à Neuville-sur-Saône, Albigny-sur-Saône et Sathonay-Village. Bien que devancée, elle obtient également 32 % des voix à Curis-au-Mont-d'Or ou encore 33 % des voix à Saint-Germain-au-Mont-d'Or. Ces cinq communes sont aussi celles qui comportent la plus forte proportion de professions intermédiaires dans la circonscription. Ce sont également parmi les communes du secteur qui comptent les plus fortes proportions de trentenaires et quadragénaires.

La corrélation se confirme également dans la circonscription Ouest. À Francheville, la liste écologiste obtient 29 % des voix au premier tour. Elle dépasse les 20 % à Craponne, Saint-Genis-les-Ollières et Marcy-l'Étoile. Dans ces trois dernières communes, la part des professions intermédiaires parmi les ménages est parmi les plus élevées de la Métropole de Lyon.

La corrélation est toutefois moindre dans le secteur Lônes et Coteaux. Oullins, Irigny ou Vernaison affichent elles aussi des proportions de professions intermédiaires parmi les plus hautes du territoire. La liste écologiste n'y arrive pourtant jamais en tête et figure bien souvent en deçà des 20 %. Il faut signaler que c'est un secteur marqué par les candidatures aux élections métropolitaines de deux maires centristes sortants, Jean-Yves Da Passano (Irigny) et Roland Crimier (Saint-Genis-Laval). La liste écologiste frise toutefois les 29 % à Oullins, à quelques longueurs à peine de François-Noël Buffet, l'ancien maire de la commune. Dans cette circonscription, la liste d'union de la gauche a fini par l'emporter, de peu, devant la liste d'union de la droite et des centristes autour de Gérard Collomb.

Le vote écologiste aux élections métropolitaines a essentiellement été un vote urbain et des communes périurbaines les plus aisées de l'Ouest. L'union de la gauche l'emporte également dans la circonscription Rhône Amont (nord-est de la Métropole). Toutefois, là, la liste était menée par la socialiste Hélène Geoffroy, maire de Vaulx-en-Velin. La circonscription est une de celles où les écologistes ont réalisé parmi leurs résultats les plus faibles au premier tour.

La carte du vote écologiste reprend donc, en partie, celle de la répartition des professions intermédiaires, mais aussi de la proportion de diplômés. Le vote écologiste est ainsi plus faible à l'est de la Métropole : en moyenne autour de 15 % des voix quand il est à 20 % à l'Ouest et à 27 % dans Lyon et 30 % à Villeurbanne.

2. La droite : des scores faibles parfois sauvés par des maires sortants

La stratégie de Les Républicains a notamment consisté à placer des têtes de listes avec une forte notoriété et notamment des maires sortants. Cette stratégie a plutôt fonctionné. Du moins, à l'extérieur de Lyon.

La liste menée par Philippe Cochet et Alexandre Vincendet dans leurs communes de Caluire-et-Cuire et de Rillieux-la-Pape (Plateau Nord-Caluire) est arrivée largement en tête avec près de 39 % des voix au premier tour et près de 53 % au second.

Dans une moindre mesure, Gilles Gascon, maire sortant et réélu haut la main aux municipales à Saint-Priest, remporte avec sa liste la circonscription Portes des Alpes avec 46 % des voix devant celle des écologistes et de la gauche.

Des exceptions existent là aussi toutefois. Christophe Quiniou et Laurence Fautra, maires réélus de Meyzieu et Décines, ont vu leur liste largement battue au second tour sur la circonscription Rhône-Amont. Contre-exemple notable également : le chef de file des LR lui-même, François-Noël Buffet, battu sur la circonscription Lônes et Coteaux. L'ancien maire d'Oullins voit sa notoriété s'arrêter quelque peu aux frontières de sa commune (30 %). Le sud de la circonscription est aussi, il est vrai, une terre moins favorable à la droite.

3. Kimelfeld - Collomb : des votes là où existent des relais solides

La notoriété que David Kimelfeld a cherché à travailler durant les derniers mois de sa présidence ne semble pas répartie de façon égale sur le territoire. Pour le président de la Métropole de Lyon, ancien maire du 4e arrondissement de Lyon, l'écart de voix entre les circonscriptions lyonnaises et le reste de la Métropole est parfois énorme.

Ainsi, s'il réalise 20 % des voix dans les circonscriptions Lyon Ouest et Lyon Centre (où il était tête de liste), ses listes tombent à 8 % du côté de la Porte des Alpes ou à 10 % dans le secteur Plateau Nord-Caluire, acquis à la droite. Si son image ou sa notoriété ont pu peser, c'est donc plutôt dans Lyon.

Dans Lyon, ses scores les plus élevés pour ses listes se situent dans les bureaux de vote de l'ouest du 4e arrondissement (Croix-Rousse), et dans le 5e arrondissement. Là même où les listes de Georges Képénékian, soutenues par David Kimelfeld aux municipales de Lyon, avaient obtenu leurs meilleurs résultats aux municipales.

En dehors de Lyon, il n'a pas présenté de listes estampillées « Ensemble, avant tout » dans toutes les circonscriptions. Il a plutôt adopté la stratégie des alliés locaux bien installés. Après avoir fait mine de présenter ses propres listes, il les a retirées et a ainsi soutenu :

- Hélène Geoffroy, maire de Vaulx-en-Velin sur la circonscription Rhône-Amont ;
- Prosper Kabalo à Villeurbanne ; et
- Yves Blein, député du sud de Lyon, sur la circonscription Portes du Sud.

Enfin, son soutien négocié avec le groupe Synergies-Avenir, composé essentiellement de maires de communes du Val de Saône, lui permet d'arriver en tête dans la circonscription au premier comme au second tour. Menée par Marc Grivel, ancien maire de Saint-Cyr-au-Mont-d'Or et alors premier vice-président de la Métropole de Lyon, la liste Synergies obtient 24,53 % des voix, meilleur score des « listes Kimelfeld ».

Du côté de Gérard Collomb, dans un camp centriste divisé, pas d'autre choix que de s'appuyer sur des élus, notamment des maires sortants, pour mener ses listes là où c'était possible. La notoriété des sortants conjuguée à la « marque Collomb » devaient faire la différence. Finalement, cela ne s'est pas vérifié.

Les listes menées par les maires sortants Roland Crimier (Lônes et Coteaux), Renaud George (Val de Saône), Nathalie Frier (Portes du Sud) n'ont pas réalisé les meilleurs scores du camp Collomb ni réussi à finir en tête dans leurs circonscriptions. Elles terminent toutes trois d'ailleurs derrière les listes de David Kimelfeld (ou soutenues par ce président de la Métropole de Lyon).

Leurs résultats montrent ainsi en creux la stratégie plutôt payante de son ancien dauphin. Les élus qui ont lâché Collomb ont plutôt été de bonnes recrues pour le président sortant.

III. Les rapports de force politiques à l'issue de ces élections métropolitaines

La campagne des élections métropolitaines a été marquée par différentes alliances intervenues dans l'entre-deux tours. L'une, plutôt naturelle, entre les formations de gauche. L'autre, plus inattendue, entre les listes de droite et celles soutenues par LREM de Gérard Collomb.

Ces choix d'appareils politiques ne sont pas toujours bien passés sur le terrain, notamment à droite où chez les soutiens de Gérard Collomb. D'autre part, la concomitance de ces élections avec les élections municipales a parfois donné lieu, y compris à gauche, à des applications parfois baroques de ces accords.

A. Les alliances baroques de l'entre-deux tours des élections métropolitaines

1. Des alliances entre écologistes et marcheurs, malgré tout

Avant le premier tour des élections locales à Lyon, plusieurs personnalités de gauche plaidaient pour une large union de la gauche et des écologistes au premier tour. Parmi elles, Grégory Doucet, pas encore tête de liste écologiste à la mairie de Lyon.

Finalement, la ligne autonomiste au sein des écologistes l'a emporté. L'union de la gauche s'est réalisée, mais au second tour et autour des écologistes, arrivés en tête au premier tour et première force de gauche. Avec notamment une ligne jaune à ne pas dépasser : pas d'alliance avec des listes composées ou soutenues par LREM. Dans les faits, cela n'a pas toujours été très clair.

Dans la circonscription Rhône Amont, les écologistes ont choisi de fusionner avec la liste menée par Hélène Geoffroy, maire socialiste de Vaulx-en-Velin, qui les devançait. Une liste pourtant également soutenue (mais pas « investie ») par David Kimelfeld (LREM dissident) au premier comme au second tour.

Toujours à Vaulx-en-Velin, mais aux élections municipales cette fois, la liste écologiste n'a pourtant pas fusionné avec celle de la maire sortante. Alors même que la tête de liste écologiste aux municipales, Richard Marion, faisait partie des colistiers d'Hélène Geoffroy aux élections métropolitaines au second tour ! Forte de ses 40 % au premier tour, il faut dire que la maire sortante n'avait pas vraiment besoin des écologistes.

Même chose à Givors. La ville, dirigée alors par la communiste Christiane Charnay, pouvait passer entre les mains du Rassemblement National. Malgré le risque pour la gauche, aucun accord n'est intervenu entre la liste menée par Christiane Charnay et celle de Mohamed Boudjellaba, soutenue par Europe Écologie – Les Verts aux élections municipales. Aux élections métropolitaines, tout est oublié. Christiane Charnay figurait ainsi sur les listes des écologistes et de la gauche dans la circonscription Lônes et Coteaux.

À Francheville, pour le second tour des municipales, la liste écologiste a fusionné avec celle de Caroline Paris. La candidate menait pourtant au premier tour la liste soutenue par La République En Marche (LREM). Elle figurait également sur les listes métropolitaines de Gérard Collomb dans la circonscription Ouest. Un choix justifié par les écologistes par le fait que la candidate ne soit pas officiellement encartée chez LREM.

2. Une alliance entre la droite et Gérard Collomb acceptée par aucun des deux mariés

La campagne des métropolitaines a surtout accouché d'une alliance plutôt inattendue entre les listes de droite et celles de Gérard Collomb soutenues au premier tour par En Marche. Selon les termes de cet accord, Gérard Collomb a accepté de retirer sa candidature en faveur de celle de François-Noël Buffet, le candidat LR. Dans le même temps, Étienne Blanc, candidat LR à la mairie de Lyon au premier tour s'est retiré au profit du candidat LREM, Yann Cucherat, adjoint aux sports et aux grands événements de Gérard Collomb à la mairie de Lyon.

Cet accord a surpris, même si les faibles résultats des deux candidats au premier tour ne leur laissaient guère le choix que d'une alliance. Gérard Collomb a espéré qu'elle se fasse dans son camp avec David Kimelfeld. Elle n'a finalement pas eu lieu. Sur le terrain, cette alliance a eu du mal à être acceptée.

Cette alliance, négociée notamment entre Laurent Wauquiez, président LR d'Auvergne-Rhône-Alpes, et Gérard Collomb n'a pas plu dans les propres rangs du parti de droite. Notamment à son patron dans le Rhône, le maire de Rillieux-la-Pape, Alexandre Vincendet comme à son prédécesseur, le maire de Caluire, Philippe Cochet. Les deux, menant la liste sur la circonscription Plateau Nord-Caluire, n'ont d'ailleurs pas scellé d'alliance avec les listes de Gérard Collomb dans leur circonscription.

Une stratégie qui a marqué la droite départementale. En 2021, lors des élections internes, Alexandre Vincendet affrontait Jérôme Moroge, maire de Pierre-Bénite et candidat de Laurent Wauquiez à la présidence de la fédération du Rhône. Largement réélu, il a notamment analysé sa victoire comme celle de sa ligne politique qui ne souhaite aucun accord avec LREM.

Le mariage n'a pas non plus été du goût de certains soutiens de Gérard Collomb. Ses listes ont préféré rejoindre celles de David Kimelfeld (LREM dissident) dans les circonscriptions Portes du Sud, et Ouest.

Cet accord a aussi eu des conséquences aux élections municipales, notamment à Lyon. Pas de fusion avec les listes de Yann Cucherat dans le 9e arrondissement ainsi que dans le 4e arrondissement. De quoi perdre quelque peu l'électeur ?

B. Les alliances ont fait (ré)apparaître un clivage droite-gauche traditionnel

Avant le premier tour, le paysage politique local était particulièrement morcelé. La majorité sortante, dominée par des élus issus des rangs du Parti socialiste notamment et ralliés pour beaucoup à LREM par la suite, s'est présentée divisée. Gérard Collomb, à son retour à Lyon après son passage au ministère de l'Intérieur fin 2018, n'a pas pu retrouver son fauteuil de président de la Métropole de Lyon. Il n'avait plus de majorité.

Les élus écologistes métropolitains présents dans la majorité précédente ne voulaient en effet plus de lui, et les « petits maires » du Val de Saône et des Monts-d'Or du groupe Synergie ne lui faisaient plus confiance, notamment pour ne pas avoir voulu modifier, alors qu'il était ministre de l'Intérieur, ce mode de scrutin de la Métropole. C'était pourtant eux qui lui assuraient une majorité. Le groupe des élus socialistes de « La Métropole autrement », derrière le maire de Villeurbanne de l'époque, Jean-Paul Bret, pourtant dans sa majorité, n'était pas davantage emballé par son retour.

Une partie de sa majorité s'est donc rangée derrière la candidature de David Kimelfeld, dauphin de Gérard Collomb à la Métropole de Lyon avant de prendre son fauteuil, faisant ainsi du territoire une sorte de bastion local pour le parti présidentiel avec la Ville et la Métropole de Lyon dirigée par des majorités LREM issues de la gauche. Cette division de la majorité a clairement contribué à sa défaite.

D'autre part, la lecture des étiquettes politiques est devenue complexe pour les électeurs attentifs. Gérard Collomb, premier « baron local » à avoir soutenu et aidé Emmanuel Macron, ne s'est pas officiellement prévalu de l'étiquette En Marche pour ces élections métropolitaines, comme municipales à Lyon du reste. Dans un contexte national plutôt défavorable au camp du parti présidentiel, David Kimelfeld, candidat dissident, a essayé de s'en détacher au maximum. Jusqu'à proposer un programme parfois proche sur certains sujets des écologistes. Il a d'ailleurs soutenu dans certaines circonscriptions des listes socialistes, lui qui fut premier secrétaire fédéral du PS du Rhône.

L'alliance de circonstance de Gérard Collomb avec la droite dans l'entre-deux tours a certainement précipité la perte du tandem déjà mal embarqué. Avec la double candidature au sein du camp centriste, elle a finalement permis d'éclaircir dans un sens le paysage politique.

Face au bloc de gauche constitué autour des écologistes dans une sorte de « gauche plurielle » classique, cet attelage entre Gérard Collomb et la droite lyonnaise a constitué une sorte de bloc de droite et centre-droit.

La majorité métropolitaine était très hétéroclite, constituée de socialistes, d'anciens socialistes passés à LREM, d'écologistes « Collomb-compatibles », de certains communistes et d'élus de centre-droit. De ce point de vue, les élections métropolitaines de 2020 ont permis de « répartir » plus clairement ces élus. Avec un bloc centriste autour de David Kimelfeld, un bloc de centre-droit autour de Gérard Collomb et de la droite.

Le second tour des élections métropolitaines a donc finalement le profil, malgré la présence de LREM, d'un paysage politique plutôt classique. Une « gauche plurielle », un bloc centriste, un bloc de droite et centre-droit et (dans quelques circonscriptions) le Rassemblement National.

C. Conséquence du scrutin : les coudées franches pour la majorité

Le mode de scrutin a également joué un rôle important dans la composition du nouvel hémicycle métropolitain. Calqué sur les élections municipales, ce scrutin de listes avec prime majoritaire au vainqueur dans chaque circonscription a fait passer la Métropole de Lyon dans une nouvelle ère des rapports de forces politiques.

Jusque-là, le Grand Lyon, une intercommunalité devenue communauté urbaine, n'était qu'une émanation des conseils municipaux. Chaque commune était représentée au moins par un élu, bien souvent le maire. Pour s'assurer la présidence depuis son élection en 2001, Gérard Collomb a donc bâti une majorité avec l'appui de forces d'appoint politiquement éloignées d'autres composantes de sa majorité. Il était un président du Grand Lyon socialiste dans une agglomération avec une majorité d'élus de droite.

Le mode de scrutin permet désormais de dégager une majorité claire. Les écologistes et leurs alliés bénéficient d'une majorité conséquente (84 élus sur 150). Ce changement de statut et de mode de scrutin n'est pas sans conséquence également sur le mode de gouvernance. Il permet, d'une certaine manière, de gouverner sans les maires des communes de la Métropole. Même s'il existe des instances de consultation des maires de toutes les communes de la Métropole de Lyon, l'exécutif métropolitain s'appuie désormais sur une assemblée politique qui lui permet, théoriquement, de mettre en œuvre sa politique.

Dans le courant de l'année 2021, certains maires, s'estimant peu ou pas écoutés, vont alors menacer de quitter la Métropole de Lyon. Certains sujets, comme le projet de téléphérique Lyon-Francheville ou celui de cimetière métropolitain à Charly, ont cristallisé ces tensions. Sans aucun doute, la posture est également purement politique. En effet, beaucoup d'entre eux sont des maires de droite et campent là le rôle d'opposants politiques à la majorité écologiste. De plus, quitter la Métropole de Lyon pour une commune est légalement possible, mais concrètement quasiment impossible. Toutefois, la critique d'une Métropole de Lyon au pouvoir « centralisé » qui décide sans s'appuyer sur ces territoires risque de se répéter.

D. Conséquence du scrutin : le rapport de force entre territoires

De ces modifications de gouvernance découlent également des conséquences sur les rapports de force entre les territoires.

Avec le découpage du territoire en circonscriptions métropolitaines, basé en partie sur la démographie et le découpage des conférences territoriales des maires de la Métropole, les rapports de force pourraient être amenés à évoluer. La ville-centre, Lyon, et Villeurbanne, concentrent plus d'un tiers des sièges de la nouvelle assemblée. En comptant les circonscriptions des autres grandes communes de la proche périphérie lyonnaise, l'essentiel des sièges se trouve logiquement concentré dans la partie la plus urbaine de la métropole.

Ainsi, 52 des 84 élus écologistes et de gauche sont issus des six circonscriptions métropolitaines de Lyon et de celle de Villeurbanne. Ces sept circonscriptions représentent un peu plus du tiers des sièges du conseil de la Métropole. Elles ont assuré aux vainqueurs quasiment les deux tiers de leurs élus.

Le découpage des circonscriptions devient donc primordial. Malgré le relatif équilibre démographique, il accentue le poids des villes. Un exemple constaté dans la circonscription Lônes et Coteaux par exemple. Là, la courte victoire de la liste d'union menée par les écologistes a été en grande partie acquise grâce aux résultats à Oullins et Givors, les deux communes les plus peuplées.

Il en a été de même dans la circonscription Val de Saône. Le poids des communes les plus peuplées (Dardilly, Écully, Saint-Cyr-au-Mont-d'Or ou Saint-Didier-au-Mont-d'Or ou Champagne-au-Mont-d'Or) est primordial. Dans ces quatre villes, la liste gagnante menée par Marc Grivel, soutenue par David Kimelfeld, réunit près de la moitié de ses voix. La circonscription compte pourtant près de 25 communes. Ainsi, même si elle arrive en tête dans neuf communes de la circonscription, la liste d'union autour des écologistes n'arrive qu'en troisième position à l'échelle de circonscription.

Le risque d'accentuation du poids des principales communes semble réel avec ce nouveau mode de scrutin.

IV. Conclusion : faut-il déjà modifier le mode de scrutin ?

Ces premières élections métropolitaines n'ont peut-être pas encore montré tous leurs effets sur la vie politique locale. L'analyse électorale des résultats, marqués par une très forte abstention, reste délicate.

En revanche, les conséquences plus institutionnelles demeurent à nos yeux davantage tangibles. Ces élections sont peut-être annonciatrices de changements de comportements profonds sur la vie politique. Le plus marquant découle naturellement du passage au statut de collectivité territoriale. Selon la règle sur le cumul des mandats, il n'est plus possible à un parlementaire, un maire ou un président d'une autre collectivité territoriale de présider la Métropole de Lyon. Ainsi, le temps où le maire de Lyon était nécessairement le président de la Métropole de Lyon est révolu.

Par ailleurs, le pouvoir accru de la Métropole conféré par son nouveau statut administratif semble aussi changer la donne auprès de certains élus. Ces élections ont montré que des maires, de petites communes notamment, ont préféré se présenter uniquement aux élections métropolitaines. C'est le cas de Marc Grivel, ancien maire de Saint-Cyr-au-Mont-d'Or et premier vice-président de la Métropole de Lyon jusqu'en 2020. Ou encore de Jean-Louis Da Passano, ancien maire d'Irigny et vice-président de la Métropole sous Gérard Collomb. *Idem* pour Alain Galliano, ancien maire de Craponne. L'usure ou la succession de mandats municipaux expliquent aussi pour certains ce choix. Il reste toutefois peut-être le signe d'un transfert réel et symbolique du pouvoir politique local à la Métropole.

Ces changements permettront peut-être d'agir en faveur du développement d'une vision plus métropolitaine des problématiques.

Ce nouveau de mode de scrutin a toutefois montré davantage de conséquences négatives sur le renouvellement des pratiques politiques. Nous avons évoqué les plafonds de dépenses plus faibles aux élections métropolitaines qu'aux municipales. Ainsi, un candidat tête de liste aux deux élections avait alors tout intérêt à mêler les deux élections dans sa propagande électorale pour mutualiser et réduire les coûts.

Cela a donc favorisé de doubles candidatures en tête de liste aux deux élections. Une situation qui pourrait ne pas aider au renouvellement des élus. Et qui oblige *de facto* les partis comptant le moins de personnel politique à procéder à ces doubles candidatures. Ainsi à Lyon, bon nombre de têtes de listes du Rassemblement National ou de « Lyon en Commun » (LFI/Gram de Nathalie Perrin-Gilbert) ont doublonné lors des élections locales de 2020. On retrouve ainsi beaucoup de « cumulards » parmi les élus écologistes à la Métropole de Lyon : beaucoup d'entre eux sont conseillers municipaux ou simplement d'arrondissement de Lyon.

Le découpage du territoire en circonscriptions a aussi eu des effets pervers. La constitution des listes a parfois donné lieu à des « parachutages ». L'échelle ici n'est pas la même qu'au plan national. Toutefois, le découpage territorial incite au maintien de ces pratiques d'appareils politiques. On a ainsi pu voir la maire emblématique du 1er arrondissement de Lyon, Nathalie Perrin-Gilbert se présenter dans la circonscription Lyon Sud (équivalente au 7e arrondissement de Lyon), l'ancien député de l'Est lyonnais, Philippe Meunier, mener la liste de droite dans la circonscription Lyon Ouest. Ou encore l'écologiste Fabien Bagnon, candidat aux municipales à Saint-Genis-Laval, mener la liste aux métropolitaines dans la circonscription Lyon Centre.

Par ailleurs, l'organisation des élections métropolitaines en parallèle des élections municipales ne constitue peut-être pas un service rendu à ces dernières. Certes, les élections municipales ont certainement fait la courte échelle aux élections métropolitaines. Organisées en même temps, elles lui ont permis de ne pas connaître un taux d'abstention plus élevé. Il s'agit d'élections nouvelles pour une structure aux compétences larges, mais encore mal identifiée par beaucoup d'électeurs.

La campagne électorale a montré, notamment pour les candidats aux municipales à Lyon, qu'il était assez difficile de séparer les enjeux municipaux et métropolitains. Par nécessité ou par choix politique délibéré. Les isoler dans le calendrier électoral obligerait sûrement à une véritable campagne métropolitaine. Dans certains territoires, le comportement électoral n'a pas été identique aux deux élections, à Villeurbanne ou dans le Val de Saône notamment. Preuve peut-être que les électeurs ont déjà su percevoir les enjeux des deux scrutins malgré leur concomitance.

Pourquoi ne pas considérer alors la Métropole de Lyon comme une circonscription unique où les formations politiques présenteraient une seule liste ? À charge pour elles de faire campagne *via* leurs élus et relais locaux dans les différents territoires de la Métropole.

DISCUSSIONS DE LA MATINÉE[1]

Guillaume Protière *(Doyen de la Faculté de droit, président de séance)*
Bien. Merci beaucoup chers collègues. Nous voyons bien que la métropole d'un point de vue électoral est encore un *« working progress »*, et qu'elle joue presque au niveau territorial, si j'ai bien compris, le rôle que joue Bruxelles au niveau européen dans le discours politique national, si vous me permettez cette comparaison.

Nous avons quelques minutes pour une discussion avec la salle. *The floor is yours...* Une question de Christophe Chabrot, pour susciter les suivantes ?

Christophe Chabrot
Oui, je remercie vivement les conférenciers pour leurs présentations qui éclairent vraiment le droit local, bien qu'ils ne soient pas tous juristes. Je me posais la question de l'influence de l'épidémie de Covid sur cette campagne électorale. Sans remettre bien sûr en question ces résultats ni la légitimité des élus, j'ai l'impression néanmoins que cette étrange élection de 2020, notamment avec ses forts taux d'abstention, proroge encore d'un mandat la transition qui est en train de s'achever, et je me demandais s'il était possible de quantifier cette influence du coronavirus sur les élections.

1. Si la conférence à deux voix de Clément Desrumeaux et Stéphane Cadiou « Le scrutin métropolitain de 2020 » n'a pu être reproduite dans cet ouvrage (voir *supra*, note 1, p. 73), sont retranscrites ici leurs réponses aux questions qui leur ont été posées durant ce débat.

Clément Desrumaux

Je ne peux faire qu'une réponse de Normand : oui et non. Ça peut se quantifier pourrait-on dire au regard des taux d'abstention en effet, mais d'une manière générale, les électeurs se sont quand même comportés de manière conforme au regard des autres élections que l'on pourrait qualifier de « normales ». Les participations montrent en effet que finalement la crise affecte de manière identique les électeurs et électrices. On a donc des résultats qui sont certes particuliers, les taux d'abstention parlent d'eux-mêmes, mais les résultats restent à peu près comparables en termes d'orientation et de structure de la participation.

Ensuite, il est un peu plus compliqué de savoir comment l'épidémie s'est immiscée dans le discours politique de campagne. Peut-être en effet s'est greffée sur la campagne la question de l'intervention des institutions publiques, avec la région par exemple qui est venue distribuer des masques, et donc une certaine politisation de cette crise sanitaire. Mais il est difficile de l'objectiver et de l'analyser en ce qui concerne ses effets sur les élections.

Stéphane Cadiou

Pour compléter ce que vient de dire mon collègue, j'aimerais rappeler qu'on a souvent tendance à présenter l'élection municipale comme préservée des difficultés que connaissent les autres scrutins. Mais si on regarde dans la durée, depuis les élections municipales de 1977-1983, la participation ne cesse de baisser, certes un peu moins. Mais il faut se méfier du discours qui dit que cet échelon est celui auquel s'identifient les électeurs et qu'il est donc protégé. Quand on regarde les résultats, c'est la même pente, la même inclination, même si on ne part pas du même point de départ. Donc, il ne faut pas croire que les prochaines élections après le Covid reviendront à des taux classiques.

Ceci dit, il est difficile de quantifier cette influence du Covid, les résultats électoraux étant toujours multifactoriels. Ce qui a sans doute joué, c'est que ce mode de scrutin repose sur des circonscriptions supra-communales avec une concomitance des élections avec les municipales au premier tour, mais avec le risque d'une dissociation au second tour, certaines communes ayant élu leur conseil dès le premier tour. Ceci a pu jouer d'autant plus sur l'abstention au second tour. Mais analyser cette abstention objectivement vis-à-vis du Covid est extrêmement difficile, à part sur la base de sondages très précis, mais qui comportent toujours des biais. Il est donc difficile de tirer des leçons de ce scrutin pour la suite parce qu'il était vraiment particulier, à la fois par son caractère inédit, mais aussi vu les conditions dans lesquelles il s'est déroulé, par ce qui s'est passé entre les deux tours, etc. Autant de choses qui risquent de ne pas se reproduire aux prochaines élections.

Emmanuel Buisson-Fenet *(Président du think tank sur la métropole Nouvelles rives)*
Bonjour. Juste pour apporter une nuance à ce qui vient d'être dit, il me semble qu'il y a une variable qui a beaucoup joué sur cette élection, une variable classique de l'analyse électorale, c'est l'âge. Parce que la pyramide électorale a été assez déformée par la crise sanitaire. L'électorat âgé, qui est d'habitude surmobilisé dans toutes les enquêtes électorales, a été ici pour la première fois sous-mobilisé, et cette exception risque d'ailleurs de devenir durable. En regardant les choses de près dans les bureaux lyonnais et en croisant les données et notamment les IRIS[2] de l'Insee, on voit assez clairement que les bureaux avec une population jeune sont ceux qui ont le plus voté pour la nouvelle majorité, avec un effet d'âge assez clair je pense.

Clément Desrumaux
Oui, en effet. Et en complément sur cet effet d'âge, deux enquêtes de BVA et Ipsos ont montré de plus une méconnaissance de l'institution métropolitaine qui évolue, s'améliore avec l'âge. S'ajoute

2. IRIS : Îlots regroupés pour l'information statistique, maillage territorial utilisé par l'Insee depuis 1999 pour le recensement, permettant d'identifier par exemple des quartiers de populations de grandes villes d'environ 2000 habitants.

donc au problème de la participation cette question de la compétence statutaire qui pèse notamment sur les plus âgés et vient perturber l'analyse, et rend encore plus difficile la quantification objective de cet effet Covid.

Un intervenant de la salle
Il est toujours difficile de parler d'une élection inédite. Et il y a toujours des contre-exemples. Un qui me frappe particulièrement, c'est celui de Villeurbanne. C'est la circonscription qui pouvait le plus « municipaliser » le scrutin puisque la circonscription municipale correspondait exactement à la circonscription métropolitaine. Et pourtant, il s'avère qu'au premier tour il y a eu une déconnexion entre la liste arrivée en tête à l'élection municipale et la liste arrivée en tête à l'élection métropolitaine. On voit donc que les résultats d'une élection sont toujours multifactoriels, mais que parfois les électeurs sont capables de distinguer les enjeux. Les élus villeurbannais seraient sans doute très intéressés de comprendre cette différence de résultats.

Jule Le Mener *(Président de l'association Villeurbanne c'est vous !*[3]*)*
J'aurais une question au sujet de la médiatisation de l'élection métropolitaine au niveau national avec notamment la dualité Gérard Collomb-David Kimelfeld. Pensez-vous que celle-ci a pu influencer la participation ou l'issue de l'élection, quand on sait notamment combien cette dualité a pu agiter et diviser le parti LREM et ses électeurs ? De même, la plupart des candidats avaient un double programme municipal et métropolitain, deux tracts à distribuer aux habitants pour expliquer ce qu'étaient la métropole et le programme défendu pour elle à côté de l'élection municipale. Ne pensez-vous pas que cela a permis d'améliorer la connaissance de l'institution ?

3. Association liée à la liste LREM Villeurbanne c'est vous ! emmenée par Prosper Kabalo, qui obtiendra au second tour 29,5 % des voix à l'élection municipale derrière la liste de gauche menée par Cédric Van Styvendael, et 33,2 % des voix à l'élection métropolitaine derrière la liste écologiste et d'union de la gauche de Bruno Bernard.

Stéphane Cadiou
Là encore, il faut être extrêmement prudent avant de tirer des liens de causalité entre les différents éléments de cette élection. Je pense qu'il est difficile de démêler l'effet de cette médiatisation. Ceci dit, cela correspond aussi au cadrage médiatique traditionnel pour une campagne électorale, où les premiers mois sont le plus souvent cadrés en termes d'affrontement, autour d'une rivalité notamment au niveau des investitures. Mais il est difficile de quantifier l'effet de ce genre de querelle. Dans notre discipline, ce qui joue toujours ce sont les variables lourdes, qui sont au fond les plus structurantes. Après, les aspects plus ponctuels peuvent jouer aussi. Et il est vrai qu'on a aujourd'hui des choses inimaginables au regard du passé en termes de communication. On a vu par exemple de grands panneaux d'affichage qui appelaient ainsi à voter pour les élections métropolitaines. Tout ceci a contribué à créer un halo de publicisation. Mais il faut ensuite nuancer cette publicisation, et affiner l'étude catégorie sociale par catégorie sociale. On peut assez facilement s'entendre sur le fait que d'une manière générale la métropole s'est fait un peu plus connaître. Mais elle s'est fait surtout connaître pour des franges qui étaient déjà le plus souvent mobilisées. On l'a vu pour les groupes qui sont le plus impliqués, qui se sont saisis de la métropole, qui ont compris ce niveau métropolitain et ont organisé des soirées-débats : ce sont des gens qui étaient déjà très politisés.

Donc, je suis tenté de dire que oui, vous avez sans doute raison d'une manière générale, mais quand on regarde dans le détail, ça ne parvient pas à éluder les biais sociaux que nos démocraties, nationales ou locales, doivent affronter.

Nicolas Barriquand *(Journaliste à Mediacités Lyon)*
Bonjour, vous avez parlé du brouillage entre l'échelon municipal et l'échelon métropolitain pendant la campagne électorale, avec des acteurs qui pouvaient jouer sur les deux tableaux. Qu'en est-il depuis les élections avec la composition de l'exécutif, puisqu'on retrouve en partie le fait municipal dans la composition de l'exécutif métropolitain avec la présence des maires de Vaulx-en-Velin, de Vénissieux ou

de Villeurbanne autour de Bruno Bernard ? Est-ce que ça ne renforce pas ce brouillage, est-ce que ça ne perturbe pas l'apparition d'une véritable scène politique métropolitaine à part entière ?

Stéphane Cadiou
Vous abordez ici des choses encore balbutiantes, et je vais devoir faire ici aussi une réponse de Normand. Si on compare par rapport aux autres grandes villes, aux grandes intercommunalités, on a incontestablement eu une politisation de cette intercommunalité dans la composition de l'exécutif, qui a été matinée de logiques municipales. Mais quand on regarde par rapport aux autres grandes villes, elles obéissent aussi à des logiques de troc que l'on connaît traditionnellement dans les intercommunalités. On peut citer l'exemple de Grenoble qui a été de ce point de vue là un peu caricatural, si vous me permettez l'expression, dans la fabrique de son exécutif. Donc ces trocs, ces arrangements municipaux prévalent souvent dans les intercommunalités. Ici, cela joue sans doute, mais ça s'est aussi combiné avec une logique de politisation, avec un exécutif soudé autour d'un projet qu'il veut défendre, du moins dans l'apparence qu'il veut donner. Donc, on a une double logique qui s'enchevêtre dans l'exécutif métropolitain, que l'on ne retrouve pas dans les autres grandes villes de même taille, comme Nantes ou Rennes dont l'échelon intercommunal est pourtant très connu, qui ont une grande tradition d'intercommunalité et qui figurent toujours dans les palmarès des villes en mouvement, mais qui obéissent pourtant toujours essentiellement aux seules logiques de troc municipal et intercommunal.

Matthieu Vieira *(Étudiant de Master 2, élu écologiste métropolitain)*
Bonjour. J'aimerais revenir sur vos analyses et notamment pour savoir si vous aviez trouvé ou non un effet « tête de liste ». Pour prendre l'exemple de Bruno Bernard, je ne suis pas certain que ses 66 % de voix au second tour de l'élection métropolitaine à Villeurbanne s'expliquent plus par sa personne en tant que tête de liste, villeurbannais candidat au poste de président de la métropole que par la

sociologie de la circonscription, puisque Cédric Van Styvandael, candidat socialiste, a fait à peu près le même score dans la même circonscription de Villeurbanne aux municipales[4].

Clément Desrumaux
Vous avez tout à fait raison. Il faut noter de plus que cette circonscription de Villeurbanne est une circonscription particulière au regard de l'abstention, où traditionnellement les électeurs et les électrices participent un peu plus. Donc on peut bien évidemment conclure, pour analyser le scrutin dans cette circonscription, à un effet de structure où jouent des variables lourdes comme le rappelait Stéphane Cadiou, où les populations votent en fonction de ce qu'elles sont socialement. Il faut toutefois signaler, peut-être comme effet de la politisation et de la publicisation médiatique des têtes de liste de cette élection métropolitaine, que leur score enregistré dans leurs propres circonscriptions est en général un peu meilleur que dans les autres circonscriptions, ce qui traduirait un effet d'identification locale des têtes de liste sans doute un peu plus important.

Christophe Chabrot
Une question pour Robert Pyka. Les exemples donnés de Toronto et de Montréal sont vraiment très intéressants et montrent que, parfois, à vouloir trop unir on finit par faire éclater, selon le vieux principe action-réaction. Ces exemples sont très parlants, surtout rapportés à la Métropole de Lyon où nous connaissons également des lignes de fractures très puissantes, comme par exemple avec toutes ces communes de l'est de la Métropole qui étaient avant 1969 dans le département de l'Isère, rappelant la frontière historique avec le Saint Empire romain germanique qui bordait la rive gauche du Rhône quand Lyon faisait

4. Le candidat socialiste, C. van Styvandael, derrière qui se sont rangés les écologistes au second tour de l'élection municipale, a obtenu 70,4 % des voix devant Prosper Kabalo (LREM) à 29,7 %, quand Bruno Bernard, derrière qui se sont rangés les socialistes au second tour de l'élection métropolitaine, a obtenu 66,8 % des voix devant Prosper Kabalo (LREM) à 33,2 %.

partie du royaume de France, ou ces fractures entre l'agglomération centre et la périphérie, entre Lyon et Villeurbanne, etc. Et pourtant on a réussi à faire unité, malgré les différences. Mais jusqu'où peut-on faire unité sans créer des tensions internes trop fortes ? Professeur Pyka, quelles sont au fond les bases de cet éclatement, qu'est-ce qui relie ces communes qui ont voulu sortir de Montréal, de Toronto ?

Robert Pyka
J'ajouterais tout d'abord que cette tendance à fusionner, à amalgamer n'a pas touché au Québec que la seule ville de Montréal, mais aussi une douzaine d'agglomérations de la province. Et on a assisté également ailleurs à ces processus de défusion, comme dans la nouvelle ville de Québec qui a vu partir certaines de ses communes fusionnées et où il a fallu pareillement créer une nouvelle structure pour englober, au niveau de l'agglomération, la ville fusionnée avec les autres communes défusionnées.

Dans le cas très particulier de la ville de Montréal, la défusion a surtout été fondée sur la résistance des villes anglophones de West Island, dans la partie ouest de l'île de Montréal où s'est historiquement implantée la population anglophone et qui y est très nombreuse. Elle profitait ainsi d'un certain nombre de services adaptés, produits en anglais, notamment au niveau de la scolarité ou de certains services publics. Il y avait aussi des avantages fiscaux appelés à disparaître avec la fusion. Et rappelez-vous qu'au Québec la question linguistique est très importante, avec une politique de préservation de la langue française qui peut peser sur les populations anglophones, en obligeant par exemple les serveuses à ne pas dire « hi », mais « bonjour » pour accueillir les clients. Cela a pu aussi jouer pour motiver les populations anglophones à se regrouper en dehors des institutions francophones afin de préserver leur identité, les cadres leur permettant de maintenir leurs particularités au sein de la ville de Québec ou de Montréal.

Guillaume Protière

Y a-t-il une autre question ? Non ? Je vais alors me permettre d'en poser une dernière qui je l'espère, tout en le craignant, ne débouchera pas sur une réponse de Normand. À vous écouter, on pourrait considérer que ce scrutin métropolitain est un nœud. Ce qui s'est joué l'an dernier, au-delà des questions de crise sanitaire, c'est d'abord une dynamique territoriale, qui n'est pas institutionnelle. Je partage l'avis du Pr Pyka pour dire qu'il y a trop de métropoles en France : 21 alors qu'il n'y a que 14 communautés urbaines et 41 communes de plus de 100 000 habitants. Il y a sans doute une surreprésentation des métropoles en France, notamment si on se réfère au droit comparé. Néanmoins, je crois aussi que le Grand Lyon est une vraie métropole, c'est-à-dire une vraie agglomération de type métropole avec des mécanismes institutionnels venant l'accompagner. Mais règne encore dans ces élections une logique intermédiaire, avec une interaction très forte entre entités territoriales multiples, comme l'a bien compris l'exécutif métropolitain, qui fait écho à cette logique d'un conseil départemental, Sénat des communes. Comment alors dénouer ce nœud, cette contradiction ?

Peut-être faut-il en effet passer par cette « domocratie », avec le risque que le capitalisme néo-libéral fondé sur l'*empowerment* ne vienne bousculer les aspirations rousseauistes de Christophe Chabrot. Le professeur Testard nous en parlera sans doute cet après-midi dans son intervention sur la place des habitants dans la métropole.

Peut-être faut-il aussi penser à d'autres mécanismes, et notamment à la dissociation des élections. En France, nous adorons associer les élections, avec même une lecture assez uniforme de la décentralisation qui regroupe toutes les élections des différents niveaux en même temps, alors que nous pourrions envisager des élections se tenant dans des temporalités différentes, y compris au sein d'un même niveau. Mais il ne semble pas que la « différenciation » dans le projet de loi 4D aille dans ce sens, ni aussi loin. Pour ce qui nous intéresse, il faudrait peut-être penser à dissocier les élections municipales et métropolitaines, en les faisant tenir à des moments différents. Quitte à prendre le risque de produire alors une métropole encore plus détachée des communes et du scrutin municipal. Mais ne pensez-vous pas que cela contribuerait néanmoins à clarifier et à dénouer le problème ?

Clément Desrumaux
Entendu, entrons dans la politique fiction, et en essayant de ne pas faire de réponse de Normand. Il est évident que le fait que l'élection métropolitaine se tienne en même temps que l'élection municipale brouille à la fois les enjeux et la perception de chacune de ces élections. En même temps, il est vrai que ces institutions sont elles-mêmes bien imbriquées. Et l'hypothèse avancée ici de différencier les élections métropolitaines dans leur mise en œuvre en termes de scrutin et dans leur temporalité ne va sans doute pas défaire immédiatement la métropole de ses liens avec les municipalités ni avec la scène politique locale. Bien entendu, cela pourrait conduire, dans cette fiction, à quelques ajustements qui seraient probablement la montée en puissance du trophée métropolitain et donc l'apparition de candidatures un peu différentes. Mais les liens institutionnels sont tels que la question des municipalités demeurerait toujours présente en filigrane, me semble-t-il.

Stéphane Cadiou
Ce qu'on a essayé de montrer dans notre étude sur la campagne électorale, c'est que le changement est incrémental, qu'il est très progressif. Les règles de droit ne produisent pas immédiatement des effets mécaniques et unilatéraux. Donc sans aucun jugement de valeur dans ce constat, notre étude montre bien l'imbrication des institutions et des élections, et que cela prendra sans doute du temps pour évoluer. Bien sûr, il y a le fantasme de la solution dans le changement des règles. Mais bien souvent le changement des règles ne produit que des effets incrémentaux, et parfois même des effets indirects et non prévus. Et peut-être que bon nombre de politiques publiques impliquent concrètement une collaboration, une coopération entre ces collectivités territoriales. Il faut alors peut-être aussi accepter

que ces deux élections soient appelées à rester entremêlées. En tous cas, notre étude a montré qu'un changement de règles ne produit pas automatiquement un changement de comportement.

Guillaume Protière
Cette conclusion laissera sans doute longtemps méditer les juristes de cet auditoire, même si elle ne fait finalement que confirmer un constat que nous avons tous fait à un moment donné. Sur ces mots, nous allons faire un quart d'heure de pause avant la table ronde de cette matinée.

Table ronde 1

L'INFLUENCE DU MODE DE SCRUTIN SUR LE SYSTÈME POLITIQUE[1]

Animateur : Nicolas Barriquand (Cofondateur et Rédacteur en chef du journal en ligne *Médiacités Lyon*).

Participants : Gilbert-Luc Devinaz (Sénateur, Villeurbanne), Nathalie Frier (Commission permanente de la Métropole de Lyon, ancienne maire de la commune de Saint-Fons), David Kimelfeld (Commission permanente de la Métropole de Lyon, ancien président de la Métropole de Lyon), Romain Meltz (Maître de conférences en science politique, Université Lyon 2), Pierre Obrecht (Président du cercle « De la Démocratie en Métropole »), Béatrice Vessiller (2de Vice-présidente de la Métropole de Lyon en charge de l'Urbanisme et du Cadre de vie).

N. Barriquand

Je remercie Christophe Chabrot de m'avoir proposé d'animer cette table ronde intitulée « L'influence du mode de scrutin sur le système politique ». Je vous présente les intervenants au débat.

D'abord Gilbert-Luc Devinaz, sénateur depuis juin 2017, réélu l'année dernière, membre du parti socialiste, conseiller métropolitain, élu dans la circonscription de Villeurbanne et membre de la commission Déplacement et Voirie, mais pas membre de la Commission permanente alors même que vous êtes le parlementaire à l'origine de l'amendement adopté dans la loi Engagement et Proximité de 2019 qui a instauré l'élection de la Commission permanente à la proportionnelle. J'ajoute que toujours dans le cadre cette loi, vous

1. Les notes de bas de page ont été ajoutées pour complément par les retranscripteurs de la table ronde.

avez soutenu d'autres amendements pour renforcer le rôle des maires *via* la Conférence métropolitaine ou encore les fameuses conférences territoriales des maires (CTM).

Nathalie Frier, vous avez été maire de Saint-Fons de 2014 à 2020, vous êtes aujourd'hui conseillère métropolitaine de la circonscription Porte du Sud, et vous êtes membre du groupe d'opposition *Inventer la Métropole de demain*, le groupe de Gérard Collomb. Vous êtes membre de la Commission permanente, ce mandat-ci comme le mandat précédent.

David Kimelfield, vous avez présidé la Métropole de 2017 à 2020 après le départ de Gérard Collomb au gouvernement et après son retour. Vous avez été candidat à votre propre succession l'année dernière. Vous êtes aujourd'hui élu dans la circonscription Lyon Centre et vous siégez dans l'opposition. Vous êtes président du groupe *Les Progressistes*, membre de la Commission permanente comme, bien sûr lors du précédent mandat. J'ajoute que vous avez été maire du 4e arrondissement. À cet égard, il sera également question de la Conférence métropolitaine où siègent désormais les maires d'arrondissement.

Béatrice Vessiller, vous êtes vice-présidente du Grand Lyon et ce n'est pas une nouveauté, malgré l'alternance politique. Vous êtes aujourd'hui deuxième vice-présidente de Bruno Bernard, donc numéro 3 de la Métropole, chargée de l'Urbanisme, membre de la Commission permanente, élue de la circonscription de Villeurbanne et par ailleurs conseillère municipale de cette mairie. Vous êtes membre d'Europe Écologie-Les Verts, et lors du précédent mandat vous étiez Vice-présidente de David Kimelfeld, chargée de la rénovation thermique des logements.

Romain Meltz, vous êtes politologue, chercheur au laboratoire Triangle, enseignant à l'université de Lyon 2. On peut vous entendre sur la radio lyonnaise RCF, avec votre chronique « Sacrée Cité ». On peut vous lire sur *Lyonmag.com* et on a même pu vous voir lors de la campagne sur BFM Lyon.

Et enfin Pierre Obrecht. Vous animez un cercle d'échanges baptisé « De la Démocratie en Métropole ». Ce sera un des sujets de notre discussion. Vous êtes également collaborateur parlementaire du député LREM, Yves Blein. Vous êtes aussi en tant que citoyen de la métropole, et même en tant que citoyen « métropoliste » j'allais dire, à l'initiative d'une liste aux dernières élections sénatoriales. Celle-ci n'avait d'autre but que d'interpeller les grands électeurs sur l'organisation du scrutin métropolitain. C'était en quelque sorte un plaidoyer pour une circonscription unique. On reviendra également sur ce point-là.

Un dernier mot, avant de vous laisser la parole aux uns et aux autres et d'entrer dans le vif du sujet, pour préciser que notre discussion n'a pas vocation à dupliquer les échanges politiques que certains d'entre vous peuvent avoir lors du Conseil métropolitain, mais bien d'avoir du recul sur le fonctionnement de la Métropole. Et d'esquisser peut-être des pistes de réforme, d'adaptation, et de discuter des conséquences du suffrage universel direct appliqué depuis l'an dernier sur le fonctionnement de cette collectivité. Ceci dit, n'hésitez pas à vous interpeller les uns les autres pour rendre ce débat vivant.

Donc, voici le programme : l'influence du mode de scrutin sur le système politique. Dans un premier temps, nous reviendrons sur le mode de scrutin lui-même avant d'aborder le fonctionnement actuel de la Métropole et puis d'esquisser des pistes d'amélioration, de réformes, voire de « démocratisation » pour oser de grands mots.

Dans un premier temps, on va revenir sur cette élection inédite qui s'est tenue en 2020, organisée au suffrage universel direct, avec un scrutin de liste tenu dans quatorze circonscriptions créées pour l'occasion. À l'épreuve de l'élection, est-ce que ces 14 circonscriptions étaient une bonne organisation ou faut-il d'ores et déjà réfléchir à un nouveau découpage d'ici à 2026, pour les prochaines élections métropolitaines ?

D. Kimelfeld

Bonjour à toutes et à tous, merci pour votre invitation. Très brièvement, est-ce que c'étaient les quatorze circonscriptions la solution ? Je pense qu'on aurait sûrement gagné en cohérence à faire d'emblée coïncider ces circonscriptions avec les conférences territoriales des maires (CTM), si tant est que toutes les conférences territoriales de maires représentent des bassins de vie. Parce que si on veut se rapprocher de la proximité et du quotidien de nos concitoyens, il s'agit d'être précis. Quand on dit « conférences territoriales des maires », descendez dans la rue, demandez à n'importe quel habitant ce qu'il pense des conférences territoriales des maires. Soyez patient, car vous allez attendre longtemps avant d'avoir une réponse. Mais par contre, penser les circonscriptions comme de véritables bassins de vie, ça, c'est un enjeu. Et je ne suis pas sûr que cela corresponde systématiquement avec les CTM. Il y a des CTM qui sont plus complexes que ça et je pense que s'il y avait une petite ambition ce serait celle-là : se demander comment les gens vivent, comment les gens fonctionnent, comment ils se déplacent, comment ils travaillent, comment ils utilisent les services de la Métropole à l'échelle d'un bassin de vie, et penser comme on le fait pour une commune.

N. Barriquand

Est-ce que justement tout l'enjeu de la définition de cette circonscription c'est la lisibilité aux yeux des habitants, des électeurs ? Romain Meltz, est-ce que l'an dernier les électeurs ont compris quelque chose à ce découpage électoral ?

D. Kimelfeld

Je pense qu'ils n'ont pas compris parce que d'abord, à la décharge de la Métropole, c'est une collectivité extrêmement jeune, nouvelle. En couplant ces élections avec les élections municipales, je pense que beaucoup de gens n'ont pas réellement pris la mesure de leur vote, ni pris surtout la mesure finalement de l'importance de cette collectivité qui a aujourd'hui des compétences qui intéressent nos concitoyens depuis la naissance jusqu'au vieillissement et jusqu'à la dépendance, avec une multiplicité des compétences. Et je crois qu'ils auront tout intérêt à s'intéresser précisément à ça, à la métropole eu égard à ces compétences-là. Mais c'est vrai que c'était difficile, car on arrivait à peine, c'était assez récent en quelque sorte.

N. Barriquand
Romain Meltz peut être, sur cette question ?

R. Meltz
La question que l'on pourrait se poser est de savoir si les citoyens de la Métropole aujourd'hui, après les élections, ont appris quelque chose sur la Métropole ou pas. C'est une question complexe. Et je pense qu'il y avait en effet des choses incroyablement compliquées à comprendre. Prenez le cas de Christophe Geourjon[2]. Il passe tout le mandat précédent dans l'opposition à Gérard Collomb[3]. Mais il fait une liste avec Collomb pour le premier tour et ensuite il est obligé de rejoindre la droite entre les deux tours dont il s'était séparé pour rejoindre Gérard Collomb. On a aussi l'exemple de Mme Nathalie Frier. Si on regarde la circonscription Ouest, on a quand même un

2. Christophe Geourjon, élu du 7e arrondissement de Lyon, conseiller métropolitain, dirige le parti centriste UDI et son groupe au conseil de la Métropole de Lyon.
3. Gérard Collomb, sénateur-maire de Lyon et président de la Communauté urbaine puis de la Métropole de Lyon depuis 2001, était membre historique du Parti Socialiste jusqu'à son soutien officiel à Emmanuel Macron lors de la campagne de la présidentielle de 2017, dont il rejoint le mouvement En Marche. Ministre de l'Intérieur du gouvernement d'E. Philippe de mai 2017 à octobre 2018, il revient à Lyon et se fait réélire maire de la ville, la présidence de la Métropole étant désormais occupée par D. Kimelfeld. Lors des élections métropolitaines de 2020, il dirige la liste LREM officielle, alliée au MODEM et à l'UDI, qui obtient au 1er tour 17,3 % des suffrages, arrivant en troisième position juste devant la liste LREM dissidente de D. Kimelfeld (17 %). Pour faire barrage à la liste EELV, il se désiste au second tour et annonce son soutien à la liste LR menée par F.-N. Buffet et qui fusionne avec la sienne (en échange du retrait du candidat LR à l'élection municipale de Lyon), provoquant de fortes réactions et notamment le retrait de son investiture de LREM.

cas où vous êtes sur les listes de G. Collomb au premier tour, ce qui est déjà un tout petit peu surprenant, car vous êtes plutôt centre droit si je peux me permettre…

N. Frier
Notez que j'étais dans l'exécutif de Gérard Collomb… Mais la particularité, Pierre Obrecht peut aussi en témoigner, c'est notre alliance du second tour pour la métropole, puisqu'historiquement il y avait un contentieux. Et ça je pense que dans l'imaginaire des électeurs, ils n'y ont rien compris. Je pense que cela m'a peut-être desservi. Et cela a peut-être desservi aussi Yves Blein[4].

N. Barriquand
Justement, vous êtes élue dans la circonscription Portes du Sud, est-ce que vous avez l'impression d'avoir réussi à faire vivre pendant le temps de la campagne électorale ce territoire ou pas du tout ? Ou, pour revenir à ma question, faut-il réformer ce découpage électoral d'ici à 2026 ?

N. Frier
Dans le découpage de la 14e circonscription, on a notamment un territoire qui est Solaize où l'on n'a absolument pas les mêmes problématiques. Que ce soit sur Feyzin ou Vénissieux, on a pu aborder des thématiques qui se recoupent, mais Solaize est un territoire « éloigné » de cette circonscription.

4. Yves Blein, membre du Parti socialiste de 1975 à 2017, maire de Feyzin de 2000 à 2017, vice-président du Grand Lyon de 2005 à 2012 est en 2012 député PS du Rhône puis LREM en 2017, ayant alors rejoint le mouvement En Marche. Il dirige la liste LREM dissidente (D. Kimelfeld) dans la circonscription Portes du Sud, qui fait finalement alliance au second tour avec la liste LREM-MODEM-UDI menée par N. Frier, arrivant alors en seconde position derrière la liste d'union de la gauche menée par M. Picard, alliée d'EELV, mais devant la liste LR (avec laquelle il n'y a pas eu rapprochement, malgré l'alliance au niveau métropolitain entre G. Collomb de LREM et F.-N. Buffet de LR).

N. Barriquand
On en revient à ce que disait D. Kimelfeld avec la cohérence du bassin de vie.

N. Frier
J'irai peut-être même un petit peu plus loin. Je sais que ce n'est peut-être pas faisable, mais pour des territoires périphériques comme les nôtres, on aurait peut-être intérêt à un moment donné, pour tirer ces territoires – j'essaye toujours de regarder l'intérêt de l'habitant – de se tourner plutôt vers le 7e arrondissement de Lyon. À mon avis, on pourrait alors rendre quelque chose d'intéressant parce qu'on aurait des choses à s'apporter. Aujourd'hui, il y a notamment l'enjeu des collèges, etc., des sectorisations, et ce sont des sujets sur lesquels on pourrait très bien travailler avec certains arrondissements de Lyon qui nous sont proches. Je pense que ça, ce sont des choses qui pourraient être à travailler.

N. Barriquand
Merci. Je me tourne vers les Villeurbannais. Villeurbanne a été un cas quasiment unique, avec les 7e et 8e arrondissements de Lyon. C'est-à-dire que la circonscription électorale métropolitaine correspondait exactement à la commune. Pour autant, les résultats ont été différents. Les électeurs n'ont pas choisi les mêmes listes, n'ont pas placé les mêmes listes en tête. Est-ce qu'il y a des enseignements à tirer de cette particularité villeurbannaise ?

B. Vessiller
C'est vrai que c'est intéressant de constater que les Villeurbannais ont mis la liste d'union de la gauche en tête aux municipales et la liste EELV conduite par Bruno Bernard en tête sur la circonscription métropolitaine[5]. Donc l'enseignement que l'on peut tirer

5. À l'élection municipale de 2020, c'est la liste menée par le socialiste Cédric Van Styvendael qui est arrivée en tête au second tour, avec 70,37 % des voix, la liste LREM obtenant 29,6 % (la liste EELV menée par B. Vessiller qui avait fait 27,5 %

c'est qu'effectivement ce vote différencié s'explique par des choix différents selon les collectivités. En tout cas, les électeurs ont bien été capables de faire la différence entre les deux scrutins. Après, le fait qu'on ait eu une tête de liste à la Métropole dans la circonscription métropolitaine a peut-être été intéressant dans la dissociation des choix. Mais en tout cas, j'en tire la conclusion que les électeurs, avec ce mode de scrutin, ont bien compris – même s'ils ont compris tardivement, je partage le fait que c'était une élection nouvelle – que ce n'était pas la même élection. Et le fait d'avoir cette élection au suffrage universel direct a vraiment permis de porter un débat sur les enjeux à l'échelle de la Métropole, ce qui était tout à fait nouveau et, en ce sens, c'est une vraie avancée démocratique.

N. Barriquand
G.-L. Devinaz, on a entendu D. Kimelfeld proposer un redécoupage en fonction des CTM. Est-ce que vous souscrivez à cette idée-là ou à une autre idée d'organisation de l'élection ?

G.-L. Devinaz
D'abord, bonjour à toutes et à tous et merci pour ce colloque, car, au moment où, sur cette planète, les systèmes démocratiques battent de l'aile, reculent, nous, on va débattre sur la démocratie de cette nouvelle collectivité territoriale qu'est la Métropole.

Je pense que votre question est un peu prématurée. Je suis prêt à revenir dans quatre ans pour voir comment les choses ont évolué. D'abord, on a fait une campagne dans des conditions difficiles liées à la crise sanitaire. C'est un des éléments. Sur les marchés et lors des

---

au premier tour s'étant rangée derrière le candidat PS et fusionné avec sa liste). À l'élection métropolitaine, c'est la liste EELV de B. Bernard qui arrive en tête au second tour avec 66,8 % des voix, devant la liste LREM (33,2 %), la liste d'union autour du PS (27,7 % des voix au 1er tour, derrière la liste EELV à 30,7 %) s'étant ralliée à la liste menée par le futur président de la métropole.

portes à portes, nous avons bien vu que les préoccupations de nos concitoyennes et de nos concitoyens n'étaient pas toujours l'élection, mais plutôt la situation qu'ils étaient en train de vivre.

Après, sur la situation villeurbannaise, il y a un élément sur lequel je rejoins Béatrice Vessiller, c'est que nous, pour la Métropole, on avait Bruno Bernard qui était chef de file pour devenir président et après, on peut, avec ces résultats, se projeter en fonction de ce qu'on pense. Je pourrai rajouter que sur Villeurbanne, nous n'étions pas unis au premier tour et l'on savait qu'il fallait s'unir au second tour, qu'on avait à se ménager au premier tour. Je pense que les formations politiques l'ont fait. Allez me démontrer l'inverse. On peut tout interpréter, me semble-t-il. Cela dit, le résultat est là. Sur Villeurbanne, au deuxième tour, que ce soit l'équipe du maire ou l'équipe derrière Bruno Bernard, c'est presque 70 %. Et on ne peut que s'en féliciter.

Quand je dis « votre question est prématurée », c'est parce que les choses vont évoluer. Je ne sais pas s'il faut redécouper. Moi, sur la question de départ qui était relative au suffrage universel direct, etc., j'avais un « oui » et deux « non » pour dire qu'on allait plus dans la démocratie.

Un « oui », car incontestablement il y a eu un rééquilibrage sur la démographie, ce qui était bienvenu. Je rappelle qu'avant on avait à Villeurbanne et à Lyon, un conseiller métropolitain pour 15 000 personnes. Et vous preniez Curis-au-Mont-d'Or, il en avait un pour 1 200. Il y a eu un rééquilibrage avec désormais un pour 8 700. On se rapproche du principe constitutionnel qui est de dire « un individu, une voix ». Sur ce plan-là, c'est plutôt, me semble-t-il, une bonne chose. Après, on peut se demander comment ce rééquilibrage s'est fait. Il s'est fait sur un découpage par création de circonscriptions métropolitaines sur lesquelles, effectivement, on s'interroge. À quoi correspondent-elles ? Il y a eu un découpage, il y a eu des raccrochements. Il y a aussi la question : « le conseiller métropolitain », aujourd'hui, qu'est-ce qu'il représente à l'échelon métropolitain ? Est-ce qu'il représente l'ensemble de la Métropole ? Est-ce qu'il représente la circonscription où il s'est fait élire ? Pour certains d'entre nous, ce n'est pas mon cas, on est élu municipal. On peut habiter une commune et être présenté candidat et élu dans une circonscription où l'on n'habite pas. Donc ça pose cette interrogation, me semble-t-il. Et, avec le temps, et c'est pour ça qu'il faut revoir les choses dans quatre ans, est-ce que tout compte fait ces circonscriptions qui ont été des découpages pour rééquilibrer démographiquement les choses ne deviennent pas finalement des territoires ? On va voir comment les élus travaillent ensemble.

Après j'ai deux « non ». Il y en a un qui a été abordé tout à l'heure. Effectivement, la concomitance des deux élections, me semble-t-il, ne permet pas de bien clarifier les choses vis-à-vis des électeurs. Et je pense qu'il y a un autre problème. Ce n'est pas de découper la Métropole en circonscriptions, dans un sens ou dans un autre, ou d'en faire une seule. On aurait pu faire une élection sur l'ensemble de la métropole. Le problème c'est : quand est-ce que la politique métropolitaine sera incarnée sur son territoire ?

N. Barriquand
Elle ne l'est pas aujourd'hui ? Le suffrage universel n'a pas réussi cette incarnation ?

G.-L. Devinaz
Aujourd'hui, à mon sens, elle ne l'est pas. C'est mon point de vue. Je ne demande qu'à être contredit. Mais lorsque je me balade sur la commune où je vis encore, je ne suis pas trop contredit par mes concitoyens et mes concitoyennes.

N. Barriquand
Pour terminer sur cette question de l'organisation du scrutin, on n'a pas encore entendu P. Obrecht. Vous, vous défendez une solution qu'on peut qualifier de « radicale » qui est de supprimer ce système de circonscriptions pour organiser un scrutin de liste à l'échelle de la Métropole en tant que circonscription unique. Est-ce que vous

pouvez nous présenter les avantages que vous voyez, vous, dans cette solution-là ? Et peut-être aussi, malgré tout, des inconvénients ou des bémols qui pourraient être apportés à cette idée ?

P. Obrecht
Merci. Tout d'abord, j'aimerais rendre un vibrant hommage à G. Collomb sans qui nous ne pourrions pas être ici parce qu'il s'inscrit, grâce à son rôle dans la loi dite « MAPTAM »[6], dans la droite ligne de deux empereurs romains qui sont nés à Lyon : Claude et Caracalla. Deux empereurs qui sont connus dans l'histoire parce qu'ils ont donné la citoyenneté aux habitants des territoires qu'ils administraient. Gérard Collomb, en initiant la loi dite « MAPTAM », il a fait la même chose : il a donné une citoyenneté aux habitants, enfin aux citoyens français, car les citoyens européens ne peuvent pas voter aux élections métropolitaines – mais c'est autre chose –, des 59 communes du territoire.

N. Barriquand
Il n'y a pas encore de carte d'identité de grand Lyonnais comme la mairie de Paris l'envisage, ou l'a mise en place.

P. Obrecht
Pas encore, mais pour prendre un peu de distance, il y a un second point. On parle du scrutin par circonscriptions qui a été décidé, et l'on sait pour quelles raisons – pour des raisons électoralistes, ne nous mentons pas. Mais ce scrutin dans 14 circonscriptions c'est une « monstruosité » démocratique. Une « monstruosité ». C'est un scrutin qui permet d'être majoritaire en voix et minoritaire en siège. Ou vice-versa. On s'effraye du système américain où un président de la République peut être élu avec une minorité de voix, mais c'est le système qui a été adopté. Ce n'a pas été le cas en 2020. Mais c'est

6. Loi de modernisation de l'action publique territoriale et d'affirmation des métropoles du 27 janvier 2014, qui crée, à côté des métropoles-EPCI, la métropole de Lyon-collectivité territoriale à statut particulier dans ses articles 26 à 39.

tout à fait possible d'avoir une majorité de voix et une minorité de sièges. C'est incompréhensible et il faut, c'est la raison pour laquelle je me suis présenté sur une liste aux élections sénatoriales intitulée « Ne votez pas pour notre liste », dire trois choses. D'abord, une élection par circonscriptions n'est pas possible. Il faut un scrutin sur une circonscription unique. Ensuite, on ne peut pas conserver, dans ces conditions, une prime majoritaire à 50 %. Vous arrivez en tête avec deux voix sur une circonscription, vous prenez 50 % des sièges métropolitains et le reste à la proportionnelle. C'est invraisemblable. On se retrouverait dans cette assemblée avec une majorité écrasante si la prime majoritaire était à 50 %. Donc il faut la rabaisser à 25 % comme pour les élections régionales de 2021. Enfin, et je suis content qu'on en ait parlé précédemment, il faut dissocier le calendrier. Il faut absolument placer les élections métropolitaines avant les élections municipales, en janvier par exemple, ce qui permettrait un scrutin et une campagne strictement métropolitaine. Et ensuite, les élections municipales en découleraient.

N. Barriquand
Est-ce que l'on peut appliquer votre raisonnement également à l'élection municipale lyonnaise organisée par arrondissement, *idem* à Marseille avec les secteurs, *idem* à Paris avec les vingt arrondissements ?

P. Obrecht
Nous sommes ici dans la salle du conseil de la Métropole de Lyon. Je n'ai pas d'avis sur les communes.

N. Barriquand
D'autres intervenants veulent-ils réagir à cette proposition de circonscription unique ?

D. Kimelfeld
Je ne voulais pas réagir à ça, mais je voulais plutôt réagir à la lecture qu'on peut avoir du scrutin qui vient de se dérouler, et dire peut-être qu'on ne peut pas lire ce qui s'est passé uniquement à travers

l'élection – ce qui ne remet, bien sûr, pas en question la légitimité de celles et ceux qui ont gagné les élections. Je rappelle qu'on est, suivant les territoires, entre 60 et 75 % d'abstention. Et à vouloir uniquement lire ce qui s'est passé à travers le message envoyé par les électeurs et les électrices, il faudrait également ajouter celui qui a été envoyé par celles et ceux qui ne sont pas allés voter. Il faut le faire avec beaucoup d'humilité, parce que sinon on a un regard un peu tronqué et on peut, soit avec enthousiasme soit avec dépression, lire les choses tout à fait différemment.

N. Frier
Pour moi, je pense qu'il faut maintenir cette simultanéité, même si c'est compliqué à la fois lorsque l'on est candidat et lorsqu'il faut organiser cette élection à deux scrutins le même jour. Il faut la maintenir parce qu'aujourd'hui, s'il y a un point positif à mon sens, les habitants se sentent peut-être plus concernés par la Métropole. Même s'il y a encore beaucoup de choses à faire, je trouve qu'aujourd'hui par le fait qu'il y a ce scrutin le même jour, ils se sentent à mon sens plus appartenir à cette Métropole.

N. Barriquand
À vos yeux, ça ne brouille pas l'existence du scrutin métropolitain ?

N. Frier
Non.

B. Vessiller
Ce que je peux ajouter sur le mode de scrutin, c'est que c'est un peu compliqué de tout changer pour la prochaine fois. Mais au moins ce qu'on pourrait se dire pour être plus cohérent démocratiquement c'est qu'on ait des sections territoriales dans une élection à l'échelle de la Métropole, comme c'est le cas à l'échelle régionale. On a une élection régionale sur un périmètre, un territoire régional et on a des sections départementales. On pourrait garder nos circonscriptions métropolitaines, mais en ayant un lien entre les circonscriptions ce

qui donnerait aussi plus de force à cette élection et à cette lisibilité de l'enjeu métropolitain. Un peu plus du moins. Voilà, si on doit modifier, ce serait pour nous en ce sens.

G.-L. Devinaz
Sur France Inter ce matin, on imaginait de regrouper les élections nationales le même jour – les présidentielles et les législatives – et regrouper à mi-mandat toutes les élections territoriales. Mais, comme on sait bien le faire en France, il y aura 50 % « pour », 50 % « contre ». Et quand on étudie les choses, il y a des éléments qui montrent que c'est intéressant et d'autres qui montrent que ce n'est pas intéressant. Moi, ma position, c'est de dire qu'à un moment, pour l'électeur, il faut aussi qu'il puisse s'y retrouver et comprendre les choses. Alors après, c'est plutôt un autre débat. Il y a la loi 4D qui arrive – enfin si elle arrive. Simplement, on est à bientôt quarante ans des premières phases de décentralisation du gouvernement Mauroy. C'est peut-être l'occasion de re-réfléchir et de revisiter, puisque c'est comme ça qu'on dit aujourd'hui, ces lois de décentralisation et de redéfinir les rôles des uns et des autres. Quel est le rôle de l'État ? Le rôle de l'État en matière de sécurité en 1983 et en matière de sécurité en 2023, ce n'est pas tout à fait la même chose. Et puis quel est le rôle des collectivités territoriales ? À quel moment se marche-t-on les uns sur les autres ? C'est peut-être aussi tout ça qu'il faudrait revoir.

N. Barriquand
Juste avant d'entamer la deuxième moitié de notre discussion sur l'impact des élections en 2020 sur le fonctionnement de la Métropole, je voulais vous faire part de deux citations. La première émane du rapport de la chambre régionale des comptes, qui est consacré à la Métropole de Lyon pour les exercices 2014-2019. La chambre disait « les évolutions de la gouvernance à partir de 2020 pourraient constituer une opportunité pour repenser et rationaliser davantage l'exercice des compétences de la Métropole sur son territoire en lien avec les communes » et « cette échéance va aussi la faire rentrer dans une nouvelle ère qui pourrait être l'occasion de vérifier si ce modèle

apporte une plus-value dans l'exercice des politiques publiques ». Et puis, la seconde citation provient d'un entretien accordé récemment par Bruno Bernard à la *Tribune de Lyon*. Le président de la Métropole disait « j'assume que la politique métropolitaine ne soit plus l'addition des politiques communales ». Alors, justement, la Métropole n'est plus un EPCI depuis 2015, mais elle ne l'est réellement plus depuis 2020 et l'élection au suffrage universel direct. Parmi les changements structurels qui ont accompagné cette élection inédite, il y a l'élection à la proportionnelle de la Commission permanente. Et donc son ouverture aux groupes minoritaires, aux groupes d'opposition. Alors, je laisserai bien la parole à N. Frier qui a siégé lors du précédent mandat dans la Commission permanente et qui y est toujours aujourd'hui, mais en tant qu'élue d'opposition. Est-ce que vous voyez un changement du rôle, de l'importance de la Commission permanente qui a une fonction stratégique dans la définition des politiques publiques ?

N. Frier
J'y ai en effet siégé en tant que membre de l'exécutif et aujourd'hui comme membre de l'opposition. Il n'y avait d'ailleurs pas d'opposition sous l'ancienne commission, ce que je trouve regrettable. Je trouve très bien qu'on puisse y siéger. Mais aujourd'hui, j'ai plus l'impression que l'organisation de la Commission permanente est une « chambre d'enregistrement ». On n'est pas sur du débat. Ce qui est dommage, c'est qu'il y a des sujets, certains sujets, qui devraient passer en conseil de Métropole. Parfois, on y arrive, en en faisant la demande en Commission. Mais voilà c'est un petit peu ce que je trouve regrettable. Et puis que ce soit une commission ouverte à l'opposition on s'en réjouit, mais ce serait bien aussi qu'elle soit vraiment ouverte et publique.

N. Barriquand
Effectivement, la question de la transparence se pose parce que la Commission permanente se tient à huis clos, sans la présence de public ou de la presse.

N. Frier

Effectivement, ce n'est quand même pas la même chose que de s'exprimer lorsque l'on est à huis clos que lorsqu'on s'exprime avec la presse, etc. C'est un peu dommage. C'est même regrettable.

N. Barriquand

Alors, B. Vessiller, je pense que vous avez des éléments à apporter.

B. Vessiller

Je ne suis pas tout à fait d'accord, et d'ailleurs chère Nathalie, il y a certains membres de la Commission permanente qui, bien que ce soit à huis clos, se sont empressés de communiquer leurs interventions lors de la dernière Commission permanente à la presse. Donc le huis clos est totalement relatif.

N. Barriquand

Alors, pourquoi justement ne pas supprimer ces intermédiaires-là ?

B. Vessiller

Je vais répondre deux choses. Vous avez dit, M. Barriquand, que la Commission permanente serait « le lieu stratégique de la définition de nos politiques publiques ». Non. Justement, le lieu stratégique de la définition et le vote des politiques publiques, c'est le conseil métropolitain. La Commission permanente, c'est la mise en œuvre des décisions prises en conseil. Mais c'est un lieu ou pour autant on peut débattre du fond, et certains ne s'en privent pas, et ce n'est pas du tout un problème. Alors qu'avant la Commission permanente c'était, vraiment Nathalie, une « chambre d'enregistrement » où l'on n'avait pas beaucoup de débats politiques. Et je le dis sans animosité vis-à-vis de notre ancien président ni de personne. Mais chacun égrenait ses délibérations et l'on votait sans se préoccuper du fond. Le fait que maintenant ce soit pluriel, on peut avoir des débats de fond, y compris lorsque ce sont des délibérations de mise en œuvre de politiques publiques. On l'a bien vécu lundi dernier[7] cela n'empêche pas qu'il y ait des prises de parole. Et le débat n'est pas interdit parce que l'on n'est pas en séance publique. Par ailleurs, tu l'as dit Nathalie, s'il y a un dossier qui doit être passé en conseil parce qu'un ou des groupes politiques jugent que c'est plus intéressant que ce soit en séance publique, il n'y a pas de problème de fond pour le différer en conseil métropolitain.

N. Barriquand
Juste un mot G.-L. Devinaz, car c'est vous le responsable de l'évolution de la Commission permanente, et quand vous avez défendu l'amendement qui a instauré l'élection à la proportionnelle de cette Commission, vous avez dit que c'était un gage de démocratie. Que cela allait dans le sens d'une plus grande démocratisation de la Métropole de Lyon. Est-ce que vous êtes content du résultat ?

G.-L. Devinaz
Oui, je maintiens ce que j'ai dit à l'époque. D'ailleurs, je n'étais pas seul, j'avais mon ex-collègue, Annie Guillemot, qui était cosignataire. On a dû être convaincants, car nous ne sommes pas majoritaires au Sénat et l'amendement est quand même passé dans la loi Engagement et Proximité[8]. De notre point de vue, cela assurait une meilleure représentation de la diversité de notre assemblée. Et puis cela rendait plus démocratique, à notre sens, l'exécutif métropolitain. Après tout, puisqu'on dit que la Métropole est une collectivité spécifique – que personne n'a repris ailleurs du reste – elle est aussi classée dans le

7. Sur la réunion de la commission permanente du lundi 22 février 2021, voir le recueil des délibérations : *https://agora.grandlyon.com/portail/seances/22-02-2021?assembly=Commission%20permanente&type=apres&role=usager&format=html.*

8. Loi n° 2019-1461 du 27 décembre 2019 relative à l'engagement dans la vie locale et à la proximité de l'action publique : *https://www.legifrance.gouv.fr/eli/loi/2019/12/27/TERX1917292L/jo/texte.*

Code des collectivités dans la partie relative aux départements[9]. On rejoignait alors le fonctionnement des départements et des régions[10]. Et, *a priori*, cela fonctionne. C'est vrai qu'on commence avec une crise de la Covid qui ne nous permet pas, aux uns et aux autres, de nous rencontrer comme on le souhaiterait. Mais cela dit, encore une fois, je reviens en disant « il faut laisser du temps au temps » et en reparler d'ici quatre ans.

D. Kimelfeld

Je trouve que ce débat est typique de la déconnexion que les élus ont, et je me mets dedans, avec la réalité quotidienne de nos habitants. Est-ce que vous pensez qu'il y a un habitant qui aujourd'hui, au moment où je parle, s'intéresse de savoir si la Commission permanente est élue à la proportionnelle, s'il y a l'opposition ou pas l'opposition, si elle est confidentielle ou pas confidentielle, si certains communiquent après ou avant, etc. ? Je pense que tout le monde s'en contrefiche. Ce qui intéresse les habitantes et les habitants de la Métropole c'est « est-ce que cette collectivité qui a des compétences extrêmement importantes dans le quotidien – protection de l'enfance, protection maternelle et infantile, petite enfance, personnes âgées, personnes en situation de handicap – est en capacité de servir ses habitants en fonction de ces compétences » ? Voilà, c'est ça qui intéresse nos habitants.

Ce qui les intéresse aussi, même s'ils ne le verbalisent pas comme ça, c'est de savoir si avoir regroupé ces compétences crée une plus-value. Est-ce qu'avoir croisé des politiques publiques comme l'insertion et, ma foi, le développement économique, c'est un plus

9. Les dispositions relatives à la Métropole de Lyon se trouvent dans le Livre VI de la Troisième partie du Code général des collectivités territoriales (CGCT) relative au département, art. L. 3611-1 à L. 3665-2.

10. Dans ces deux collectivités, la commission permanente est élue au scrutin proportionnel de liste, que ce soit dans le département (art. L. 3122-4 et s. CGCT) ou à la Région (art. L. 4133-4 CGCT).

pour les entreprises et les habitants de notre territoire ? Est-ce que c'est mieux de croiser des compétences en matière de logement et en matière de suivi social, c'est-à-dire de faire en sorte qu'on construise pour les gens et qu'on sache aussi qu'on peut suivre aussi ces gens qui sont dans ces logements, dans leurs réalités sociales ? Est-ce que c'est intéressant pour eux, est-ce que c'est un plus, est-ce que ça va vers plus de bien être, plus de facilité ou pas ? Voilà ce qui intéresse les habitants de cette Métropole. Ce n'est pas de savoir si les élus se réunissent en conclave et s'ils communiquent avant ou après. Et l'un des intérêts, puisque vous avez posé la question, c'est bien évidemment – et je pense, comme le disait Gilbert-Luc, que c'est bien d'attendre, mais en même temps attendre quatre ans plus quatre ans plus quatre ans… – de montrer que c'est dans la durée qu'il y a de véritables synergies entre les politiques publiques. Chacun peut ici en faire la démonstration.

Il y a un deuxième aspect extrêmement important de cette collectivité qui, souvent, n'est pas mis en avant. C'est que cette collectivité a une fiscalité qui est liée à la dynamique de la Métropole. Il y a bien sûr le débat politique de savoir s'il faut continuer d'accueillir toujours plus d'habitants et d'entreprises. Mais nous n'allons pas entrer dans ce débat aujourd'hui pour rester dans la prise de recul que constitue cette table ronde. La Métropole a donc une fiscalité dynamique qui lui permet de mener des politiques publiques, notamment sociales, ambitieuses. Ce qui n'est pas le cas des départements qui sont souvent dans une situation financière extrêmement difficile car ils ne voient que leurs dépenses augmenter, mais jamais leurs recettes. C'est aussi un atout de cette Métropole d'avoir ce modèle économique extrêmement important.

Et dernière chose, si l'on veut rapprocher les citoyens de la Métropole, ce n'est pas de savoir si la Commission permanente est ouverte ou pas. C'est, ce que certains ont proposé lors de la campagne électorale, la création de budgets participatifs métropolitains. Parce qu'automatiquement cela va impliquer nos citoyens. C'est également la création d'assemblées citoyennes de proximité et cela impliquera les citoyens. Et c'est enfin la création d'un droit d'initiative, de débat d'initiative citoyenne. Cela permettra de rapprocher les citoyens de cette Métropole.

R. Meltz

Vue de l'extérieur, la décentralisation française a accumulé des couches d'hallucinants dysfonctionnements. Et depuis 1983, la décentralisation en France est à pleurer. Et la question à se poser c'est : est-ce que la Métropole est le signe que l'on pourrait trouver un moyen de sortir de ce bazar infini dans lequel on est plongé à cause des dysfonctionnements de la décentralisation à la française depuis 1983 jusqu'à aujourd'hui ? Avec l'État qui ne s'occupe de rien, mais qui met son nez partout. Avec des clauses de compétence générale partout. Avec du saucissonnage. Et maintenant, il y a cette Métropole qui se rajoute et qui se dit « on pourrait faire l'État », « on pourrait se substituer à l'État », et alors on rajoute de nouvelles compétences. Vous imaginez les structures qui travaillent avec la Métropole et le département du Rhône ? Elles doivent s'adresser aux deux. C'est une catastrophe, cette décentralisation. Et le fait même que l'on ne veuille pas faire voter la loi 4D[11], c'est bien le signal qu'on n'arrive pas à faire cette décomplexification, qu'on est dans une situation atroce. Et ce qui est le plus incroyable, c'est qu'effectivement la Métropole de Lyon pourrait être le signal qu'on a trouvé une nouvelle façon de s'en sortir, mais comme en fait on a inventé une Métropole sur un coin de table et sur la base de considérations électorales, elle n'a fait aucun autre émule comme le rappelait le sénateur Devinaz. C'est ainsi que pendant la campagne électorale, le seul moment où il y a eu un petit *item* qui a émergé, c'était sur la question de savoir si Amazon aurait le

11. Le projet de loi dit 4D (pour décentralisation, déconcentration, différenciation et Décomplexification) en question depuis plusieurs mois a finalement été présenté en Conseil des ministres le 12 mai 2021 en devenant le projet de loi dit 3DS, à savoir « projet de loi relatif à la différenciation, la décentralisation, la déconcentration et portant diverses mesures de simplification de l'action publique », et discuté en première lecture au Sénat à partir du 7 juillet 2021.

droit de faire un entrepôt[12]. Et alors là, on en a parlé pendant la campagne. Il y a eu aussi le contournement ouest, d'accord. Il y a aussi eu l'anneau des sciences, mais en plein milieu de la campagne, la liste de Gérard Collomb a rallié les autres en disant « OK, finalement on ne va pas le faire ». C'était le seul truc qui pouvait cliver la campagne et permettre aux citoyens de comprendre quelque chose, mais qui est tombé. Donc ça a encore enlevé de l'intérêt à la campagne. Le seul truc qui restait c'était Amazon. Mais évidemment, ce n'était même pas sur le territoire de la Métropole.

N. Barriquand
Effectivement, Amazon se trouve adossé à l'aéroport qui n'est pas non plus dans la Métropole. Votre propos est contradictoire avec ce que l'on a entendu ce matin de divers intervenants. Pour apporter un peu de nuance à vos propos, je me fais l'écho de ce que disaient divers chercheurs ce matin qui rappelaient qu'au contraire malgré tout, en dépit du contexte Covid, l'élection métropolitaine avait existé à travers certains enjeux. Que certains médias locaux avaient organisé des débats avec les candidats métropolitains, avaient mis en avant les enjeux vraiment liés aux compétences de la Métropole.

Je me tourne vers G.-L. Devinaz pour revenir au fonctionnement de la Métropole, qui est peut-être éloigné des préoccupations des Lyonnais, mais qui nous intéresse ce matin. Je reviens à cette Commission permanente qui est aujourd'hui ouverte à l'opposition,

12. L'entreprise Amazon veut, depuis juin 2018, implanter un centre logistique de 160 000 m² près de l'aéroport de Lyon-Saint-Exupéry, sur la commune de Colombier-Saugnieu. Deux recours d'associations de riverains contre le permis de construire donné par le maire ont alors été déposés, mais rejetés par le TA de Lyon en référé comme sur le fond. Un appel est en cours, auquel s'est associé le nouveau maire écologiste de Lyon, Grégory Doucet, en décembre 2020. La commune de Colombier-Saugnieu, sur le territoire de laquelle se situe également l'aéroport de Lyon-Saint-Exupéry, se situe en dehors du territoire de la Métropole de Lyon, et fait partie de la Communauté de communes de l'Est Lyonnais (CCEL).

et qui est plus large qu'auparavant puisqu'elle compte 66 membres alors qu'elle en comptait 45. Est-ce que le risque n'est pas de vider de sa substance ou de son intérêt le conseil métropolitain ?

G.-L. Devinaz

Je trouve que Béatrice a bien répondu sur ce qu'est la séance du conseil métropolitain et sur ce qu'est cette Commission permanente. Il y a des débats de fond, mais il y a aussi des aspects de débats de forme, parce qu'il y a des décisions qui peuvent être prises en séance et puis après on regarde comment elles se mettent en place. Et puis des aspects de forme qui, dans tel ou tel endroit, posent problème. Et ce n'est pas parce qu'on est dans l'opposition que ce que l'on va dire est inaudible ou n'est pas digne d'intérêt. Il y a un président, il y a la personnalité du président, il y a aussi la façon dont il perçoit la Métropole. Pour avoir échangé avec Bruno Bernard, je pense que lui veut asseoir une politique métropolitaine sur l'ensemble du territoire qu'il représente et sans forcément tenir compte d'oppositions qui pourraient venir de communes, ou tout du moins dans le débat. Est-ce qu'il a tort ? Non. Il a été élu, l'élection a été faite pour ça.

Je voudrais revenir sur ce qui a été dit tout à l'heure. Il n'y a pas que cet amendement qu'on a essayé de défendre. On a essayé de s'intéresser à des amendements qui étaient plutôt défendus par le groupe Synergie, par Marc Grivel, parce qu'on reste attaché à la commune. Je crois que dans la crise sanitaire que l'on traverse on voit bien que la commune et les équipes municipales ont joué un rôle important. Parce que quand on est dans une crise, ce qui compte ce n'est pas de se déplacer à la vitesse du TGV, mais de pouvoir répondre à la proximité. Ces amendements malheureusement ne sont pas passés. Je le regrette. En tant que sénateur, je rencontre des élus, je rencontre des maires, des présidents d'intercommunalités, et tout le monde demande une pause. C'est pour ça que je dis que parfois il faut savoir donner du temps au temps. Par contre, si vous regardez le département du Rhône, les maires avancent : il y a des regroupements de communes. Du côté de Monsols, il y avait sept communes, aujourd'hui il n'y en a plus qu'une seule, Deux-Grosnes[13]. Je sais que d'autres maires y réfléchissent aujourd'hui. Et cela se fait dans le temps, tout compte fait sans précipiter les choses, puisque l'on dit qu'il y a 36 000 communes et que c'est bien trop, plus que tout le reste de l'Europe[14]. Vous verrez qu'avec le temps, des élus vont se rapprocher, vont se marier. Belleville-en-Beaujolais[15], c'est une belle réussite : elle est dans une très grande communauté de communes qui va de Deux-Grosnes jusqu'à la Saône. Et *a priori*, les élus que j'ai rencontrés – qu'ils soient de l'opposition ou non – sont très satisfaits des choses. Et je vais rejoindre ce qu'a dit David tout à l'heure. Parce qu'en tant que parlementaire, il est normal que l'on se penche sur des textes de loi et de voir comment on peut améliorer ou ne pas améliorer le fonctionnement de notre démocratie. Mais pour les habitants, je vais prendre un exemple : depuis 1969, la compétence de la propreté et de la voirie est intercommunale. Au dernier conseil d'administration d'un collège auquel j'ai pu participer, à la sortie du collège un parent d'élève n'était pas satisfait de la propreté de la voirie et des problèmes de travaux. Eh bien, il a été engueuler le représentant de la commune et pas le représentant de la Métropole. Je considère que la Métropole aura gagné quand le conseiller métropolitain, à la sortie de cette réunion, sera à portée d'engueulade.

---

13. La commune nouvelle de Deux-Grosnes a été créée par arrêté préfectoral au 1er janvier 2019 par fusion de sept communes, fixant son siège dans l'ancienne commune de Monsols.

14. Au 1er janvier 2021, le nombre officiel de communes est tombé à 34 965 (elles étaient 36 682 au 1er janvier 2010), les fusions de communes ayant été encouragées par les lois nº 2010-1563 du 16 décembre 2010, nº 2015-292 du 16 mars 2015 et nº 2016-1500 du 8 novembre 2016.

15. La commune nouvelle de Belleville-en-Beaujolais a été créée par arrêté préfectoral au 1er janvier 2019, par fusion des deux anciennes communes de Belleville et de Saint-Jean-d'Ardières, devenues communes déléguées.

N. Barriquand

Justement, la place des maires, il en a été beaucoup question pendant cette campagne, notamment avec la voix de Marc Grivel et des élus du groupe Synergie qui étaient alliés à David Kimelfeld durant l'élection. C'est une des principales conséquences avec ce nouveau mode de scrutin : tous les maires ne siègent plus au conseil métropolitain – ils sont 24 aujourd'hui contre 59 précédemment. Est-ce que cette place des maires est réglée ? La Métropole de Lyon n'est plus un EPCI, c'est une collectivité, passons à autre chose ? Ou est-ce qu'il faut de nouveau remettre cette question sur le métier ?

P. Obrecht

Alors je pense qu'il y a un problème de légitimité électorale qui est lié à la concomitance des élections. Mais il y a un autre problème, qui est un problème de compétence. Depuis la loi NOTRe, il n'y a plus que deux collectivités en France qui ont cette fameuse clause générale de compétence : ce sont les communes et la Métropole de Lyon. Il se trouve que sur le territoire de la Métropole de Lyon, on a une entité et 59 autres qui ont cette clause générale de compétence. Cela veut dire que chacun de ces types de collectivités peut dire « si je délibère sur cette question, en considérant qu'il y a un intérêt métropolitain ou communal, je peux délibérer et faire quelque chose là-dessus ». Nous sommes dans une situation de totale schizophrénie, de totale confusion. À mon sens, et sans rentrer dans les détails de la place des maires dans les conférences territoriales, je pense que le vrai problème est là : est-ce qu'on peut avoir, sur un seul territoire, deux types de collectivités qui ont des compétences générales ? Mon sentiment, c'est que non. Les communes doivent avoir des compétences dédiées. Cela va faire hurler, mais sur les communes du territoire de la Métropole, elles ne peuvent pas entrer en compétition avec la Métropole qui elle, depuis 2015, a cette fameuse clause générale.

N. Barriquand

Donc, c'est asseoir la prévalence de la Métropole de Lyon sur le fait communal.

P. Obrecht
Bien entendu.

N. Frier
Avec ce mode de scrutin actuel, la ville peut n'avoir aucun élu métropolitain. Elle peut aussi en avoir plusieurs, même de nombreux. Ils peuvent même être de toutes tendances. Mais la vraie question est : « Comment un maire peut-il peser face à la Métropole quand personne de sa majorité, ni lui-même, n'y siège ? » Il y a des cas de figure. Comment arriver à construire quelque chose ? Quand le maire ne siège pas, comme dans ma commune, cela pose des problèmes.

N. Barriquand
Quelles solutions envisageriez-vous ? Est-ce qu'il faudrait revoir les prérogatives des CTM ?

N. Frier
À Saint-Fons, le maire ne siège pas à la métropole. Nous, élus d'opposition, on n'y siège pas non plus [à part moi]. Mais, on aimerait essayer de travailler ensemble dans l'intérêt général. Comment essaye-t-on d'inventer des choses avec intelligence ? Ce qui m'inquiète un peu, avec ce mode de scrutin, c'est que c'est devenu un débat très politisé, mais on en oublie la finalité : l'intérêt général et les habitants de cette Métropole. Je trouve qu'on s'y perd un petit peu. Comment peut-on alors imaginer des choses particulières et spécifiques à une circonscription sans être hors-la-loi ? Mais surtout avec l'idée de faire avancer les projets des territoires. Là aussi, en ce qui concerne les territoires, il y a quelque chose qui m'inquiète : c'est qu'on ne raisonne plus par territoires, par commune, mais on ne raisonne que par circonscription. Et je trouve cela un peu compliqué. À la base, il y a des maires et des communes. Et aujourd'hui, on ne travaille que par circonscription. Je trouve cela très inquiétant.

N. Barriquand
David Kimelfeld, vous souhaitez ajouter quelque chose ?

D. Kimelfeld

Je pense qu'il faut revenir à quelques fondamentaux. Rappeler, par exemple, que quand le département existait, il n'y avait pas de revendication des maires de siéger systématiquement au conseil départemental. C'est bien de s'en rappeler parce que le fait majeur de la constitution de la Métropole, c'est le rapprochement vers ces compétences-là. Et donc, c'est quelque chose qui questionne : d'un coup, mais légitimement et pour d'autres raisons, les maires disent « on veut être au conseil de la Métropole ». On veut l'être d'abord parce que c'est le fruit de l'histoire, ils l'ont toujours été. Mais la collectivité a changé. Au département, ils ne demandaient pas à y être. Ce qui était assez logique, car il se trouve que cette Métropole a des compétences qui ne méritent pas d'être « municipalisées ». Par équité, par responsabilité. Toutes les politiques publiques qui concernent la réinsertion, la petite enfance – je ne vais pas en refaire le détail –, il faut qu'elles s'exercent de la même manière que vous habitiez à Vaulx-en-Velin à Saint-Cyr-au-Mont-d'Or – puisque je vois mon ami Marc Grivel – ou dans d'autres localités. On a eu ce débat sur l'insertion à un moment donné. L'insertion doit s'exercer de la même façon où que vous viviez dans cette Métropole. C'est extrêmement important car c'est la force de la Métropole. Donc pas de municipalisation des politiques publiques métropolitaines. Néanmoins, et c'est pour ça que ce n'est pas le mode de scrutin ni de savoir comment on se réunit qui importe au fond, c'est un projet politique et la question se pose de la manière dont on fait vivre ce projet politique dans une métropole. C'est-à-dire, en clair, la gouvernance, le rapport aux maires dans les différentes communes, la capacité à concerter et à s'appuyer sur les maires – ne serait-ce que pour prendre la réalité des territoires y compris d'ailleurs pour de grandes politiques publiques. On avait ce débat sous le précédent mandat avec Jean-Paul Bret au sujet de la petite enfance. Jean-Paul Bret, légitimement, disait « c'est moi qui connais le mieux mon territoire, mes habitants, néanmoins la politique métropolitaine doit s'exercer partout sur le territoire ». C'est ce calage-là qu'il faut trouver. Et toutes les réformes législatives ou autres peuvent se déverser sur la Métropole, ça ne réglera pas le problème s'il n'y a pas une volonté politique de l'exécutif et d'une gouvernance de faire vivre ça. Et on peut parfois être dans l'excès parce qu'il faut pouvoir aussi lâcher dans un certain nombre de domaines auprès des communes, des maires et des élus.

N. Barriquand
En gros que la Métropole fasse de la place ?

D. Kimelfeld
D'abord, je pense que la Métropole doit donner des moyens supplémentaires aux communes pour fonctionner. Je vous donne un exemple très concret : lorsque l'on accueille plus d'habitants, ça pèse sur les équipements publics de la commune. Il est tout à fait logique que la Métropole aide financièrement ces communes pour qu'elles puissent continuer à s'équiper. On ne peut pas dire « on va attirer des habitants » et dire aux communes « débrouillez-vous avec la petite enfance, avec vos écoles maternelles et primaires, c'est votre compétence et pas la nôtre ». C'est ce calage qu'il faut trouver. Et puis, il y a un certain nombre de compétences qui sont historiquement des compétences du Grand Lyon, mais qui peuvent être tout à fait « déléguées » aux communes qui savent faire mieux, plus rapidement, de manière plus précise. Je pense notamment aux équipements publics. On n'est pas obligé d'homogénéiser toutes les places publiques de la Métropole et de ne laisser aux maires qu'un petit nombre d'aménagements, un certain nombre de politiques. Et je terminerai juste pour vous dire que c'est un peu comme l'histoire de la Covid et des élus locaux : personne ne conteste que la santé publique soit une compétence de l'État. Et c'est l'État qui doit prendre les décisions. Mais ce que l'on reproche dans cette période, c'est que le gouvernement n'a pas suffisamment écouté ses élus locaux pour adapter la situation en fonction de la situation locale. Eh bien, c'est exactement comme cela pour moi pour la Métropole.

B. Vessiller

Je vais réagir à cette question importante sur notre territoire de la place des maires puisqu'aujourd'hui nous n'avons plus que 24 maires qui sont conseillers métropolitains. C'est beaucoup moins de la moitié, beaucoup moins qu'avant, même si avant il y avait des communes qui avaient fait le choix de ne pas envoyer leurs maires au Grand Lyon. Pour autant, les maires ont leur place dans la Métropole. Rappelons qu'il y a une conférence des maires depuis la loi dite MAPTAM et qu'il y a un pacte de cohérence métropolitain qui a d'ailleurs été soumis au vote des maires il y a quelques jours. Ce pacte métropolitain régit la déclinaison d'une partie des politiques métropolitaines sur les territoires communaux. Il a bien été discuté avec les maires, dans les circonscriptions et a été soumis au vote des maires. Les maires sont reçus par le vice-président, et par le président. Moi-même je reçois plus de maires que des maires qui sont aussi conseillers métropolitains. Des maires non-conseillers métropolitains, j'en reçois toutes les semaines. Le président aussi reçoit tous les maires et même certains lui ont dit qu'ils n'avaient jamais mis les pieds dans le bureau du président du Grand Lyon depuis des années qu'ils étaient maires. Donc, on ne peut pas dire que les maires ne sont pas entendus.

Enfin, je réponds à Nathalie, qui disait que les maires n'étaient pas entendus et pas associés, que l'on raisonnerait par circonscription. Mais pas du tout ! Les projets, en ce qui me concerne pour l'urbanisme, le renouvellement urbain, l'espace public, les projets sont discutés dans des comités de pilotage dans lesquels il y a le maire, ou son adjoint à l'urbanisme, ou les deux. Il n'y a pas de problème sur le fait qu'on travaille sur les territoires en association directe sur les projets qui nous intéressent – et pour le coup l'urbanisme, ce sont bien des projets concrets et pas hors-sol. C'est bien de discuter avec les maires ! Donc je pense qu'on n'a pas de problème pour travailler en coopération et en bonne intelligence avec les maires. Alors évidemment, si à un moment donné il y a des politiques métropolitaines que nous voulons conduire qui sont un peu compliquées à faire atterrir sur un territoire, je pense à des aménagements où il va falloir supprimer du stationnement, on aura peut-être des désaccords. Et l'on verra alors comment on arbitre. Mais en tout cas, on ne peut pas dire aujourd'hui que les maires sont absents. Mais pour autant, il est logique que sur nos compétences on ait envie de mettre en œuvre nos propres politiques métropolitaines.

N. Barriquand
Et sur l'impression évoquée par Nathalie Frier de politiques pensées au-delà des frontières municipales, à l'échelle des circonscriptions ? C'est ce que vous dit Mme Frier. Est-ce que vous ressentez les choses de la même manière ?

B. Vessiller
En tout cas, dès la création de la communauté urbaine il y a plus de quarante ans, il y avait l'idée de dire qu'il y avait des politiques qu'il est plus pertinent d'être conduites à cette échelle-là. Donc forcément… Et l'urbanisme, la voirie et la mobilité en sont. Bien sûr, il faut cette cohérence métropolitaine. Ça n'empêche pas que lors de leur atterrissage commune par commune, c'est discuté finement. Ce n'est pas incompatible.

N. Barriquand
Merci. Voulez-vous ajouter quelque chose ?

G.-L. Devinaz
Oui, sur ce qu'a dit David, sur la comparaison de la Métropole avec les départements. Non. Parce que la Métropole a deux compétences : la compétence d'un département et la compétence d'une intercommunalité. Un département n'a pas la compétence d'une intercommunalité. C'est là où se pose le problème de la sous-représentation, ou de la non-représentation, des maires, me semble-t-il, alors que dans les départements les problèmes se posent autrement. Voilà. Et

de mémoire, Michel Mercier[16], lorsqu'il nous a accueillis, nous a dit « vous êtes tous les gagnants du suffrage universel, et c'est moi votre patron ». Cela dit, sur le canton que je représentais au sein du conseil général, j'avais des désaccords sur le nombre d'éducateurs de rue – heureusement, la Métropole est en train de le rectifier. J'avais un désaccord sur le devenir d'un collège. Mais dans 90 % des cas, on était plutôt en phase. Et on avait un président de département qui était plutôt à l'écoute de ce que décidait, tout compte fait, pas forcément les conseillers généraux, mais le maire de Villeurbanne. Je voulais amener cette nuance. Et en écoutant tout à l'heure Nathalie, il est sûr que si l'on découple les deux élections, les choses seront plus claires. Elle a donc donné des arguments pour découpler ces deux élections : faire les municipales d'un côté, faire les métropolitaines sur un autre temps.

B. Vessiller

Un point rapide sur ce que pointait David Kimelfeld sur les équipements à la charge des communes, alors que finalement la croissance urbaine et démographique c'est la Métropole qui en est responsable. Effectivement, il y a un sujet : il faut construire des écoles et des crèches quand on permet et suscite du logement. Hé bien, nous ouvrons le débat sur la fiscalité de l'aménagement et sur la dotation de solidarité communautaire pour essayer de rééquilibrer les choses, pour combler ce déséquilibre dont parlent les maires depuis des années, cette insuffisance de financement pour les équipements publics municipaux. Nous ouvrons le débat, nous avons bien entendu ce sujet et nous sommes d'accord pour qu'effectivement la fiscalité de l'aménagement permette bien le financement plus équilibré des

16. Michel Mercier, centriste, a été notamment le président du conseil départemental du Rhône de 1990 à 2013. Il est à l'origine avec Gérard Collomb, pareillement sénateur, de la création de la Métropole de Lyon dont ils portent ensemble le projet au Sénat lors de l'écriture de la loi MAPTAM de 2014.

équipements qui relèvent des communes. Donc le sujet est sur la table et il sera discuté dans le cadre du pacte de cohérence métropolitain avec les élus des circonscriptions et avec les maires.

N. Barriquand

Je vais passer la parole à Romain Meltz, notamment parce que cette nouvelle métropole, enfin cette Métropole nouvelle mouture, se met en place aussi dans un contexte politique particulier, celui de l'alternance. Donc, dans quelle mesure cela joue et cela compte sur le fonctionnement de la collectivité ?

R. Meltz

Alors oui, ça, c'est quand même intéressant. Car si l'on revient à la question de l'élection, si l'on regarde le premier tour des élections, les Verts ont gagné. Ils ont à peu près 64 000 voix. Alors on peut se dire, « 64 000 voix, c'est fou » car il y a 1,5 million de personnes. C'est fou. En même temps, il faut aussi regarder par rapport au reste. Vous regardez 64 000 voix. Et puis, il y a trois candidats qui sont à peu près à 50 000 voix. La droite est un peu au-dessus, David Kimelfeld à 48 000 et G. Collomb à 48 000. Alors, c'est un peu difficile à calculer, mais c'est peut-être d'ailleurs un truc de la Métropole, car on ne sait pas vraiment qui on additionne. Par exemple, Hélène Geoffroy[17], elle est avec qui ? C'est une question qu'on peut se poser. Quand on regarde, il y avait sur sa liste des personnes qui étaient avant avec

17. Hélène Geoffroy est membre du PS, maire de Vaulx-en-Velin depuis 2014, poste qu'elle quitte en mars 2016 alors qu'elle est nommée secrétaire d'État chargée de la Ville auprès du ministère de la Ville, de la Jeunesse et des Sports, et qu'elle reprend après sa réélection en juillet 2017. Menant une liste socialiste propre, en l'absence de liste « La Gauche unie », et soutenue au 1er tour par D. Kimelfeld qui a retiré son candidat (« LREM dissident »), elle emportera au second tour la circonscription Rhône-Amont sur une liste fusionnée avec la liste EELV, face à la liste du RN et à la liste d'alliance LR-LREM.

David Kimelfeld, et il y aura au deuxième tour des candidats de la liste des Verts. Et puis la gauche unie n'a pas présenté de liste dans cette circonscription.

La question c'est que les Verts gagnent à la fin alors qu'ils ont 64 000 voix et que LREM a près de 100 000 voix. On voit bien que ces résultats sont vraiment liés au scrutin majoritaire à deux tours, qui est un truc de la Ve République.

N. Barriquand
Alors là, vous additionnez les voix de Gérard Collomb et de David Kimelfeld alors que G. Collomb s'est allié à la droite. Vous voyez la complexité…

R. Meltz
Justement, Gérard Collomb n'est pas allié avec la droite. G. Collomb et D. Kimelfeld, à moins que j'aie raté un truc, ils ont quand même fait dix ans de carrière comme deux doigts de la main. Et tout d'un coup, ils sont opposés et ne seraient plus LREM. Je veux bien, mais c'est-à-dire que… Ne demandez pas aux gens de comprendre parce que quand même, David Kimelfeld et Gérard Collomb, on voyait plutôt des gens qui avaient bossé ensemble. Cela s'est dégradé, certes. Mais en termes de voix, on voit bien ce qu'il se passe. Et LREM a gagné en termes de voix. Après, ce n'est pas ce qui va se passer. Mais du coup, soit parce que la Métropole dysfonctionne totalement soit à cause du scrutin majoritaire à deux tours, les Verts ont pris le pouvoir. Et tout le monde accepte. C'est très bien. Mais à la fin, la question c'est de savoir ce que ça change dans les politiques.

N. Barriquand
Avant de conclure cette table ronde, je voudrais juste passer la parole à chacun des intervenants pour tenter d'esquisser une proposition, une piste de démocratisation de cette institution de la Métropole de Lyon. On a parlé de l'ouverture de la Commission permanente aux groupes d'opposition, on a évoqué la conférence territoriale des maires, ou un redécoupage des circonscriptions. Est-ce que vous avez d'autres idées pour rendre la Métropole de Lyon plus démocratique dans

son fonctionnement et, peut-être, *in fine*, la rapprocher des habitants qu'elle administre ? Ou est-ce qu'il n'y a rien à revoir, le règlement intérieur vous convient parfaitement ? En préparant ce débat, j'ai relu le règlement intérieur de la Métropole de Lyon. Il accorde un nombre de prérogatives au président de la Métropole assez important : le président fait la police du conseil, fixe l'ordre du jour, décide des suspensions de séance, la recevabilité des vœux des groupes politiques, etc. Pour vous lancer sur une idée, est-ce qu'on ne pourrait pas imaginer que la Métropole se parlementarise, se démocratise, en dissociant par exemple la fonction de président de la collectivité de celle du président du conseil comme à l'échelle nationale ?

B. Vessiller
D'accord, là ça revient à avoir un exécutif local et un délibératif local, comme il y en a dans d'autres pays au niveau des collectivités locales. Ce qui n'est pas du tout le cas en France. Que ce soit au niveau des communes, des métropoles, des départements, des régions, on est bien dans la même assemblée.

N. Barriquand
Cela ne vous aura pas échappé que la Métropole ne ressemble à aucune autre collectivité en France non plus.

B. Vessiller
Tout à fait. Pour autant, ce débat est effectivement intéressant, je connais un peu le fonctionnement en Suisse où on a un exécutif resserré et séparé du délibératif. Je pense que le débat pourrait être posé, mais pas seulement pour la Métropole, pour l'ensemble de nos collectivités territoriales.

N. Barriquand
Vous êtes assez jacobine finalement. Vous revenez à une logique de réforme de décentralisation appliquée identiquement à toutes les collectivités.

B. Vessiller

Bien oui, parce que si on touche au fonctionnement des collectivités locales, il me semble que c'est notre Ve République qui définit les règles pour les collectivités locales. Donc il faudrait penser cela pour toutes les collectivités. Mais nous, nous y serions plutôt favorables. Après, cela risque d'être un débat lourd et compliqué. Donc je ne pense pas que ce soit la priorité. La priorité, c'est que les métropoles soient toutes élues au suffrage universel direct. Et là, je me permets quand même de souligner que nous avons voté la programmation pluriannuelle des investissements pour le mandat 2021-2026 en janvier, ce que n'ont pas fait les autres métropoles qui ont été empêtrées dans leurs élections d'exécutif, à Grenoble notamment, parce que justement ils n'ont pas eu cette clarté du scrutin issu des urnes, d'une assemblée issue des urnes qui puisse se mettre au travail tout de suite et ne soit pas empêtrée dans des mois de discussions politiciennes. Donc cette élection au suffrage universel direct elle a des avantages en termes d'efficacité des politiques publiques. Et pour rejoindre David Kimelfeld, il me semble que c'est bien ce qu'attendent nos concitoyens, des résultats concrets sur les politiques et leurs mises en œuvre.

N. Barriquand

Je vous remercie. Alors vous, P. Obrecht, vous avez créé un groupe qui s'appelle « De la Démocratie en Métropole ». Justement, quelles sont vos préconisations pour renforcer cette démocratie ?

P. Obrecht

Alors, c'est un grand mot « Groupe ». C'est juste un cercle de discussion avec des collaborateurs, des personnes intéressées par la vie métropolitaine. Puisque vous nous demandez de réfléchir à de la politique-fiction, à ce que pourrait être une Métropole un peu plus démocratique et un peu plus appropriée par ses habitants, je pense qu'il faut rappeler une chose : la monnaie d'échange du consentement à l'impôt, c'est le droit de vote. Ce sont deux notions qui vont ensemble. Et le budget de la Métropole de Lyon c'est 98 millions d'euros qui viennent de la fiscalité-ménage sur 2 800 millions d'euros de ressources fiscales. C'est-à-dire qu'il n'y a pas de *feed-back* fiscal. L'habitant, le citoyen de la Métropole, on lui demande de voter, mais en échange il n'y a pas de sanction fiscale, de possibilité d'augmentation ou de baisse d'impôts. Et là, il y a un vrai problème, un vrai déséquilibre qui fait qu'il n'est pas vraiment incité à aller voter. Donc, ça, c'est le premier point, la question de la fiscalité. Elle échappe à l'exécutif et à ce conseil.

Il y a un second point qui pourrait être mis en œuvre et qui est tout à fait dans les cordes du pouvoir de l'exécutif métropolitain aujourd'hui. C'est le fait que depuis que la Métropole est une collectivité locale, elle peut mettre en œuvre un référendum décisoire. Un référendum qui emporterait une décision sur une délibération, sur une compétence de la Métropole. Et ça, pas besoin de loi, pas besoin de décret. Il suffit de vouloir organiser un référendum sur une question métropolitaine pour laquelle seraient appelés tous les électeurs, tous les habitants de la Métropole. Et là, pour le coup, on ferait un grand pas dans la démocratisation de la Métropole.

N. Frier
Moi, j'aurais plutôt deux propositions. La première serait qu'on puisse, comme élus municipaux et parce qu'on a bien été élus au suffrage universel, mieux participer. Aujourd'hui dans la loi, on peut participer une fois par an à la conférence territoriale des maires. Une fois par an, je ne vois pas la parole qu'on peut amener. Donc il faudrait voir s'il n'y a pas la possibilité de passer à trois participations par an à cette conférence territoriale des maires. Et, autre chose, je pense qu'il y a une vraie volonté de l'opposition – mais je ne parle pas au nom de tous les élus d'opposition, ce n'est que mon ressenti – de construire. On a tous été élus au suffrage universel, et on veut faire entendre notre voix, on veut pouvoir être écoutés quand on apporte des amendements. Il n'y a qu'une chose qui m'anime, c'est l'intérêt général. Et je voudrais que notre voix puisse porter ; que tout ne soit pas accepté certes, mais reconnaître que parfois on a des idées intéressantes.

N. Barriquand
Peut-être un dernier mot à Gilbert-Luc Devinaz avant de conclure ce débat sur la démocratisation. Vous allez sûrement me dire qu'il « faut laisser du temps au temps » ?

G.-L. Devinaz
Vous avez parfaitement raison. Il faut laisser du temps au temps. En ce qui me concerne, dans les amendements que j'avais proposés, la « conférence territoriale des maires », je voulais qu'on l'appelle « conférence territoriale des communes ». La commune c'est effectivement des élus, mais pas que. C'est aussi des associations, un tissu économique, c'est le lieu d'échange, de la proximité. Et dans la politique qu'on va mener pendant six ans sur cette Métropole, on va renforcer la proximité et donc on renforcera le rôle de la commune. Donc j'avais essayé de faire passer des amendements. J'ai été attentif au fait que des femmes et des hommes acceptent d'être maire, veuillent mener une politique dans leurs communes et rendent des comptes à leurs concitoyennes et concitoyens, sans être forcément élus à la Métropole et parfois même en étant en porte-à-faux avec la politique de la Métropole. Comme je l'ai dit tout à l'heure, c'est plutôt l'élu local qui rend des comptes à la population. Donc, je dis « laisser du temps au temps » parce que cette majorité a nommé une vice-présidence assez large pour faire consensus et est en train de travailler et de mettre en place ces conférences territoriales des maires. Donc encore une fois, dans quatre ans, on verra les choses.

Par contre, j'ai une deuxième chose à signaler. Peut-être parce que je ne suis pas universitaire, ayant plutôt suivi une formation de géotechnique. Quand on nous a vendu la Métropole, les deux présidents de l'exécutif nous l'ont vendu en donnant un certain nombre d'arguments : rapprocher les électeurs de la Métropole, faire des économies, réduire le millefeuille, renforcer la cohérence politique entre ce que pouvait faire un département et ce que pouvait faire la Métropole. En fait, le slogan c'était « rapprocher l'urbain de l'humain ». Je pense que D. Kimelfeld a raison. Depuis 2015, il y a quatre ans d'expérience. Aujourd'hui, il faudrait arrêter des indicateurs par rapport aux arguments qu'on nous a donnés au départ, les mesurer et dans quatre ans revoir si ce que l'on a dit en 2011-2012 s'est réalisé ou pas. C'est à travers ça, c'est comme ça qu'on raisonne en technique, qu'on porte un jugement pour savoir si on continue ou si on change de braquet.

N. Barriquand
Un dernier mot Romain Meltz ?

R. Meltz
Je dirai juste qu'il n'y a aucune raison, en tant que citoyens français, que les citoyens métropolitains aient le droit de voter une fois de plus que les autres Français.

N. Barriquand
Les citoyens du Grand Lyon vous voulez dire ?

R. Meltz
Oui. Les citoyens métropolitains du Grand Lyon, il n'y a aucune raison qu'ils aient une souveraineté supplémentaire. Soit on fait comme Béatrice Vessiller a dit, on passe tout le monde en Métropole. Soit, ce qui est le plus simple et le plus réaliste, on arrête avec la Métropole.

N. Barriquand
Pour terminer, on va plutôt laisser un peu de temps au temps.

Merci à toutes et à tous pour cette discussion, ces échanges.

Partie II

ÉLECTIONS ET TERRITOIRES

PROPOS INTRODUCTIFS

par

Xavier SOUVIGNET

Professeur agrégé de droit public
Faculté de droit Julie-Victoire Daubié, Université Lumière-Lyon 2
UR Droits, Contrats, Territoires

Président de séance

Mesdames et Messieurs,
Bonjour,

Nous allons donc reprendre nos travaux. Merci à vous tous de nous suivre, dans la salle ou sur Internet.

Ce matin, nous avons étudié l'impact des élections métropolitaines sur la Métropole elle-même. Il est alors assez naturel d'étudier cet après-midi l'impact de ces élections directes sur l'environnement de la Métropole, sur les relations qu'elle noue avec ses partenaires institutionnels et ses acteurs ou administrés.

Vont ainsi s'exprimer dans l'ordre le professeur Christophe Testard, de l'université Clermont Auvergne, que je suis heureux d'ailleurs de rencontrer et que je salue, qui va nous parler de la place des habitants dans cette nouvelle Métropole dont ils élisent désormais directement le conseil, puis Élise Fraysse, ma nouvelle collègue à Lyon 2 que je rencontre enfin en personne, qui nous fera part du nouveau rapport entre la Métropole et les communes. Ensuite interviendront Marc Grivel, maire honoraire de Saint-Cyr-au-Mont-d'Or et conseiller métropolitain, qui évoquera la place des niveaux intermédiaires de la Métropole et notamment des conférences territoriales des maires sur lesquelles vous avez des analyses et propositions particulières, et Mme Geoffroy, vice-présidente de la Métropole en charge de l'égalité des territoires, qui nous parlera du nouveau pacte de cohérence métropolitain dont elle a coordonné l'écriture et qui nous permettra d'étudier cette évolution de conception avec l'ancien pacte.

Je cède aussitôt la parole aux intervenants, leur faisant confiance pour respecter dans la mesure du possible leur temps de parole.

À LA RECHERCHE DU CITOYEN MÉTROPOLITAIN

par

Christophe TESTARD

Professeur des universités
Université Clermont Auvergne, Centre Michel de l'Hospital (EA 4232)

À propos de la métropole de Lyon, Christophe Chabrot écrivait en 2016 : « La démocratie n'est pas le marqueur de l'intercommunalité lyonnaise, historiquement imposée par l'État et dont la métropolisation a fait l'économie d'une possible consultation des habitants[1]. » Le jugement de l'organisateur de ces Rencontres juridiques, partagé et étayé ailleurs[2], était antérieur à 2020-2021 et invite à se poser la question de ce qu'il en est aujourd'hui, après les élections métropolitaines de 2020.

Le sujet est donc une interrogation sur la place des habitants au sein de la Métropole : celle-ci n'est-elle qu'une simple association de services publics ou devient-elle une véritable « société locale » ? Le doute est en effet, peut-être, permis à la lecture de l'article L. 3611-2 du Code général des collectivités territoriales :

---

1. C. CHABROT, « La métropole de Lyon, nouvel espace de démocratie locale ? », *in* M.-Ch. STECKEL-ASSOUÈRE (dir.), *La recomposition territoriale : la décentralisation entre enjeux et obstacles*, L'Harmattan, 2016.
2. Ch. PARNET, « La métropole, une affaire d'élus. La mise à distance des citoyens dans la réforme territoriale (2012-2016) », *Participations* 2020, n° 1, p. 105.

> « La métropole de Lyon forme un *espace de solidarité* pour élaborer et conduire un projet d'aménagement et de développement économique, écologique, éducatif, sportif, culturel et *social* de son territoire, afin d'en améliorer la compétitivité et la *cohésion.* »

Nous écrivons « peut-être », car si cet article met l'accent sur l'aménagement et le développement économique du territoire, on y trouve tout de même évoqués un espace de solidarité, un développement social et une volonté d'amélioration de la cohésion, autant d'éléments qui paraissent relever de ce que l'on peut appeler une « société locale ».

Mais il est vrai que ce n'est pas comme cela que les métropoles sont majoritairement présentées et analysées par les juristes : la place des habitants n'est pas nécessairement au cœur des récits de la métropole, au sens général du terme. Les métropoles sont, avant tout, des innovations institutionnelles, perçues comme une fédération de communes. Celle de Lyon a d'ailleurs été analysée, historiquement, comme le fruit d'une « forte tradition de coopération technique »[3]. Mais, s'agissant au moins du cas de la métropole de Lyon, les réformes récentes tendent à gommer quelque peu ces aspects et à bâtir un nouveau récit. La métropole de Lyon est désormais mise en avant dans sa spécificité, c'est-à-dire son statut de collectivité territoriale, et elle a été présentée en la matière comme une « révolution »[4] ou plus modestement un « objet institutionnel d'un genre nouveau »[5]. Car en tant que collectivité territoriale, elle aspire à être plus qu'une simple fédération de services fournis au public.

3. P. LE LIDEC, « La fabrique politique de la métropole du Grand Paris », *Gouvernement et action publique* 2018, vol. 7, p. 98.

4. L. HAVARD, « La métropole collectivité territoriale de Lyon : évolution ou révolution ? », *AJDA* 2017, p. 510.

5. G. LE CHATELIER, « La métropole de Lyon », *AJCT* 2014, p. 241.

Ce « plus » est précisément le lien qui se noue avec les habitants, lequel est somme toute classique dans l'analyse géographique des espaces urbains : la ville, prise au sens géographique, est traditionnellement présentée comme un amas de population, d'une certaine importance et partageant des traits sociaux[6]. Cela revient à l'idée de « société locale » utilisée par Christophe Chabrot, dont la dimension sociologique est importante[7].

Sur le plan juridique, ce lien entre la métropole prise comme société locale et ses habitants peut d'abord être envisagé à partir du lien électoral, même si celui-ci doit rapidement être dépassé. Les élections de 2020, au-delà de leurs résultats dont l'analyse relève de la science politique, ont été de ce point de vue une véritable innovation avec l'élection au suffrage universel direct des conseillers métropolitains, qui crée une relation privilégiée avec les électeurs. Cette relation est importante car elle est le marqueur, au moins juridiquement, de l'existence d'une véritable collectivité territoriale qui s'administre par un conseil élu. L'élection est ainsi un enjeu important pour la démocratie locale, pour la légitimité de l'action métropolitaine. Cela est abordé précédemment dans cet ouvrage. Des analyses juridiques des élections de 2020 ont déjà été proposées, mettant en avant un défaut de représentativité, en raison du découpage électoral[8].

L'habitant de la métropole est ainsi, d'abord un électeur. Ceci apparaît somme toute logique dès lors que l'organisation de la démocratie locale obéit aux mêmes logiques que la démocratie nationale. C'est donc la représentation qui domine.

---

6. P. CLAVAL, « Ville », *in* P. MERLIN, F. CHOAY (dir.), *Dictionnaire de l'urbanisme et de l'aménagement*, PUF, 2015.

7. A. JAVEL, « Les relations entre le droit public et la sociologie urbaine dans l'appréhension des phénomènes urbains », *in* ADPL, *Aux confluences de la ville*, Éditions Lyon 3, 2017.

8. B. LECOQ, « L'élection des conseillers de la métropole de Lyon : crash test d'un prototype », *AJDA* 2020, p. 43.

Mais le niveau local, on le sait, est aussi perçu comme à même de pouvoir compléter cette démocratie représentative par des liens plus directs avec les électeurs/habitants, ce que Bertrand Faure nomme « un certain nombre de contrepoids, d'écran, de perfectionnement institutionnels entre cette volonté majoritaire et sa réalisation pour protéger les intérêts de chacun »[9]. L'expression de « démocratie de proximité » n'était pas parfaite, mais elle exprimait une réalité presque physique traduisant les liens particuliers qui unissent les habitants aux pouvoirs locaux. Ces liens sont sans doute historiques, mais ils doivent être entretenus, dans un contexte de remise en cause généralisée de la légitimité de l'action publique et des décideurs publics. Du fait de cette proximité, l'échelon local est aux premières loges, mais les choses ne sont pas si simples.

Elles ne le sont pas car l'échelon local est complexe, particulièrement lorsque l'on parle d'intercommunalités, et particulièrement lorsque l'on parle de la métropole de Lyon. L'incidence de la complexité institutionnelle sur le lien avec les habitants est délicate à mesurer, en tout cas pour le juriste, mais elle doit être prise en compte. La répartition des compétences entre le nouveau département et la métropole a été pointée du doigt comme facteur de complexité pour les usagers[10], et il faut y ajouter la complexité des liens entre la métropole et la commune, qui est ressortie au moment du vote de 2020. C'est l'un des enjeux de la réforme des conférences territoriales des maires.

Mais les choses ne sont pas simples aussi car l'habitant de la métropole que l'on essaye ici de saisir est également complexe, polymorphe. Il est à la fois un usager, bénéficiaire de services publics assurés et assumés par la métropole ; c'est un administré, soumis aux décisions administratives prises par la métropole dans le cadre de ses compétences ; c'est un citoyen, disposant d'un droit de vote et de

---

9. B. FAURE, *Droit des collectivités territoriales*, Dalloz, § 80, 2021.
10. Rapport sénatorial n° 442 de C. Guené et C. Raynal, 2019.

participer à l'exercice des compétences locales. Or, ces trois figures – que l'on aurait pu multiplier – ne coïncident pas nécessairement, au plan juridique. Tous les habitants sont de potentiels usagers, ils sont assurément des administrés, mais ils ne sont pas tous des citoyens, au sens classique de ce terme (l'individu disposant des droits civiques) : le mineur ou la personne privée de ses droits civiques n'est pas un citoyen-électeur.

De cette polysémie, le droit de la démocratie locale ne ressort pas indemne et l'on peut partir de là pour tenter de mesurer la place des habitants au sein de la démocratie métropolitaine. De ce point de vue, l'analyse est à vrai dire assez déceptive : les liens que la Métropole de Lyon entretient avec ses habitants me paraissent quelque peu éculés, en tout cas traduisant une place minime des habitants. Sans que l'on puisse se satisfaire de ce constat, puisque nous sommes invités à réfléchir à l'« après », il faut également évoquer les perspectives d'évolutions.

I. Une place des habitants métropolitains minimale

Le cadre juridique et institutionnel de la démocratie locale actuellement en œuvre est assez décevant sur le plan du volontarisme politique et traduit plutôt une place minimale reconnue aux habitants, à au moins deux titres : d'abord, la métropole de Lyon se « contente » de mettre en œuvre les procédés d'association des habitants qui sont obligatoires ; ensuite, la participation des habitants se fait essentiellement par le biais de commissions « représentatives ».

A. Des liens essentiellement obligatoires

Les procédés obligatoires de participation mis en œuvre sont de deux ordres, traduisant deux modalités distinctes – pour ne pas dire deux modèles – de participation.

On trouve d'abord des procédés indirects de participation, lesquels sont d'ailleurs les seuls mis en avant sur le site de la métropole au titre de la concertation. Celle-ci est mise en œuvre par le biais d'instances consultatives, lesquelles sont toutes prévues et imposées par la loi[11].

On trouve ensuite, au titre de ces procédés obligatoires, des procédés plus directs de participation. Ils correspondent, d'une part, et principalement, aux exigences de concertation en matière d'urbanisme[12], ce qui renvoie en pratique à un nombre important de projets d'aménagement, généralement d'envergure. La loi du 21 février 2014 de programmation pour la ville et la cohésion urbaine[13] a d'ailleurs renforcé les exigences de concertation pour les projets engagés sur les sites classés au Nouveau programme national de renouvellement urbain. L'édiction et les modifications du PLU-H donnent ainsi lieu par exemple à une enquête publique, qui associe les habitants. Ils correspondent, d'autre part, aux exigences de participation environnementale sur le fondement du Code de l'environnement, s'agissant des projets susceptibles d'avoir une forte incidence environnementale et qui relèveraient de la compétence métropolitaine[14] : il peut s'agir de déclarations d'intention (par ex. mise en compatibilité du PLU), d'enquêtes publiques ou encore de consultations électroniques. On peut citer, au titre de cette dernière procédure, le projet d'aménagement de la ZAC Carnot Parmentier à Saint-Fons, qui a donné lieu à consultation à l'été 2021.

Pour importants qu'ils soient, ces procédés répondent à des obligations légales, dont l'initiative ne saurait être mise au crédit de la métropole. On trouve tout de même quelques initiatives *ad hoc*

---

11. Voir *infra*.
12. Art. L. 103-1 et s. C. urb.
13. Loi nº 2014-173, *JORF* 22 févr. 2014.
14. Art. L. 120-1 et s. C. env.

au-delà des textes, mais de manière très exceptionnelle : tout au plus peut-on citer les ateliers de contribution thématiques sur la révision du plan climat-air-énergie territorial…

B. Des liens essentiellement indirects

Ces procédures de participation, même si elles ne reflètent pas un grand volontarisme de la métropole, sont importantes car elles répondent à une véritable institutionnalisation de la participation du public. Il ne s'agit pas de les marginaliser dans le fonctionnement de la démocratie métropolitaine.

D'abord, elles sont quantitativement et qualitativement importantes car elles portent sur des projets structurants et à forte incidence. Deux principaux exemples en témoignent, bien qu'antérieurs aux dernières élections : la révision du plan climat-air-énergie territorial (2019) ; celle du règlement local de publicité (2018-2019).

Elles sont également importantes car elles associent deux modalités de participation, même si la représentativité prédomine logiquement : la métropole s'inscrit ici sans discontinuité dans l'histoire d'une décentralisation qui place l'élu au cœur du fonctionnement institutionnel[15]. L'existence de commissions consultatives permanentes correspond à une conception indirecte de la participation, mais permet aussi d'assurer une vigilance et une forme de contrôle continu des instances dirigeantes. Ces organes consultatifs sont composés de « représentants » de la société civile, chacune ayant un champ d'intervention précis. Il s'agit du conseil de développement (qui dispose de la compétence la plus large puisqu'il intervient sur toute question intéressant le développement ou l'aménagement de la métropole), de la commission consultative des services publics locaux (élus et représentants associations d'usagers), de la commission métropolitaine d'accessibilité, et du conseil départemental métropolitain de la citoyenneté et de l'autonomie. L'activité de ces conseils n'apparaît

15. Ch. PARNET, préc.

pas prolixe, à la consultation de leur site internet. Un renouvellement du conseil de développement a été annoncé en juin 2021 : gageons qu'il soit l'occasion d'une relance de la concertation.

Désormais, le conseil de développement associera également les habitants de la métropole, ce qui tend à créer un lien plus direct entre ces derniers et les décideurs publics, tout en interrogeant tout de même sur la légalité de cette ouverture, non prévue par l'article L. 5211-10-1 du Code général des collectivités territoriales. Le conseil se réunira par des assemblées ouvertes ponctuelles : la première doit avoir lieu le 20 novembre 2021. Il y a là un vrai facteur de développement de la participation des habitants.

Car l'association des habitants aux grands projets d'aménagement leur donne la possibilité d'exprimer directement leur point de vue sur des projets ponctuels. Ces deux formes de démocratie sont complémentaires ; il ne s'agit pas de dire que l'une est plus importante que l'autre. Simplement, la métropole pourrait être un lieu d'innovation plus important sur le plan de la participation des habitants.

II. Une place des habitants métropolitains à développer

Les élections de 2020 n'ont pas mis l'accent sur le développement d'une démocratie métropolitaine plus inclusive : la lecture du programme électoral de la majorité actuelle était plus que décevante sur cette démocratie locale (la mise en place d'un budget participatif est évoquée, mais au niveau municipal). Cela est d'autant plus paradoxal que la métropole est à la fois un espace (A) et un cadre juridique (B) pour le développement d'une démocratie métropolitaine plus directe.

A. Un espace pour une démocratie métropolitaine

Si l'on compare avec d'autres métropoles, il y a de quoi se rassurer, mais aussi s'inquiéter : pour ne prendre que trois exemples, la Métropole du Grand Paris n'est pas beaucoup plus active que celle de Lyon, elle a tout au plus lancé des rendez-vous citoyens dits « Parlons-en ensemble »[16] ; la Métropole Clermont Auvergne n'affiche aucune rubrique dédiée à la participation citoyenne sur son site ; la Métropole de Nantes en revanche mène une politique très active de participation en ligne[17]. Ces expériences quelque peu timides paraissent paradoxales non seulement au plan politique, mais aussi, et surtout au plan institutionnel, car la métropole de Lyon pourrait apparaître comme le cadre propice à des innovations démocratiques.

L'évolution des exigences démocratiques, le développement du principe de participation conduisent en effet à envisager la citoyenneté différemment, de manière plus large que le simple lien électoral, au point d'inclure toute personne, y compris les personnes morales, y compris les non-nationaux, y compris les mineurs. Plusieurs critères sont susceptibles d'être utilisés pour déterminer le champ des publics, dont celui de la résidence ou de l'habitation, ce qui permet à Christophe Chabrot de parler de « domocratie ». La métropole, de manière générale, serait ainsi « le creuset d'une nouvelle forme d'exercice de la citoyenneté, voire d'une nouvelle citoyenneté »[18]. Son positionnement institutionnel l'y encourage même : à la fois locale et globale, elle apparaît comme une interface à même de répondre aux défis du XXIe siècle qui se marquent précisément par leur globalité, je pense en particulier aux problématiques environnementales.

16. *Https://metropolegrandparis.fr/fr/la-metropole-du-grand-paris-sengage-dans-le-debat-citoyen-et-lance-les-rendez-vous-parlons-en-444.*
17. *Https://dialoguecitoyen.metropole.nantes.fr/projects.*
18. G. LAURENT-REYSSAC, « Pour l'émergence d'un citoyen métropolitain », *Quaderni*, n° 73, 2010, p. 45.

On a pu estimer que trois conditions devaient être remplies pour voir émerger le « citoyen métropolitain »[19] :

– une meilleure coopération État/territoire, pour susciter des équilibres dynamiques ;
– une égalité entre les territoires de la métropole.

Ces deux sujets institutionnels sont couverts par d'autres contributions et il appartient d'en tirer les conclusions à ce titre. La troisième condition concerne plus spécialement le lien avec les habitants.

Les relations élus/citoyens doivent évoluer dans le sens d'une plus grande place offerte à ces derniers. L'idée est que l'élection ne suffit plus, la démocratie doit être davantage « continue ».

B. Un droit pour une démocratie métropolitaine

De ce point de vue, le droit positif offre tous les instruments nécessaires à la métropole de Lyon et permet même d'aller au-delà en autorisant le recours à des procédés *ad hoc* de participation : il y a de la place pour de la participation spontanée !

De jure, les instruments de démocratie participative à disposition de la métropole sont ceux de n'importe quelle collectivité territoriale, et plus largement de n'importe quelle autorité administrative. Deux *corpus* de règles sont susceptibles de porter le volontarisme de la Métropole.

D'abord, sur le fondement du Code général des collectivités territoriales[20], sont à disposition des élus métropolitains les référendums locaux et les consultations locales. L'intérêt de ces deux procédures est à la fois leur force et leur faiblesse : elles respectent la démocratie locale qui est une démocratie représentative et le pouvoir des élus. Leur initiative appartient à la seule collectivité ; le champ des participants est circonscrit aux seuls électeurs locaux ; leur portée est principalement consultative, à l'exception du référendum local.

19. G. LAURENT-REYSSAC, préc., p. 48 et s.
20. Art. LO 1112-1 et s.

Ensuite, sur le fondement du Code des relations entre le public et l'administration, la Métropole pourrait se saisir de l'article L. 131-1 qui permet d'associer le public sur tout projet ou sur toute réforme, « en dehors des cas régis par des dispositions législatives ou réglementaires » : c'est un véritable appel à une libéralisation de la participation ! L'avantage des procédures organisées sur ce fondement est qu'elles font l'objet d'un encadrement peu formaliste, préservant la liberté des collectivités locales. C'est le public qui est visé, donc l'ensemble des habitants peut être associé. Trois garanties minimales sont simplement fixées (informations utiles et préalables; délai raisonnable de participation; résultats et suites rendus publics), mais les modalités concrètes de l'association des habitants sont librement fixées par l'autorité organisatrice. Toute la difficulté est de bien se différencier des procédures prévues par le CGCT, le risque étant que le juge administratif ne requalifie une procédure *ad hoc* en référendum local ou consultation locale[21]. Mais ce risque contentieux est limité dès lors que le champ et surtout la portée de la participation, qui doit rester consultative, sont bien définis dans la délibération.

En définitive, le droit de l'association du public répond aujourd'hui à un souffle de souplesse, afin de ne pas effrayer les dirigeants locaux et d'alléger le poids des contraintes procédurales. Certes, la prise en compte des avis exprimés par les participants n'en sort sans doute pas gagnante, mais comme le veut l'adage populaire : « Qui peut le plus, peut le moins. » Les instruments juridiques sont là : il appartient donc à la métropole de Lyon de faire le choix, politique, d'accorder une véritable place à ses habitants.

---

21. CE Ass. 19 juill. 2017 *Association citoyenne « Pour Occitanie Pays Catalan » et autres*, n° 403928; TA Grenoble, 24 mai 2018, *Préfet de l'Isère*, n° 1701663 : *AJCT* 2018, p. 520, note C. Mondou; *JCP A* 2018. 2194, comm. P. Mozol; *Rev. jurisp. ALYODA* 2018, n° 3, note Ph. Blachèr; C. CHAMARD, C. MEURANT, C. TESTARD, E. UNTERMAIER-KERLÉO (dir.), *Grandes décisions de la jurisprudence administrative lyonnaise*, LexisNexis, 2021, comm. n° 29; CAA Lyon, 9 juill. 2020, *Ville de Grenoble*, n° 18LY02733.

LA RECONFIGURATION DES RAPPORTS ENTRE LA MÉTROPOLE DE LYON ET LES COMMUNES SITUÉES SUR SON TERRITOIRE : UNE INVITATION À REPENSER LA DISTINCTION ENTRE COLLECTIVITÉ TERRITORIALE ET EPCI

par

Élise FRAYSSE

Maîtresse de conférences de droit public
Université Lumière-Lyon 2
UR Droit, Contrats, Territoires (DCT)

Introduite par la loi du 27 janvier 2014, la Métropole de Lyon fait figure de nouveauté dans le paysage institutionnel et administratif français. C'est bien d'une petite révolution dont il est *a priori* question, puisque, selon les termes de l'article L. 3611-1 du Code général des collectivités territoriales (ci-après : « CGCT »), la Métropole de Lyon remplace, dans les limites de son territoire, tant la communauté urbaine du Grand Lyon que le département du Rhône. Elle vient de cette manière enrichir encore la liste des collectivités territoriales à statut particulier prévues à l'article 72 de la Constitution, aux côtés de la collectivité territoriale de Corse ou encore de la Ville de Paris.

Ce statut particulier s'avérait nécessaire pour faire de Lyon une métropole d'échelle européenne, économiquement attractive, sans ajouter au millefeuille territorial existant. De ce point de vue, la création de cette nouvelle collectivité territoriale répond indubitablement, d'une part, à des enjeux contemporains. Elle s'inscrit en effet dans la lignée de certains préceptes issus de la nouvelle gestion publique[1], lesquels préconisent notamment de procéder à des fusions administratives dans le but de restreindre les dépenses publiques[2]. La création de la Métropole de Lyon vise en effet avant tout à « rationaliser » l'organisation institutionnelle existante, et ainsi « optimiser [...] les frais de fonctionnement »[3] des administrations, selon les termes mêmes d'un rapport rendu par la commission des finances du Sénat[4]. À cet égard, la Métropole se doit, selon l'article L. 3611-2 du CGCT, de conduire un projet afin d'« améliorer la compétitivité et la cohésion » de son territoire – ce qui démontre bien l'infiltration des logiques économiques dans l'organisation territoriale française[5].

Pour autant, en dépit de sa criante (post-)modernité, l'avènement de la Métropole de Lyon entre également, d'autre part, en résonance avec l'histoire. On pourrait dire en effet que les Lyonnais sont enfin parvenus à se débarrasser du département du Rhône, tant il est vrai que la ville de Lyon a longtemps entretenu des rapports ambivalents avec son département. Dès 1790, la création du département du Rhône-et-Loire, dont les frontières s'étendent jusque Saint-Étienne

1. Dans le même sens, C. REGOURD, *Les métropoles au prisme du modèle territorial français*, Dalloz, 2020, p. 22.
2. Ph. BEZES et P. LE LIDEC, « Politiques de la fusion. Les nouvelles frontières de l'État territorial », *RFSP*, vol. 66, 2016, p. 507 et s.
3. Avis n° 598 présenté au nom de la commission des finances sur le projet de loi de modernisation de l'action publique territoriale et d'affirmation des métropoles, enregistré à la Présidence du Sénat le 22 mai 2013, p. 39.
4. Sur ce point, voir K. BLAIRON, « La suppression d'un territoire : le département français et la province italienne en question », *Civitas Europa*, vol. 35, 2015, p. 177-196.
5. Pour Bertrand Faure, cela est à même de démontrer que la métropole trouve plutôt ses origines dans les travaux du comité Balladur, lequel évoque déjà l'idée d'une performance des territoires, que dans l'ancienne communauté urbaine de Lyon, COURLY, B. FAURE, « La Métropole de Lyon, modèle ou singularité ? », *in* C. CHABROT (dir.), *La Métropole de Lyon. De la singularité à la modélisation ?*, L'Harmattan, 2019, p. 218.

et Roanne, répond précisément à la volonté de contrebalancer l'influence lyonnaise. Quelques années plus tard, en 1793, et alors que Lyon est soupçonnée de faire fleurir un courant contre-révolutionnaire, le département du Rhône-et-Loire est scindé en deux, là encore afin de réduire l'hégémonie lyonnaise. Le décret du 12 octobre 1793 pris sous la Convention déclare ainsi, non sans emphase, que « la ville de Lyon sera détruite », que « le nom de Lyon sera effacé du tableau des villes de la République » et propose enfin d'élever sur les ruines de Lyon une colonne avec cette inscription : « Lyon fit la guerre à la Liberté; Lyon n'est plus[6]. » Mais même une pareille sentence n'aura eu raison de Lyon.

Quelque deux siècles plus tard, c'est bien Lyon qui a eu raison du département du Rhône, du moins au sein des frontières de la Métropole. En effet, le département du Rhône n'a pas tout à fait disparu : renommé « Nouveau Rhône », il se voit amputé de Lyon – même si le siège du conseil départemental y siège encore – et constitue désormais un département largement rural. Nouveau Rhône et Métropole de Lyon cohabitent donc sur l'ancien territoire du département du Rhône. Au sein des limites métropolitaines, l'ensemble des compétences du département a ainsi été transféré à la Métropole de Lyon, en vertu de l'article L. 3641-2 du CGCT, et les élections départementales ont été supprimées, remplacées par des élections métropolitaines depuis 2020.

De ce bref panorama, la première victime de la Métropole de Lyon semble donc tout indiquée : c'est le département, qui, au moins pour partie, est mort. Pour autant, on sait qu'après une disparition, il y a

6. Décret n° 1707 de la Convention nationale du 12 octobre 1793, *Collection générale des lois, proclamations, instructions, et autres actes du pouvoir exécutif*, Tome 16, Imprimerie royale, p. 192.

bien sûr le disparu, mais il y a surtout ceux qui restent. En l'espèce, seules les communes ont donc survécu et leur statut n'a pas changé puisqu'elles restent des collectivités territoriales classiques[7].

Si l'on s'en tient à une lecture rapide du CGCT, on se trouve alors ici *a priori* dans un cas de figure classique, caractéristique du « millefeuille territorial » à la française, à savoir la superposition de deux types de collectivités territoriales. Plus encore – mais cela n'a rien d'inédit d'un point de vue historique –, les communes comme la Métropole de Lyon jouissent toutes deux de la clause générale de compétence, respectivement selon les articles L. 2121-29 et L. 3642-1 du CGCT. Si cette configuration fut pendant longtemps particulièrement banale, elle est toutefois aujourd'hui singulière, puisque le territoire de la Métropole de Lyon est actuellement le seul en France où deux types de collectivités jouissant de la clause générale de compétence se superposent.

Suffirait-il, pour éclairer les enjeux posés par les rapports entre la Métropole de Lyon et les communes, de s'en remettre à l'expérience passée des collectivités territoriales, à l'heure où elles jouissaient toutes de la clause générale de compétence ? Il ne semble pas, car cela serait nier la spécificité de la Métropole de Lyon. En effet, si cette dernière relève, à en lire l'article L. 3611-1 du CGCT, de la catégorie des collectivités territoriales et donc de l'article 72 de la Constitution, force est de constater qu'elle n'est pas une collectivité territoriale comme une autre. C'est donc un cas de figure inédit qui s'offre à nous. Et pour cause : la Métropole de Lyon ne s'est à notre sens pas tout à fait départie du statut d'établissement public de coopération intercommunale (ci-après : « EPCI ») qui caractérisait la communauté urbaine de Lyon, et qu'elle est venue en partie remplacer. Il

7. L'article L. 2581-1 du CGCT précise en effet que : « Les communes situées sur le territoire de la métropole de Lyon sont soumises aux règles applicables aux autres communes, sous réserve des dispositions législatives qui leur sont propres. »

demeure, à en croire le CGCT et la pratique institutionnelle qui s'y rapporte, une certaine indétermination quant au statut juridique de la Métropole, entre collectivité territoriale et EPCI.

On sait pourtant que cette distinction a longtemps été conçue comme structurante en droit public. D'un côté, les collectivités territoriales, fruits de la décentralisation territoriale, sont censées satisfaire à « l'ensemble des intérêts collectifs du groupement humain situé sur leur territoire et qu'elles représentent »[8]. Cela implique qu'elles jouissent d'une clause générale de compétence, que leurs organes délibérants soient élus au suffrage universel direct et qu'elles ne soient pas rattachées à une autre collectivité publique. À l'inverse, les EPCI sont le fruit de la décentralisation par services, ce qui explique qu'ils soient régis par le principe de spécialité, comme tout établissement public. Parce qu'ils ne sont pas censés disposer d'une base territoriale, ils sont rattachés à d'autres collectivités territoriales et leurs membres ne sont en principe pas élus.

Or, on le sait, depuis quelques années déjà, la distinction entre collectivité territoriale et EPCI vacille[9]. D'un côté, la loi du 7 août 2015 portant nouvelle organisation territoriale de la République est venue supprimer la clause générale de compétence pour les départements et les régions. Il existe donc des collectivités territoriales qui ne jouissent plus de la clause générale de compétence. D'un autre côté, depuis la loi du 17 mai 2013 relative à l'élection des conseillers départementaux, des conseillers municipaux et des conseillers communautaires, les conseillers communautaires sont

8. L. JANICOT, « Les collectivités territoriales, une définition doctrinale menacée ? », *RFDA* 2011, p. 227.

9. Sur ce point, voir notamment B. FAURE, « La fin d'une catégorie juridique : la collectivité territoriale ? », *AJDA* 2016, p. 3438 ; P. MOZOL, « Les collectivités territoriales et les établissements publics de coopération intercommunale à fiscalité propre ou les vicissitudes d'une distinction en voie d'effondrement théorique », *RFDA* 2016, p. 1133 ; L. JANICOT, « Les collectivités territoriales, une définition doctrinale menacée ? », *RFDA* 2011, p. 227.

élus au suffrage universel direct, même si cette élection n'est pas dissociée des élections municipales[10]. Les EPCI reposent dès lors également sur des conseils élus.

La naissance et l'affirmation de la Métropole de Lyon, notamment avec la tenue en 2020 d'élections directes, s'inscrit pleinement dans ce contexte où les frontières conceptuelles entre collectivités territoriales et EPCI sont brouillées. Plus largement, on peut même se demander si la Métropole de Lyon ne viendrait pas encore affaiblir la distinction, de plus en plus fragilisée, entre collectivité territoriale et EPCI. Peut-on encore poser la distinction entre EPCI et collectivité territoriale comme cardinale lorsque les relations qu'entretiennent la Métropole de Lyon et les communes montrent que cette grille de lecture est dépassée ? Les enjeux de cette question dépassent donc, on le voit, le simple cas lyonnais ; c'est notre présentation classique de l'organisation administrative de l'État et de la décentralisation qui se joue.

L'indétermination du statut juridique de la Métropole, entre collectivité territoriale et EPCI, rejaillit donc indubitablement sur les rapports qu'elle entretient avec les communes situées sur son territoire. Elle est d'une part, sur un plan électoral, source de crispations entre les deux entités (I), mais elle est également, d'autre part, source d'une certaine fluidification des compétences entre elles (II).

I. L'indétermination statutaire de la Métropole, source de crispations électorales entre la Métropole et les communes

L'indétermination statutaire de la Métropole, entre collectivité territoriale et EPCI, est source de certaines crispations, notamment de la part des communes situées sur le territoire métropolitain. Une partie d'entre elles, en effet, appréhende et rejette l'application du statut

---

10. L'article L. 273-5 du Code électoral prévoit en effet que « nul ne peut être conseiller communautaire s'il n'est conseiller municipal ou conseiller d'arrondissement ».

de collectivité territoriale qui donne normalement lieu à la tenue d'élections métropolitaines au suffrage universel direct (A). Afin de déjouer ce qui pourrait s'apparenter à une concurrence des légitimités démocratiques, les communes tâchent toutefois, en prolongeant la tradition intercommunale, d'empêcher une autonomie politique complète de la Métropole vis-à-vis d'elles (B).

A. Les raisons de la crispation : l'application incomprise du statut de collectivité territoriale

Depuis l'adoption de la loi « MAPTAM » en 2014, l'article L. 3631-1 du CGCT dispose que « les conseillers métropolitains sont élus au suffrage universel direct ». En effet, en tant que nouvelle collectivité territoriale, la Métropole de Lyon devait impérativement reposer sur un conseil métropolitain élu. Pour autant, l'adoption de cet article ne s'est pas faite sans heurts. À cet égard, il est intéressant de constater que l'argument démocratique a été utilisé tant par ses défenseurs que par ses contempteurs. Les premiers, à l'instar de Michel Mercier, considéraient qu'une telle élection au suffrage universel direct répondait à une « exigence démocratique » : « À intervalles réguliers, les électeurs pourront dire s'ils sont contents de la gestion de la métropole : c'est cela, la démocratie[11] ! », déclarait-il dans l'hémicycle. À l'inverse, pour la sénatrice Cécile Cukierman, l'avènement d'une telle élection conduit à ce que « les échelons démocratiques [soient] sacrifiés »[12], au premier rang desquels figure la commune. L'élection au suffrage universel direct des conseillers métropolitains entraîne en effet une concurrence entre les deux scrutins, dont la crainte est

11. Intervention de M. Mercier, Sénat, Séance du 3 juin 2013, *JO Sénat. Compte rendu intégral des débats* 4 juin 2013, p. 5300.

12. Intervention de C. Cukierman, *idem*.

qu'elle s'opère au détriment des communes. Pour certains députés, « avec cette formule, on prépare non pas le maintien des communes, mais leur suppression »[13].

Il n'y a pas ici une problématique uniquement lyonnaise, puisqu'il était également question, en 2014, d'étendre le scrutin universel direct aux élections des conseillers des métropoles de droit commun à l'horizon 2020. Les enjeux y sont alors similaires : d'un côté, et dans la mesure où « des compétences stratégiques sont transférées à l'échelon de la métropole, il paraît légitime que les conseillers métropolitains soient élus au suffrage universel direct »[14]. De l'autre, de nombreux parlementaires se sont inquiétés de la disparition des communes avec l'instauration de ce scrutin parallèle[15]. Cette crainte, très vive, a finalement conduit à maintenir le *statu quo* : la loi du 27 décembre 2019 relative à l'engagement dans la vie locale et à la proximité de l'action publique est venue supprimer la disposition de la loi MAPTAM qui prévoyait l'élection des conseillers métropolitains au suffrage universel direct[16]. Il s'agissait alors de réaffirmer le statut de la commune comme « cellule de base de la démocratie locale »[17] et de conserver le modèle de l'intercommunalité, et non

13. Intervention de M.-F. Beaufils, Sénat, Séance du 4 juin 2013, *JO Sénat. Compte rendu intégral des débats*, 5 juin 2013, p. 5383.

14. Intervention de M. Lebranchu, Sénat, Séance du 5 juin 2013, *JO Sénat. Compte rendu intégral des débats*, 6 juin 2013, p. 5544.

15. Voir par exemple : Intervention de J.-J. Hyest, Sénat, Séance du 5 juin 2013, *JO Sénat. Compte rendu intégral des débats*, 6 juin 2013, p. 5545.

16. Cette suppression a en premier lieu été initiée par une proposition de loi déposée en 2018 par plusieurs sénateurs. Voir « Proposition de loi relative à l'élection des conseillers métropolitains n° 276 enregistrée à la présidence du Sénat le 6 février 2018 ».

17. Rapport n° 381 (2017-2018) sur la proposition de loi relative à l'élection des conseillers métropolitains de Mme Agnès Canayer, fait au nom de la commission des lois, déposé le 28 mars 2018, p. 35.

de la « supracommunalité »[18]. S'il apparaît désormais exclu pour les EPCI de venir concurrencer les élections municipales, tel n'est pas le cas pour la collectivité territoriale de la Métropole de Lyon, dont le statut ne permet pas une telle alternative parce que les collectivités territoriales sont régies par le principe de libre administration, elles doivent reposer sur un conseil élu au suffrage universel direct.

Ce n'est toutefois que depuis 2020 que les premières élections métropolitaines ont eu lieu. Autrement dit, entre 2015 et 2020, la Métropole de Lyon, qui était déjà une collectivité territoriale selon le CGCT, fonctionnait alors comme un EPCI : les conseillers métropolitains étaient encore issus des conseils municipaux des différentes communes situées sur le territoire de la Métropole. L'application décalée du statut plénier de collectivité territoriale, à partir de 2020, a donc conduit à ce que la composition du conseil métropolitain et celle des conseils municipaux soit dissociée : l'on peut être conseiller métropolitain sans être conseiller municipal. Il y a là une conséquence normale de l'application du statut de collectivité territoriale à la Métropole de Lyon, laquelle a toutefois conduit à un certain nombre de crispations de la part des maires de l'aire métropolitaine lyonnaise.

Celles-ci sont d'autant plus fortes que le nombre de conseillers métropolitains a été fixé, par l'article L. 224-2 du Code électoral, à 150 au lieu des 165 sous l'égide de la communauté urbaine de Lyon. Cela signifie que toutes les communes situées sur le territoire de la Métropole ne peuvent pas disposer de sièges au conseil métropolitain. Sur ce point encore, l'argument démocratique a été fortement mobilisé par les maires des communes en question. La non-représentation de certaines communes au sein du conseil de

18. Intervention de J.-J. Hyest, Sénat, Séance du 5 juin 2013, *JO Sénat. Compte rendu intégral des débats*, 6 juin 2013, p. 5545 : « Mais si l'on veut appliquer le suffrage universel, il doit s'exercer au sein des communes. Sinon, je le répète, nous quittons l'intercommunalité pour entrer dans la supracommunalité. »

la Métropole a été conçue comme « une atteinte à la démocratie de proximité, une attaque envers les communes ». Derrière l'argument démocratique, employé à l'envi et souvent à mauvais escient, on comprend aisément que les communes craignent de voir leur légitimité écorchée. Car, plus encore, pour certains édiles locaux, « l'exclusion des représentants des communes, pourtant élus par leurs concitoyens, des instances décisionnelles de la Métropole de Lyon est inacceptable et conduit, à terme, à la disparition des communes »[19]. On voit là indéniablement les marques du passé intercommunal lyonnais qui peinent à s'effacer, alors même que rien n'impose à une collectivité territoriale de prendre en considération d'autres collectivités territoriales situées sur son territoire. La transition entre le statut d'EPCI et celui de collectivité territoriale, bien qu'elle se soit effectuée sur plusieurs années, peine à être pleinement intégrée par les acteurs locaux – ce qui s'explique aisément par le flou laissé par le législateur lui-même quant au statut de la Métropole de Lyon. Mais loin de s'avouer vaincus, les élus municipaux ne comptent pas se délier de la Métropole ; ils tâchent en réalité de se rattacher de façon informelle à celle-ci.

B. La crispation déjouée : le rattachement informel des communes à la Métropole

Si les communes ne sont en principe pas « membres » de la Métropole, mais uniquement « situées sur son territoire », comme le rappelle l'article L. 3641-9 du CGCT, force est de constater que la pratique institutionnelle n'est pas aussi catégorique. Alors que plus aucun rattachement politique n'est censé persister entre la Métropole et les communes, la pratique institutionnelle, telle qu'elle est notamment issue des élections métropolitaines de 2020, montre le contraire.

---

19. Intervention de M. Grivel, « Procès-verbal du conseil de la Métropole de Lyon du 27 avril 2018 », p. 9.

Il faut dire que le législateur lui-même, aidé par le pouvoir exécutif, a pu laisser planer le doute. L'article L. 224-1 du Code électoral, issu de l'ordonnance du 19 décembre 2014 relative à l'élection des conseillers métropolitains de Lyon, prévoit en effet que « les élections [métropolitaines] ont lieu en même temps que le renouvellement général des conseils municipaux ». Il s'agit donc d'organiser de façon concomitante les deux types d'élections, lesquelles se sont tenues pour la première fois les 15 mars et 28 juin 2020. D'emblée, il convient de remarquer que les élections métropolitaines auraient pu se tenir lors du renouvellement des conseils départementaux, et ce dans la mesure où la Métropole vient remplacer le département du Rhône dans les limites de son territoire. Pourtant, cette solution a rapidement été évincée, preuve que l'héritage départemental de la Métropole tend à s'effacer derrière son héritage intercommunal. Déjà, l'article 33 de la loi MAPTAM prévoyait que le mandat des conseillers communautaires devait prendre fin lors des élections municipales, et non lors des élections départementales.

Même si cela aurait pu être contourné par l'adoption d'un dispositif électoral transitoire, telle n'a pas été la solution retenue par le gouvernement. Et pour cause ; il s'agissait, en alignant les élections métropolitaines sur les élections municipales, d'élire de façon concomitante, dans l'ensemble des métropoles françaises, les conseillers métropolitains. Or, dans la mesure où les métropoles de droit commun sont des EPCI, et non des collectivités territoriales, leurs conseils délibérants sont élus en même temps que les conseils municipaux[20]. Le pouvoir exécutif a donc décidé de faire fi de la distinction entre EPCI et collectivité territoriale pour aligner l'ensemble des élections métropolitaines. Cette forte empreinte intercommunale de la

20. Rapport n° 2858 fait au nom de la commission des lois constitutionnelles, de la législation et de l'administration générale de la République sur le projet de loi (n° 2800), ratifiant l'ordonnance n° 2014-1539 du 19 décembre 2014 relative à l'élection des conseillers métropolitains de Lyon, p. 7.

Métropole de Lyon implique nécessairement que ses relations avec les communes ne peuvent pas être identiques à celles qu'entretiennent deux collectivités territoriales classiques.

Cet héritage intercommunal est renforcé par la pratique politique : les maires des communes situées sur le territoire de la Métropole de Lyon tâchent de perpétuer la logique intercommunale en recourant au cumul des mandats. Le cumul des mandats municipal et métropolitain n'est en effet *a priori* pas prohibé par la loi. Toutefois, et ainsi que l'a rappelé le Conseil constitutionnel dans sa décision du 23 janvier 2014, la Métropole de Lyon n'échappe pas à la règle de l'interdiction de cumul des fonctions exécutives locales prévue à l'article L. 2122-4 du CGCT, qui s'applique pour les autres collectivités territoriales[21]. À cet égard, il est remarquable que le Conseil constitutionnel, dans les motifs de sa décision, ait décidé de calquer les règles d'inéligibilité et d'incompatibilité des conseillers métropolitains sur celles des conseillers départementaux. Ici, c'est la nature de collectivité territoriale de la Métropole qui prime ; elle doit effacer le passé intercommunal. Dès lors, le maire d'une commune située sur le territoire de la Métropole ne pourra être président du conseil métropolitain. Si cette incompatibilité avait pu, de 2015 à 2017, être tolérée – puisque Gérard Collomb cumulait les fonctions de maire de Lyon et de président de la Métropole –, elle est désormais prohibée.

Il est en revanche tout à fait possible pour des conseillers municipaux d'être également conseillers métropolitains. Cette pratique est en réalité très répandue ; elle permet aux élus locaux de contrer la possible indépendance de la Métropole vis-à-vis de communes. Pour le mandat de 2020 à 2026, 106 des 150 conseillers métropolitains sont également élus municipaux, ce qui représente 70 % des élus. Il y a là manifestement le signe que les communes souhaitent conserver un lien institutionnel et politique à la Métropole de Lyon, en reproduisant

21. Cons. const., *Loi de modernisation de l'action publique territoriale et d'affirmation des métropoles*, Décision n° 2013-687 DC du 23 janvier 2014, spéc. § 64.

les conditions d'une coopération intercommunale. Sans doute la distinction entre collectivité territoriale et EPCI montre-t-elle ici toutes ses limites et sa perméabilité. Il semble dès lors que ni la catégorie de collectivité territoriale ni celle d'EPCI ne soient à même de saisir la spécificité de la Métropole de Lyon dans ses rapports avec les communes situées sur son territoire. Cette indétermination statutaire, initiée par le législateur et prolongée par la pratique institutionnelle locale, poursuit d'ailleurs ses effets concernant l'épineuse question de la répartition des compétences.

II. L'indétermination statutaire de la Métropole, source de fluidification des compétences de la Métropole et des communes

L'oscillation de la Métropole entre collectivité territoriale et EPCI est ici bénéfique : en panachant ces deux types de statuts, la répartition des compétences se veut plus souple (A) et elle conduit même à des cas de coadministration entre la Métropole et les communes situées sur son territoire (B).

A. Le panachage des statuts de collectivité territoriale et d'EPCI : la recherche de souplesse dans l'exercice des compétences

Loin d'être une institution comme les autres, la Métropole de Lyon cumule des éléments propres aux collectivités territoriales et aux EPCI. Ce panachage peut confiner à la contradiction. En effet, d'un côté, l'article L. 3642-1 du CGCT dispose que « le conseil de la métropole règle par ses délibérations les affaires de la métropole de Lyon », ce qui laisse à penser que cette dernière jouit de la clause générale de compétences – même si cela a pu être discuté[22]. De l'autre, l'article L. 3611-4 du même code précise que « pour l'exercice de ses compétences, la métropole de Lyon dispose des mêmes

22. Sur ce point, voir L. HAVARD, « La métropole collectivité territoriale de Lyon : évolution ou révolution ? », *AJDA* 2017, p. 510.

droits et est soumise aux mêmes obligations que les EPCI à fiscalité propre ». Pourtant, ce mélange des genres lui permet de bénéficier d'une certaine souplesse dans l'exercice de ses compétences et donc dans ses relations avec les communes situées sur son territoire.

Parce qu'elle n'est plus un EPCI régi par le principe de spécialité, mais une collectivité territoriale, la Métropole de Lyon peut, en vertu de l'article L. 3633-3 du CGCT, déléguer un certain nombre de ses compétences aux communes situées sur son territoire. Inversement, les communes peuvent lui déléguer certaines de leurs compétences. Il y a là l'application d'un mécanisme classique, issu de l'article L. 1111-8 du CGCT, mais renforcé dans le cas lyonnais. Ces délégations de compétences sont en effet encadrées et précisées dans le cadre d'un pacte de cohérence métropolitain, lequel a pour objet selon l'article L. 3633-3 du CGCT de « propose[r] une stratégie de délégation de compétences ». À cet égard, le premier pacte de cohérence métropolitain, adopté par le conseil de la Métropole en 2015 pour une durée de cinq ans[23], proposait trois thèmes susceptibles de faire l'objet de délégations de compétences, des communes vers la Métropole (pour l'accompagnement de la demande sociale et le nettoiement des espaces publics complexes) ou de la Métropole vers les communes (pour le nettoiement des espaces publics de proximité).

Chaque commune située sur le territoire de la Métropole pouvait décider, dans le cadre d'une convention appelée contrat territorial, d'opter ou non pour une ou plusieurs de ces délégations de compétences. Au total, sur les 59 communes, 7 ont choisi de déléguer l'une de leurs compétences à la Métropole, et une seule a opté pour la réintégration d'une des compétences de la Métropole dans son giron. La grande majorité des communes n'a donc pas opté pour le mécanisme de la délégation, et a ainsi refusé pour le moment

23. L'actuel pacte métropolitain est en voie d'adoption. Il a pour l'heure été approuvé par le conseil de la Métropole de Lyon (Délibération n° 2021-0506 du conseil de la Métropole, du 15 mars 2021).

d'augmenter le nombre de compétences dévolues à la Métropole en vertu de l'article L. 3641-1 du CGCT. L'adoption obligatoire du pacte de cohérence métropolitain permet toutefois d'amorcer un dialogue entre communes et Métropole quant à l'exercice articulé de leurs compétences.

En dehors du mécanisme de la délégation de compétences, la possibilité d'une délégation de gestion est expressément prévue par l'article L. 3633-4 du CGCT. Là encore, ce mécanisme n'est pas inédit : l'ensemble des EPCI à fiscalité propre, qu'il s'agisse des communautés de communes[24], des communautés urbaines[25], des communautés d'agglomération[26] ou des métropoles[27] ont la possibilité de confier par voie de convention à des collectivités territoriales ou à des établissements publics, la création ou la gestion de certains équipements ou services relevant de leurs attributions. Cette délégation de gestion s'opère sans qu'un transfert de compétence y soit associé, tant cela contreviendrait au principe de spécialité des EPCI ; ces derniers restent notamment responsables en cas de dommage[28]. Si ce mécanisme n'est pas inédit, il est toutefois remarquable qu'il puisse être applicable à la Métropole de Lyon, qui ne jouit plus du statut d'EPCI. À titre d'exemple, une convention de délégation de gestion lie aujourd'hui la Métropole de Lyon à la ville de Lyon concernant la lecture publique[29]. *Via* la bibliothèque municipale de Lyon, c'est la commune de Lyon qui est chargée de la gestion de

24. Art. L. 5214-16-1 CGCT.
25. Art. L. 5215-27 CGCT.
26. Art. L. 5216-7-1 CGCT.
27. Art. L. 5217-7 CGCT.
28. CAA de Lyon, 27 février 1990, n° 89LY01005.
29. Convention de délégation de gestion entre la Métropole de Lyon et la ville de Lyon, approuvée par délibération n° 2017-2434 du conseil de la Métropole de Lyon le 15 décembre 2017.

ce service public (avec ses personnels et ses moyens), même si la Métropole garde sa compétence en la matière et est à ce titre chargée d'élaborer la politique métropolitaine de la lecture publique.

On le voit, par la loi MAPTAM, le législateur est parvenu – sans que cela ne fasse d'ailleurs l'objet de débats particuliers au sein de l'hémicycle – à panacher différents mécanismes propres aux collectivités territoriales et aux EPCI, et ce afin de mieux s'adapter à la spécificité du contexte lyonnais. La Métropole de Lyon témoigne à cet égard encore ici de l'inadéquation de la distinction entre EPCI et collectivité territoriale ; elle conduit à s'interroger sur l'existence d'une troisième voie entre ces deux catégories.

B. La naissance d'une coadministration entre Métropole et communes : vers le dépassement de la distinction entre collectivité territoriale et EPCI

Les rapports qui se tissent entre la Métropole de Lyon et les communes situées sur son territoire donnent parfois lieu à des formes de « coadministration » : ces différentes entités ne se contentent pas de cohabiter sur le même territoire, elles œuvrent parfois – et de plus en plus souvent – de concert en vue d'une action administrative cohérente et concertée. La création de conférences territoriales des maires[30] et d'une conférence métropolitaine[31], qui rassemblent des acteurs métropolitains et des représentants des communes afin de débattre sur la mise en œuvre des politiques métropolitaines et l'harmonisation de l'action des collectivités, en témoigne déjà. Pour Hauriou, la « coadministration » est consubstantielle au processus de décentralisation, lequel conduit à ce que « des rapports juridiques s'établissent entre ces diverses personnes administratives » qui n'existaient pas auparavant : « L'administration quotidienne devient en fait, concluait-il, une

30. Art. L. 3633-1 CGCT.
31. Art. L. 3633-2 CGCT.

coadministration juridique[32]. » Cette idée résonne particulièrement aujourd'hui dans le cadre des relations entre la Métropole de Lyon et les communes situées sur son territoire.

La métropole et les communes qui le souhaitent ont d'abord la possibilité de mettre en place des « services communs », mécanisme en principe ouvert aux EPCI et à leurs communes membres, puisqu'il n'entraîne pas de délégation de compétences. En ce sens, l'article L. 5211-4-1-III° du CGCT dispose que « les services d'un EPCI peuvent être en tout ou partie mis à disposition d'une ou plusieurs de ses communes membres, pour l'exercice de leurs compétences, lorsque cette mise à disposition présente un intérêt dans le cadre d'une bonne organisation des services ». Cette mutualisation des moyens pour gérer un service public, si elle existait déjà lorsque le Grand Lyon était un EPCI, a été maintenue pour la Métropole de Lyon en vertu de l'article L. 3651-4 du CGCT. En 2018, par exemple, un service commun en charge de la gestion des ressources documentaires a ainsi pu être créé entre la Métropole de Lyon et la commune de Lyon[33]. Mis en place dans un but affiché d'optimisation des ressources des deux collectivités, il est composé d'agents de la Métropole et d'agents de la commune de Lyon et financé de façon équitable entre les deux entités. Il y a là un exemple concret de coadministration qui, si elle est davantage institutionnelle que juridique, témoigne là encore du dépassement de la distinction entre EPCI et collectivité territoriale.

De façon plus innovante, le pacte de cohérence métropolitain, dont l'objectif est d'optimiser l'exercice des compétences entre la Métropole de Lyon et les communes situées sur son territoire, a proposé en sus des délégations de compétences un exercice « articulé » de celles-ci. Dix-huit thèmes ont ainsi été proposés par la Métropole aux communes : chacune a eu la possibilité de choisir

32. M. HAURIOU, *Précis de droit administratif*, Sirey, 8e éd., 1914, p. 144.
33. Délibération n° 2017-2470 du conseil de la Métropole de Lyon du 20 décembre 2017.

parmi ces thèmes ceux pour lesquels elles souhaitaient institutionnaliser un dialogue avec la Métropole afin de clarifier et d'articuler leurs compétences respectives. Ce mécanisme a rencontré un certain succès, du fait notamment de l'enchevêtrement de certaines compétences. À titre d'exemple, le nettoiement des marchés alimentaires et forains fait appel aux compétences de la commune en matière de gestion des déchets et à celles de la Métropole pour ce qui est du nettoiement à proprement parler. Afin d'éviter les chevauchements ou les abstentions de l'une ou de l'autre, les communes ont la possibilité de préciser, dans le contrat territorial qui les lie à la Métropole, les engagements respectifs de chacune. Il y a là la marque d'une volonté de coadministrer en vue de remédier aux enchevêtrements de compétences, qu'importe ici la qualité de collectivité territoriale ou d'EPCI de chacune des parties prenantes.

Enfin, et par-delà tous les mécanismes institutionnels, il est intéressant de voir que la proximité entre la Métropole et les communes a conduit au développement des cas de codécision, c'est-à-dire d'actes administratifs conjoints[34]. Ces actes naissent, ainsi que l'a énoncé Geneviève Koubi, d'un « concours de déclarations unilatérales de volonté émanant de deux ou plusieurs personnes, autorités administratives investies de pouvoirs juridiques équivalents, indépendants et différenciés »[35]. Si l'on connaissait les arrêtés interministériels ou intermunicipaux[36], nous sommes ici face à des arrêtés conjoints d'une nature nouvelle, puisqu'ils formalisent au sein d'un même acte administratif la volonté de deux types de collectivités territoriales. Le thème de la voirie cristallise un certain nombre de ces cas de codécision. Pour exemple, en 2019, la piétonnisation d'une partie du centre-ville de Lyon a donné lieu à un arrêté commun entre

34. H. BELRHALI, *Les coauteurs en droit administratif*, LGDJ, 2003, p. 47.
35. G. KOUBI, « L'acte administratif unilatéral conjoint », *RRJ – Droit prospectif*, 1985, p. 311.
36. *Idem*.

la commune de Lyon[37], compétente en matière de stationnement en vertu de l'article L. 2213-2 du CGCT, et la Métropole de Lyon, compétente en matière de circulation en vertu de l'article L. 2213-1 du CGCT. Alors même qu'une tension politique très forte opposait à cette époque le maire de Lyon et le Président de la Métropole, leurs volontés sont parvenues à se rejoindre dans ce cas emblématique de codécision.

Lors des débats parlementaires relatifs à l'instauration de la Métropole de Lyon, en 2014, le député Philippe Cochet considérait qu'« en 2020, il est clairement prévu la disparition des communes »[38]. S'il est vrai que l'indétermination statutaire de la Métropole est autant source de craintes que d'espoirs, elle doit en tout cas être appréhendée par le juriste – lyonnais ou non – comme un nouveau défi pour repenser l'organisation territoriale de l'État, la distinction entre collectivité territoriale et EPCI apparaissant moribonde.

37. Arrêté conjoint du président de la Métropole de Lyon et du maire de Lyon du 20 septembre 2019, « Projet d'expérimentation relatif à la piétonnisation de la presqu'île de Lyon. Réglementation de la circulation et du stationnement », n° M2019C11094.

38. Intervention de Ph. Cochet, Assemblée nationale, session extraordinaire 2012-2013, 1re séance du 18 juillet 2013, *JO Ass. Nat. Compte rendu des débats*, p. 8006.

LES NIVEAUX INTERMÉDIAIRES DE LA MÉTROPOLE

par

Marc GRIVEL

Conseiller métropolitain
Membre de la Commission permanente de la Métropole de Lyon
Maire honoraire de Saint-Cyr-au-Mont-d'Or

Mesdames et Messieurs,
Bonjour à toutes et tous,

Tout d'abord, je tiens à remercier Mme Marie-Odile Nicoud, M. Christophe Chabrot et M. le Doyen Guillaume Protière pour l'invitation qu'ils m'ont faite à prendre la parole à l'occasion de ces Rencontres juridiques, autour du thème « Les niveaux intermédiaires de la Métropole ».

À la lecture du programme, il s'agit sans doute du thème du jour le moins immédiatement compréhensible. À quoi peuvent bien correspondre ces niveaux intermédiaires de la Métropole et quels sont les enjeux qui s'y rattachent ?

C'est la question à laquelle je tenterai d'apporter quelques éclairages aujourd'hui, en me concentrant principalement sur les conférences territoriales des maires (CTM), qui constituent une réminiscence de l'intercommunalité tout autant qu'un nouvel échelon pour la déclinaison territoriale de la Métropole de Lyon telle que nous la connaissons depuis 2015, et plus encore depuis 2020.

Pour faire au plus simple, je vous présenterai d'abord à grands traits les CTM, le cadre légal et réglementaire afférent, leur historique, leur périmètre, leur composition et leur fonctionnement avant d'aborder leur rôle et leurs missions en tant qu'échelon intermédiaire de la Métropole de Lyon.

I. Présentation des CTM

Les CTM sont des instances territoriales consultatives de la Métropole de Lyon qui n'ont pas de personnalité juridique en propre.

A. Cadre juridique

Les textes législatifs ne disent pas grand-chose des conférences territoriales des maires (CTM) et de leur rôle dans la nouvelle architecture institutionnelle métropolitaine, en dehors de la mention du fait qu'il s'agit d'instances consultatives et de quelques cadrages quant à leur fonctionnement.

L'article 3633-1 du Code général des collectivités territoriales (CGCT), créé par la fameuse loi MAPTAM du 27 janvier 2014, stipule, je cite :

> « Des conférences territoriales des maires sont instituées sur le territoire de la métropole de Lyon. Le périmètre de ces conférences est déterminé par délibération du conseil de la métropole. Les conférences territoriales des maires peuvent être consultées lors de l'élaboration et de la mise en œuvre de politiques de la métropole. Leur avis est communiqué au conseil de la métropole.
>
> Lors de sa première réunion, chaque conférence territoriale des maires élit en son sein un président et un vice-président, qui supplée le président en cas d'empêchement. Chaque conférence territoriale des maires se réunit au moins une fois par an à l'initiative de son président ou à la demande de la moitié de ses membres, sur un ordre du jour déterminé. Les modalités de fonctionnement des conférences territoriales des maires sont déterminées par le règlement intérieur du conseil de la métropole. »

La seule autre mention des CTM dans la loi se trouve à ma connaissance dans l'article 123-4 du Code de l'action sociale et des familles (CASF), tel que modifié par la loi du 7 août 2015 portant nouvelle organisation territoriale de la République :

> « IV.- Sur le territoire de la métropole de Lyon, par délibérations concordantes des conseils municipaux des communes intéressées, les communes contiguës appartenant à la même conférence territoriale des maires prévue à l'article L. 3633-1 du Code général des collectivités territoriales peuvent mutualiser les actions de leurs centres communaux d'action sociale sous forme d'un service commun non personnalisé. »

Le règlement intérieur de la Métropole de Lyon consacre son titre V aux CTM, mais insiste davantage sur les modalités de fonctionnement que sur leurs missions et compétences.

Pour mieux comprendre le rôle dévolu aux CTM, il faut aller regarder du côté du pacte de cohérence territorial (PCT). Le précédent pacte, adopté en 2015, est arrivé à échéance. Le prochain est actuellement en discussion entre les communes et la Métropole, et ses grands axes vous seront présentés par la Vice-présidente Hélène Geoffroy juste après moi.

Mais d'abord, un petit retour en arrière.

B. Historique

Les conférences territoriales des maires (CTM) sont les descendantes en droite ligne des « conférences locales des maires » (CLM) qui ont été mises en place dès 2002 sur le territoire du Grand Lyon, alors établissement public de coordination intercommunale (EPCI). Elles se sont concrétisées par les délibérations du conseil communautaire du 4 novembre 2002 (expérimentation) et du 12 juillet 2004 (pérennisation). Le dispositif a été évalué en 2008 et 2010, ce qui a confirmé son utilité, mais permis de constater une forte attente d'évolution de la part des maires, portant notamment sur une meilleure prise en compte des CLM dans la gouvernance communautaire. Celles-ci ont donc été réorientées par une nouvelle délibération communautaire du 21 novembre 2011 afin notamment de renforcer leur capacité d'initiative et de réduire la place de la simple information.

La transposition législative des conférences locales des maires est intervenue en 2014, par le biais de la loi MAPTAM. À cette occasion, elles ont été renommées « conférences territoriales des maires ».

Le projet de loi MAPTAM avait envisagé de généraliser cette organisation pour toutes les autres métropoles de droit commun, mais les parlementaires avaient finalement supprimé cette disposition afin de garder le maximum de souplesse à l'échelle locale. De fait, plusieurs métropoles ont donc mis en place des conférences territoriales sous des formes variées. Ces instances reprennent un découpage en territoires pour réunir des communes voisines, mais varient dans leur organisation et leur fonctionnement. Par exemple, Grenoble-Alpes Métropole réunit deux à quatre fois par an des conférences territoriales ouvertes aux conseillers métropolitains ainsi qu'à trois élus par commune.

Après les élections de 2020, quelques nouvelles dispositions relatives aux CTM lyonnaises ont été introduites au sein du règlement intérieur, notamment pour permettre l'invitation des conseillers métropolitains de la conférence territoriale à une séance par an. Notons au passage qu'il reste encore à définir ce que signifie un « conseiller métropolitain de la conférence territoriale » étant donné que le périmètre des circonscriptions électorales métropolitaines et celui des CTM ne constituent pas un parfait décalque…

Certains groupes politiques du conseil souhaitaient lors des échanges sur le nouveau règlement intérieur introduire la possibilité que les conseillers métropolitains siègent au sein des CTM, ce qui aurait conduit à une remise en cause fondamentale de leur fonction actuelle d'instance métropolitaine locale réservée aux maires, à l'intercommunalité et à l'articulation communes/Métropole.

2020 a également été l'occasion d'une révision du périmètre des CTM.

C. Périmètre

Le périmètre des CTM est fixé par délibération du conseil de la Métropole.

De 2015 à 2020, les conférences territoriales des maires étaient au nombre de neuf et regroupaient de 2 à 17 communes selon les bassins de vie.

Les périmètres ont évolué en 2020 afin de mieux correspondre aux réalités territoriales.

L'ancienne CTM Lyon-Villeurbanne, jamais réunie en cinq ans, a ainsi été séparée en deux CTM monocommunales, une pour Lyon, une pour Villeurbanne. La commune de Sainte-Foy-lès-Lyon, auparavant incluse dans la CTM Lônes et Coteaux du Rhône, a quant à elle été rattachée à la CTM Val d'Yzeron, qui correspond donc à présent au périmètre de la circonscription électorale Ouest. Des échanges ont eu lieu sur l'opportunité de fusionner les CTM Ouest Nord et Val de Saône afin que le périmètre corresponde à la circonscription électorale Val de Saône. Finalement, le *statu quo* a été préféré au regard de l'étendue géographique de la CTM qui aurait été ainsi créée et des enjeux de territoire bien différents entre l'Ouest Nord et le Val de Saône *stricto sensu*.

La Métropole compte donc actuellement 10 CTM, qui réunissent de 1 à 17 communes voisines.

C'est pour moi l'occasion de noter que l'architecture institutionnelle de la Métropole de Lyon, le mécano politico-administratif métropolitain, n'est pas sans enchevêtrement, puisque les périmètres des circonscriptions électorales ne correspondent pas à celui des CTM, qui ne correspondent pas à celui des territoires de services urbains (TSU) qui constituent l'armature de nos services voirie/collecte/nettoiement ni aux territoires de compétences des Maisons de la Métropole, sur le volet social… Cela n'est pas sans engendrer des incohérences, des frottements et des tensions.

C'est pour moi l'occasion d'insister sur un aspect de la loi MAPTAM dont nous ne percevons pleinement les conséquences que depuis 2020 et les premières élections métropolitaines au suffrage universel direct qui ont conduit une grande part des maires à ne plus être membres du conseil de la Métropole (seuls 24 maires sur 59 sont conseillers métropolitains)[1]. On s'aperçoit que ce double scrutin a conduit à un chevauchement, voire un télescopage de deux légitimités démocratiques, qui a des impacts non négligeables sur la vie politique et administrative de la Métropole de Lyon et des 59 communes du territoire. Les CTM sont le lieu d'expression privilégié de ce chevauchement et de ce télescopage, on l'a vu notamment lors des échanges sur leur composition avec la volonté de certains d'y introduire les conseillers métropolitains au risque de déséquilibrer l'ensemble. Car rappelons-le, la Métropole de Lyon est née d'une construction intercommunale par l'adhésion des communes et tout ne peut pas être construit au prisme d'une ville-centre au sein de laquelle, d'ailleurs, la question de la territorialisation n'est pas sans se poser également, on le voit à l'aune des débats sur le rôle des arrondissements.

D. Composition et fonctionnement

Concrètement, comment s'organise une CTM ?

Comme le prévoit la loi, chaque CTM rassemble les maires des communes du territoire et chacune est animée par un président et un vice-président élus en son sein. Ils sont assistés d'un agent de la Métropole en charge de la coordination territoriale. Celui-ci prépare les séances de la CTM, veille à leur bon déroulement et en assure le suivi.

En termes de périodicité, comme le rappelle l'article 61 du règlement intérieur de la Métropole de Lyon :

> « Chaque conférence territoriale des maires est réunie au moins deux fois par an à l'initiative de son président ou à la demande de la moitié de ses membres, sur un ordre du jour déterminé. »

1. Depuis septembre 2021, en conséquence des élections régionales, seuls 22 maires sont encore conseillers métropolitains.

Modalités de fonctionnement

Elles sont fixées par le règlement intérieur :

- les séances des CTM se tiennent sans condition de quorum ;
- les CTM émettent un avis à la majorité des suffrages exprimés. En cas de partage égal des voix, la voix du président de séance est prépondérante ;
- le président de la CTM (ou le vice-président en son absence) a l'initiative de l'ordre du jour. Il élabore la liste des sujets qui doivent être examinés en séance. La Métropole peut également être à l'initiative de sujets à proposer à l'ordre du jour ;
- pour les thématiques qui excèdent le périmètre d'une conférence, les conférences territoriales des maires peuvent se réunir en « inter-CTM ». Les CTM peuvent également associer à leurs échanges des communes hors de leur périmètre ;
- le compte rendu est envoyé, pour information, aux conseillers métropolitains de la circonscription concernée.

Comme je l'ai indiqué, les conseillers métropolitains de la conférence territoriale concernée sont conviés, *a minima* une fois par an, à une séance de la conférence territoriale des maires afin d'effectuer une revue territoriale.

II. Les CTM comme échelon intermédiaire de la Métropole de Lyon

Si la bonne articulation avec les autres organes de gouvernance existants (conseils municipaux, conseil métropolitain, conférence métropolitaine des maires, etc.) est essentielle, les CTM doivent, en tant qu'instances territoriales consultatives, trouver un espace propre et complémentaire au sein du dispositif institutionnel. Elles ne doivent pas se limiter à de simples réunions d'information, qui viendraient en redondance d'autres instances.

Par ailleurs, il n'est pas toujours simple de concilier des sujets et projets relatifs à un territoire avec les compétences métropolitaines. Le pacte de cohérence territoriale de la Métropole est censé organiser les relations entre les instances et clarifier leurs rôles respectifs.

Nous l'avons dit, les CTM constituent en quelque sorte un cadre de dialogue territorial historique entre les communes à l'échelle d'un bassin de vie et entre ces communes et la Métropole, sans pour autant se substituer au maintien de liens directs nécessaires entre chaque commune et la Métropole. Le pacte de cohérence territoriale de la Métropole 2015-2020 rappelait bien que :

> « La conférence territoriale ne se substitue pas aux relations entre communes et Métropole. Au contraire, elle contribue à l'efficacité de ces relations et aide chaque maire à les faire vivre. »

Le projet de pacte 2021-2026 comprend une disposition similaire.

Le rôle des CTM en tant qu'échelon de proximité de la Métropole de Lyon, « niveau intermédiaire » pour reprendre ce vocable, est donc ambigu et multiple, nous allons nous y attarder.

A. Les CTM, lieux de dialogue, de consultation et d'initiative

1. Un lieu d'information, de dialogue et de réflexion

La conférence territoriale des maires est un lieu dans lequel les acteurs de la Métropole et les maires peuvent échanger de l'information, dialoguer et réfléchir :

- sur des sujets d'intérêt local, intéressant les communes d'une même CTM, et pouvant dépasser le strict champ des compétences métropolitaines ;
- sur l'action et les projets de la Métropole ou des communes relatifs au territoire de la CTM ;
- sur les politiques métropolitaines concernant le territoire.

Sur invitation du président de la CTM, des membres de l'exécutif métropolitain peuvent participer aux CTM en lien avec les sujets inscrits à l'ordre du jour. De la même manière, des partenaires extérieurs peuvent être invités à participer aux CTM selon les sujets évoqués.

2. Un lieu de consultation, de concertation et de coordination

Les conférences territoriales des maires instituées sur le territoire de la Métropole de Lyon peuvent être consultées lors de l'élaboration et de la mise en œuvre des politiques publiques de la Métropole, et formuler des propositions.

Les possibilités de saisine et de contribution sont les suivantes :

- chaque président de conférence territoriale des maires peut officiellement saisir par écrit le président de la Métropole afin d'exprimer un sujet de préoccupation ou de questionnement. Une réponse lui sera apportée pour transmission auprès de l'ensemble des maires de la conférence concernée ;
- lorsque les conférences territoriales des maires font l'objet d'une saisine à l'initiative de la Métropole de Lyon, leur avis est présenté, en conseil de la Métropole, par les présidents des conférences territoriales des maires concernées ;
- les conférences territoriales des maires peuvent demander au président du conseil de la Métropole que des contributions puissent être présentées en séance de conseil par l'intermédiaire d'un membre du conseil qu'elles désignent à cet effet.

La CTM peut également être un espace de coordination sur les projets locaux et la déclinaison des politiques métropolitaines.

3. Un lieu d'initiative, de mutualisation et d'expérimentation

Les communes peuvent avoir le souhait de mener des projets intercommunaux, concernant tout ou partie des communes membres de la CTM, ou de mettre en place des expérimentations.

Sur les projets touchant à des compétences exclusivement communales, la Métropole pourra intervenir en appui sur l'organisation des séances de travail.

Lorsqu'il s'agit de compétences de la Métropole ou partagées entre la Métropole et les communes, la CTM élabore une déclaration d'intention pour préciser les contours du projet et la soumet à la Métropole.

De même, la Métropole peut proposer la mise en place à une échelle inframétropolitaine d'un dispositif ou d'un service nouveau, avant d'envisager son éventuel déploiement sur l'ensemble du territoire.

Qu'il s'agisse d'expérimenter une délégation de compétence, un service innovant ou encore la gestion partagée d'un équipement, la Conférence territoriale des maires constitue un périmètre d'action intéressant pour développer les initiatives, favoriser les collaborations et inventer de nouveaux modes d'action.

L'appui de la Métropole pour accompagner la mise en place d'une expérimentation validée peut prendre différentes formes : l'apport d'expertise de services compétents sur le sujet traité, le recours éventuel, dans le cadre de cet apport d'expertise, à une assistance à maîtrise d'ouvrage, jusqu'à un financement dédié, dans le cadre posé dans le volet financier du pacte de cohérence.

Bref, la CTM est un lieu de rencontre et de projets, sur le plan vertical, entre l'ascendant (des communes) et le descendant (de la Métropole), mais également sur le plan horizontal entre communes voisines, comme une réminiscence de l'intercommunalité (au sens propre). À mes yeux, la CTM demeure un échelon de l'intercommunalité au sein d'une collectivité à statut particulier de plein exercice dont la construction reste celle d'un EPCI.

B. Les CTM face à l'enjeu de la subsidiarité et de la territorialisation

Les CTM apparaissent en réalité, et de façon un peu prospective, comme le cadre le plus adapté pour la déclinaison du principe de subsidiarité et la territorialisation de la Métropole de Lyon, notamment de son administration.

1. Projets de territoire et subsidiarité

Les CTM ont à élaborer, d'ici la fin de l'année 2021, dans le cadre du pacte de cohérence, un *projet de territoire*. Ce projet de territoire permet d'identifier les enjeux majeurs du territoire et les sujets prioritaires à travailler pour son codéveloppement entre communes et Métropole. Il s'agit d'un nouveau dispositif, qui correspond à la mesure 10 proposée dans le rapport que j'avais rendu en 2019 au précédent président de la Métropole, au sujet de la gouvernance territoriale et politique de la Métropole.

Le projet de territoire, formalisé à l'issue d'une démarche de concertation et de co-construction entre communes d'une même conférence territoriale des maires et la Métropole, portera sur les sujets suivants :

- un énoncé des enjeux majeurs du territoire : réalisation d'un diagnostic synthétique et partagé sur les caractéristiques du territoire et ses enjeux (traits sociodémographiques et socio-économiques du territoire, sujets de préoccupations partagés à l'échelle de la conférence territoriale des maires) ;
- l'identification des axes stratégiques du pacte dont la CTM souhaite se saisir pour mener une action conjointe avec la Métropole de Lyon (déclinaison locale des enjeux du pacte) ;
- l'identification des coopérations préexistantes confortées ou amplifiées dans le pacte 2021-2026, sur lesquelles la CTM souhaite poursuivre la coopération avec la Métropole de Lyon ;
- la mention des projets opérationnels se rapportant aux sujets d'intérêt de la CTM (qu'il s'agisse d'axes stratégiques du pacte ou de coopérations préexistantes) ;
- l'adossement au volet financier du pacte.

Le dispositif financier du pacte, qui fait encore l'objet de débats politiques, comprend deux volets :

- un premier autour du Fonds d'initiative communale (FIC) et du fonds dédié aux actions de proximité (PROX) pour les travaux de voirie dont le montant s'élève à 118 millions d'euros pour le mandat 2020-2026 ;
- et un « second » avec une enveloppe, provisionnée de 82 millions d'euros dans la PPI 2020-2026, afin de financer les actions mises en œuvre dans le cadre des projets de territoires à l'échelle des CTM.

À travers les délégations de compétences réciproques et l'exercice articulé des compétences entre communes et Métropole tout comme à travers la mise en œuvre des orientations du projet de territoire, notamment à travers la mobilisation des enveloppes territorialisées, c'est bien le principe de subsidiarité qui prend corps, en optant pour le déploiement de politiques publiques à l'échelle la plus adaptée.

Ce principe de subsidiarité pourrait être encore mieux déployé, par exemple en associant les CTM à l'élaboration de la programmation pluriannuelle d'investissements ou en favorisant davantage les logiques intercommunales, en incitant à l'émergence d'actions portées ensemble par les communes du territoire, dans une logique de coopération renforcée, de mutualisation de moyens et d'efficience de l'action publique, comme je l'avais suggéré dans mon rapport en 2019.

2. Déconcentration et territorialisation de la Métropole

Les CTM semblent également constituer le bon échelon pour la déconcentration des services métropolitains et la territorialisation des politiques publiques métropolitaines.

Dans mon rapport en 2019, j'avais suggéré d'organiser une contribution des CTM en amont d'une demande d'avis sollicité auprès de la Conférence métropolitaine tant sur les orientations générales des documents-cadres de la Métropole de Lyon que sur les adaptations territoriales nécessaires ;

J'avais également envisagé de confier aux CTM, au-delà de leur rôle consultatif lors de l'élaboration des politiques publiques, une mission consistant à veiller à la bonne mise en œuvre et au déploiement effectif et cohérent des politiques publiques métropolitaines, conçues avec elles, sur leur territoire ;

Il me semblait par ailleurs pertinent de prévoir que les présidents de CTM puissent être sollicités de manière rapide par l'exécutif, sur des questions d'actualité, pour exprimer une position collective des maires du territoire ;

Enfin, j'avais émis l'idée d'une évolution du rôle des Maisons de la Métropole, pour qu'elles puissent offrir aux habitants un guichet unique de proximité sur l'ensemble des compétences et des services de la Métropole.

Sur ce volet, l'essentiel reste à faire.

Sur le volet de l'ingénierie territoriale, des premiers jalons ont été posés, *via* les réseaux professionnels en activité associant la Métropole et l'ensemble des communes du territoire (RReT) ou encore les plateformes de services, accessibles aux communes dans le cadre de conventions.

La Métropole est en train de revoir le rôle des coordinateurs de territoire, dans une logique de territorialisation. D'ailleurs, le nouvel exécutif a souhaité recruter un chef de projet territorialisation, rattaché à la directrice de la valorisation et de la modernisation de l'action publique (DVMAP) elle-même rattachée directement à la directrice générale des services, pour décliner une nouvelle stratégie de la relation à l'usager, ainsi qu'une réflexion autour de l'organisation des services et politiques publiques métropolitaines territorialisés. Parmi les missions mises en avant dans l'offre d'emploi, il est noté que le chef de projet devra contribuer à « rendre la Métropole visible et compréhensible sur le territoire, autant pour les usagers que pour les communes ou les partenaires, permettre une meilleure réponse/transaction, plus fluide, plus immédiate aux services de la Métropole, garantir une égalité et une solidarité de traitement entre territoires… »

III. Conclusion : la Métropole au défi des territoires

Pour conclure, je relèverai que la Métropole, sur son volet territorial, est inachevée, et que beaucoup reste à inventer pour lui donner corps dans ses territoires, tant on sait combien l'enjeu de la proximité est essentiel, pour l'efficacité des politiques publiques et l'accessibilité des services publics aux usagers tout autant que pour renouer le lien de confiance avec les citoyens.

A. Un besoin de clarification

Nous avons perçu un besoin de clarification territoriale. C'est notamment le cas de l'enjeu autour des périmètres et de leur enchevêtrement.

Il faudrait aussi prévoir une organisation administrative renforcée assurant la gestion et l'animation des CTM et de la Conférence métropolitaine (un « secrétariat général des territoires ») en lien étroit avec le directeur général de la Métropole ; il conviendra également de faire évoluer le rôle et la fonction des coordinateurs territoriaux, comme je l'ai rappelé.

Il reste à ouvrir une réflexion sur la place des conseillers métropolitains dans leurs approches territoriales de la Métropole. Les questions notamment de leur place dans leur circonscription électorale et de leur rapport aux maires de leur territoire devront être prises en compte et faire l'objet de propositions.

B. La question citoyenne

La Métropole a également devant elle la question de l'inclusion citoyenne, face à une forme d'illisibilité et de méconnaissance la concernant. Je crois que c'est M. Desrumaux qui évoquait ce matin une « scène métropolitaine brouillée » concernant les dernières élections métropolitaines. C'est vrai que les acteurs en présence n'ont pas aidé à la lisibilité du scrutin !

Les circonscriptions ou les CTM pourraient constituer l'échelon de prédilection de la participation citoyenne, grâce à des instances et à des outils de consultation, de concertation, de participation et de co-construction qui restent à inventer. Mais nous dépassons là le cadre de mon intervention.

Finalement, aujourd'hui, la Métropole est face au défi de ses propres territoires. Face à cela, deux options principales se dessinent :

- soit on maintient et on accentue la logique de centralisation métropolitaine, au risque du déracinement, du conflit interne, et *in fine* de l'éclatement ;

– soit on réfléchit à une meilleure façon d'inclure les territoires et on invente de nouvelles formes de gouvernance territoriale de la Métropole.

Pour ma part, je suis plus que jamais convaincu qu'il est grand temps de construire une Métropole des communes et des citoyens.

LE NOUVEAU PACTE DE COHÉRENCE MÉTROPOLITAIN[1]

par

Hélène GEOFFROY

Sixième Vice-présidente de la Métropole de Lyon, en charge de l'Égalité des territoires

Je vous remercie de m'avoir proposé de participer à cet échange qui, depuis ce début d'après-midi auquel j'ai assisté, est vraiment passionnant.

J'ai comme double casquette d'être vice-présidente de la Métropole de Lyon et maire de la ville de Vaulx-en-Velin, l'une des cinquante-neuf communes concernées par ce pacte de cohérence sur lequel nous travaillons. L'exécutif de la métropole a en effet eu la volonté de repenser ces modes de coopération entre la Métropole et les communes.

J'ajoute aussi, parce que j'ai cette particularité-là, que j'étais députée au moment de l'adoption des différentes lois relatives à la Métropole de Lyon dont nous avons parlé, la loi NOTRe et la loi MAPTAM, et je précise que j'ai voté positivement ces textes. Ce qui

1. Les notes de cet article ont été ajoutées par les retranscripteurs pour préciser les propos tenus.

veut dire que la métropole est un objet dont j'ai suivi le processus de création législative avant de suivre aujourd'hui la façon dont vont organiser les coopérations entre la métropole et les communes.

Je tiens à préciser également que nous sommes dans la phrase d'adoption du nouveau pacte de cohérence métropolitain[2], ce qui veut dire deux choses : la première, c'est qu'il n'est pas encore stabilisé puisqu'il va être présenté en délibération lors du prochain conseil de la Métropole, les 15-16 mars 2021. Comme tout objet qui passe en délibération, il peut donc encore connaître des évolutions. En ce moment, les conseils municipaux donnent d'ailleurs leur avis sur le document. De plus, comme le processus de discussion est en cours, cela veut dire aussi que j'assume de tenir un propos qui pourra parfois paraître prudent aux universitaires qui nous écoutent, mais cela est obligatoire dans une phase de discussion et, au-delà, quant aux modalités de mise en œuvre de ce pacte de cohérence qui ne sont pas encore effectives.

Pour finir ce préambule, je précise que la volonté de l'exécutif métropolitain a été de ne pas inscrire le pacte de cohérence métropolitain dans un processus partisan. Si vous lisez le précédent pacte de cohérence, il n'avait pas officiellement d'esprit partisan, mais étaient définis en introduction du document un certain nombre de valeurs, de principes, d'éléments d'intention du point de vue du concept et de la vision que l'on avait de la Métropole. Le document que nous

2. Le pacte de cohérence métropolitain, qui organise les relations entre la métropole et les communes et notamment la stratégie de délégations mutuelles de compétences entre elles, doit être élaboré par la conférence métropolitaine des maires après chaque renouvellement général des conseils municipaux (art. L. 3633-3 CGCT). La loi dite Lecornu du 27 décembre 2019 a porté son délai d'élaboration de six à neuf mois. Il est ensuite adopté par délibération du conseil de la Métropole, après consultation des conseils municipaux des communes de la métropole. Le pacte en question dans cette conférence a été officiellement arrêté par le conseil de la Métropole le 16 mars 2021 (90 voix pour, 43 contre, 16 abstentions), après avis des conseils municipaux (39 avis favorables dont 22 avec réserves, 15 défavorables et 5 abstentions).

présenterons au conseil de la Métropole, qui est en train d'être présenté aux conseils municipaux, n'est pas parti de ce principe pour essayer d'être sur un mode qui soit en réalité très opératoire. C'est un vrai choix et donc, comme tout choix, il présente des enjeux.

Nous avons connu un premier pacte de cohérence avec des difficultés qu'a d'ailleurs rappelées Marc Grivel, entre autres. Il y avait vingt-et-un axes sur lesquels pouvaient coopérer les communes et la Métropole et finalement peu d'axes ont été mis en œuvre parce que le temps d'élaboration a été très long sous le mandat précédent. J'étais également vice-présidente et maire, et peux donc en témoigner. On a donc une attente très forte au début de ce nouveau mandat, avec des maires très inquiets face à une Métropole dont ils se disent qu'elle pourrait finalement empiéter sur leurs platebandes voire – et c'est un vrai débat qui nous a beaucoup animés dans la phase d'élaboration – face à une double légitimité démocratique. Avec des majorités politiques différentes dans les communes et à la Métropole, il y a la crainte d'une confrontation de majorités qui auraient chacune leurs engagements de programme et qui ne seraient pas en phase. Que se passe-t-il en ce cas, alors que l'on peut être sur des terrains de compétences croisées ? C'est ce qui a animé les débats, car une fois que l'on a défini les objets juridiques que sont les communes et la Métropole, l'enjeu est de déterminer comment nous vivons pendant six ans avec deux collectivités dont l'une est nouvelle dans sa forme d'exercice et dans laquelle tous les maires ne siègent plus désormais.

Je vous propose, dans le temps qui m'est imparti, de rappeler l'ensemble des questions et la façon dont on est en train d'y répondre dans le processus de construction du pacte de cohérence. Je pense qu'il nous faudra bien le mandat pour, peut-être, achever partiellement cette réflexion.

Ce pacte de cohérence est d'abord une *obligation de la loi* : nous avons neuf mois après le renouvellement des conseils municipaux pour élaborer un pacte de cohérence, c'est-à-dire que nous avons jusqu'au mois de mars [2021][3]. Ce qui veut dire qu'il a dû se faire à un rythme soutenu puisqu'il a fallu, en étant en charge de ce sujet, réunir l'ensemble des maires plusieurs fois, travailler avec eux sur les sujets sur lesquels nous pouvions être d'accord pour coopérer, travailler sur les aspects financiers, ce qui est une nouveauté par rapport au mandat précédent, pour donner corps à ce document et qu'il ne soit pas simplement vu comme incantatoire.

De plus, il y a des aspects obligatoires dans l'adoption de ce document. Il doit d'abord être adopté en conférence métropolitaine des maires réunissant les cinquante-neuf maires – et les maires d'arrondissement de Lyon, ce qui est une nouveauté. Il l'a été fin janvier[4]. Nous sommes désormais dans la phase où il est débattu dans les conseils municipaux de l'ensemble de la Métropole et les avis, avec les réserves éventuelles ou les *satisfécits*, seront annexés à la délibération du 15 mars prochain[5], ce qui donnera une lecture très intéressante du point de vue territorial de ce que chacun a pu penser et construire autour du pacte. J'ai moi-même été invitée à certains conseils municipaux pour présenter le pacte et assister à la façon dont les élus municipaux voient la Métropole.

Le premier sujet auquel nous nous sommes attachés a été de définir le *périmètre des conférences territoriales des maires*. Ce sujet n'était pas uniquement technique : il y avait plusieurs façons de les définir, car nous avons toujours plusieurs organisations administratives dans notre pays. Le Pôle Emploi peut rayonner sur un territoire, par

---

3. Si le 1er tour des élections municipales et métropolitaines s'est déroulé le 15 mars 2020, le 2d tour a été reporté au 28 juin 2020 du fait de la pandémie de Covid-19. C'est à cette date que commence alors le calcul du délai des neuf mois (issu d'une modification apportée par la loi du 27 décembre 2019), qui aboutit à mars 2021.
4. Par délibération du 29 janvier 2021, la conférence métropolitaine a adopté ce plan par 26 voix pour, 16 contre, et 14 abstentions.
5. Les conseils municipaux se sont ainsi prononcés du 27 janvier au 12 mars 2021 (25 mars pour Givors) et en majorité pour le plan proposé par 39 avis favorables dont 22 avec réserves, 15 défavorables et 5 abstentions.

exemple entre plusieurs communes, pour les organisations de l'État ; nous avons également les organisations héritées du département du Rhône avec des Maisons de la Métropole réparties sur les communes ; et on a tous ses propres définitions des bassins de vie, évidemment.

Après un débat très partagé avec l'ensemble des conseillers métropolitains, nous avons fait le choix collectivement d'adosser les conférences territoriales des maires aux circonscriptions électorales. Ce n'est pas une obligation de la loi, mais c'est une première façon de donner corps à la manière dont les conseillers métropolitains sont élus. Elles pourraient évoluer, mais elles ont aujourd'hui une identité élective qui nous semblait intéressante. Cela a mené à deux conférences territoriales des maires particulières : celle de Lyon – nous avons une CTM pour Lyon alors qu'il y a six circonscriptions électorales – dans laquelle siègent le maire de Lyon et les maires d'arrondissement – ce qui est une façon de retravailler sur la ville de Lyon –, et la CTM de Villeurbanne[6]. Et nous avons une exception : la circonscription électorale du Val de Saône qui a été divisée en deux CTM [la CTM Val de Saône et la CTM Ouest-Nord], à la demande des maires eux-mêmes de ce territoire, qui ont souhaité garder un partage qui existait depuis longtemps.

Le deuxième débat portait sur la *place des conseillers métropolitains* dans un pacte de cohérence qui régit les relations entre la Métropole et les communes. Ce débat est toujours vivant au moment où je vous parle. Cette double légitimité démocratique se traduit par des questions de compétences à partager, mais aussi par la place que les élus occupent sur le territoire. Quand vous êtes élu d'un territoire, vous avez à rendre compte aux habitants et vous avez aussi envie d'exprimer la façon dont vous travaillez sur la circonscription électorale métropolitaine, car

6. Villeurbanne est ainsi dotée d'un statut un peu particulier au sein de la métropole, étant la seule entité à être à la fois une commune, une circonscription électorale métropolitaine et le territoire entier d'une conférence territoriale des maires (« du » maire en l'occurrence).

chacun a pu construire un projet lié à sa circonscription et à ses spécificités. L'un des sujets de débat aujourd'hui, et cela se retrouve dans les discussions du conseil métropolitain, a été de placer les conseillers métropolitains dans cette organisation du pacte de cohérence. Nous avons un conseil métropolitain dans lequel bien sûr ils sont présents, une commission permanente et une CTM dans laquelle siègent les maires. Dans le format d'organisation retenu, nous avons adopté le principe que la CTM organise une fois par an une revue territoriale en réunissant l'ensemble des conseillers métropolitains du périmètre de la CTM. Cela fera donc des réunions conséquentes en termes de participants, mais ainsi, sur un territoire identifié, les deux légitimités démocratiques vont se parler. Ce qui n'empêche pas d'en faire plus, mais qui oblige d'en faire au moins une parce que d'une CTM à l'autre, d'un territoire à l'autre, l'histoire électorale et politique fait aussi que les sujets peuvent être plus ou moins difficiles à faire vivre.

Dans la suite de mes missions de vice-présidente à l'Égalité des territoires, il y a aussi cette réflexion sur la façon dont le conseiller métropolitain peut s'inscrire pour ne pas être vu hors-sol dans sa relation au territoire, ce qui est un enjeu démocratique important. Parmi les mandats que j'ai exercés, j'ai également été conseillère générale du canton de Vaulx-en-Velin. Je sais aussi l'importance d'être connecté à un territoire. Comme les conseillers généraux l'étaient bien dans le passé, il n'y a pas de raison que nous ne trouvions pas les bonnes façons de travailler pour les conseillers métropolitains.

Revenons au *pacte de cohérence*, au document lui-même. Nous avions défini les périmètres, nous avions dit que nous aurions des conférences territoriales des maires, nous avions reprécisé leur rôle : instance de consultation, de concertation, mais aussi instance qui propose des travaux sur leur périmètre et sur leur territoire pour avancer sur une réflexion. Cette liberté de choisir librement les sujets que veut aborder une CTM est inscrite dans le pacte de cohérence, de même que la Métropole s'invite aussi dans les CTM pour porter les sujets de politiques publiques métropolitaines. En ce moment, il y a une concertation sur le règlement local de publicité : le vice-président en charge du sujet fait le tour des CTM, explique, échange avec les maires, entend leurs remarques et évidemment les intègre. Nous avons adopté le principe que des vice-présidents assistent aux séances des CTM, que le président puisse s'y faire représenter. Tous ces objets ont été sujets de débat.

Le dernier sujet sur lequel nous avons travaillé portait sur les *axes de coopération*. Sous le précédent pacte, il y avait vingt et un axes de coopération possibles. Tous n'ont pas été activés dans la période 2017-2020. Aujourd'hui, nous en proposons sept. Nous avons identifié sept axes qui ne représentent pas l'ensemble des politiques publiques de la Métropole, mais les points où les chevauchements entre les communes et la Métropole sont les plus évidents. Même si nous travaillons le plus possible ensemble sur les territoires, de façon très opératoire, lorsque l'on a un projet d'aménagement du territoire, c'est le maire qui signe les permis de construire, c'est la Métropole qui fait la rue qui passe devant l'immeuble, la Ville qui fait le stationnement. Donc forcément on est obligés de travailler cela et on se partage les espaces publics. Ce peut être source de vives tensions, d'où l'idée de trouver les modèles de coopération. Les sept axes sont donc :

- la revitalisation des centres-bourgs qui intéresse peu ou prou toutes les communes de la Métropole ;
- l'éducation, car la Métropole a la compétence des collèges et la ville des écoles élémentaires, il faut donc imaginer tout ce qu'on peut travailler de façon collaborative en termes de parcours, sur les questions artistiques, culturelles, sur l'alimentation, en mettant aussi des moyens à disposition ;
- les modes actifs (le vélo, la marche) ;
- les trames vertes et bleues[7] ;
- l'alimentation, la production, la lutte contre le gaspillage ;

7. Ndle : les trames vertes et bleues sont les espaces et corridors végétaux et aquatiques de la métropole, identifiés comme espaces de biodiversité et faisant l'objet de politiques particulières.

– le logement, l'accueil et l'hébergement ;
– l'emploi, l'insertion et – nous l'avons élargi en discussion avec les communes – le développement économique responsable.

Ces sept axes ont été débattus avec l'ensemble des communes de la Métropole et nous en avons enrichi le contenu, les objets sur lesquels nous pouvions contractualiser. Nous avons gardé du pacte de cohérence antérieur six domaines de coopération sur les vingt et un, sur lesquels des coopérations avaient déjà commencé et qu'il nous semblait dommage d'interrompre : l'action sociale ; la santé ; la culture, le sport et la vie associative ; la propreté ; la politique de la ville ; le développement urbain.

Maintenant que ces axes ont été précisés, nous proposons aux communes ce projet de territoire. Une fois un diagnostic et quelques enjeux identifiés, nous demandons que chaque CTM définisse les domaines de coopération dont elle se saisit. Elle peut se saisir des sept axes, ou d'un axe au moins pour formaliser ce projet de territoire. Ces axes sont nécessairement liés aux politiques publiques de la Métropole. Nous ne demandons pas validation par les communes des axes stratégiques de la Métropole : les communes disent que nous pourrons travailler ensemble sur ces sujets-là.

Une fois le pacte adopté, nous allons rentrer dans le moment d'échange entre les services municipaux et les services métropolitains pour mesurer dans quel délai les projets sont réalisables. La discussion se fera bien sûr entre les maires et l'exécutif métropolitain.

Nous nous sommes fixé un délai pour ces projets de territoire, car l'on est dans un moment où chacun s'interroge sur sa place. Il me semble qu'il faut aller vite pour être dans le concret, au service des habitants de nos territoires. On s'est donc donné neuf mois pour écrire ces projets de territoire qui devraient être délibérés de nouveau en conseil municipal d'abord, pour chaque CTM, puis nous délibérerons en fin d'année les dix projets de territoire au conseil de la Métropole. Puisque les projets sont délibérés dans des instances, ils peuvent être modifiés : l'idée est bien sûr que, en arrivant au conseil de la

Métropole, on poursuit l'exercice démocratique en respectant les projets qui ont été pensés et validés dans les conseils municipaux. Enfin, nous les présenterons en conférences métropolitaines des maires.

Comme je l'ai dit, nous avons un *volet financier* adossé à la mise en œuvre du pacte. C'est important aussi pour mobiliser les énergies. Il existait déjà sur les territoires la capacité de financer des opérations d'aménagement à la demande des communes : il s'agissait du Fonds d'initiative communale (FIC) et des actions de proximité (PROX). Ainsi, deux fonds permettaient de faire des travaux immédiats (installer des rehausseurs sur la voirie, boucher un trou, aménager un trottoir, etc.) et les communes avaient un financement propre, d'essence métropolitaine. Cela représentait 118 millions d'euros sous le mandat précédent qui ont été reconduits sur ce mandat, et qui vont continuer à exister avec une partie de financement au niveau communal et une autre partie au niveau de la CTM afin d'incarner un projet à l'échelle de ces conférences territoriales des maires. C'est un changement important car, selon la taille de la CTM, sept, neuf, dix ou dix-sept maires doivent se mettre d'accord sur l'utilisation de ces financements, qui sont calculés au prorata du nombre d'habitants et de la superficie de voirie.

Concernant le financement des projets de territoires dont je parlais, 82 millions d'euros leur sont dédiés : chaque CTM ayant un montant lié à son nombre d'habitants, la répartition s'est faite très simplement. Aujourd'hui, tous les maires connaissent le montant attribué à leur commune, à leur CTM, mais aussi le montant qu'a chaque commune et chaque CTM. C'est aussi dans l'exercice démocratique un exercice de transparence qui était important. Au total, sur la programmation pluriannuelle de la Métropole qui a été votée le 25 janvier 2021, 200 millions d'euros sont attribués aux territoires.

Nous allons continuer à suivre ce travail avec un *groupe de suivi des maires*, car c'est aussi cela faire vivre les documents, avec une clause de revoyure en 2023 pour s'assurer que le pacte que nous avons voulu très opératoire a pu fonctionner et gommer un certain nombre d'aspérités, limiter les tensions et les crispations.

J'espère que par ce modèle, nous aurons rassuré chacun dans son rôle : il ne s'agit ni de diminuer la place des communes, ni d'amplifier celle de la Métropole, mais que chacun trouve sa place et surtout que nous nous disions que l'intercommunalité n'est plus une difficulté. Il est vrai que, en tant que maire, déléguer entièrement des compétences est un sujet de difficulté : charge à nous tous, dans nos exécutifs respectifs, de trouver les moyens de travailler pour que cela n'affaiblisse pas les politiques publiques au service des citoyens.

Après tous les échanges que je mène depuis plusieurs mois, j'avoue être plutôt optimiste sur ce que nous serons en capacité de faire et de créer en termes d'intelligence collective.

Le dernier chantier que j'entame, ce sont les *questions de territorialisation* sur lesquelles nous allons travailler avec la Métropole et avec les communes. Il s'agit désormais de définir les politiques publiques que nous devons mettre à l'échelle de nos Maisons de la Métropole. Historiquement, elles n'ont en guichet que les compétences sociales, issues de l'héritage du département. Il faut qu'elles puissent avoir aussi les autres politiques publiques qu'attendent nos citoyens au plus près d'eux. C'est encore un beau chantier sur lequel la Métropole travaille : elle a commencé et elle associera les communes.

Je n'ai pas parlé ici de la place du citoyen qui fait bien sûr partie des sujets essentiels. On a parlé des élus municipaux, des élus métropolitains, mais il faut aussi parler des habitants, habitants-citoyens et habitants-usagers, ce qui me semble aussi primordial. Mais je laisse ma collègue Laurence Boffet aborder ce sujet un peu plus tard dans la table ronde.

Voilà, j'espère avoir été la plus claire possible dans ma présentation.

Je vous remercie.

DISCUSSIONS DE L'APRÈS-MIDI

Xavier Souvignet *(Professeur à Lyon 2, président de séance)*
Je remercie tous les conférenciers pour la clarté de leurs propos et l'intérêt de leur communication, et pour avoir si bien tenu leur temps de parole. Nous avons donc une demi-heure de discussion. Vous avez la parole.

Jule Le Mener *(Président de l'association Villeurbanne c'est vous ![1])*
Bonjour, j'aimerais poser une question à Mme Geoffroy. Le pacte de cohérence métropolitain, qui fixe le cadre des relations entre la métropole de Lyon et les 59 communes qui la composent, n'a été adopté en conférence des maires le 29 janvier dernier que par un vote de 26 maires, soit moins de la moitié. N'y aurait-il pas à gagner à consulter l'intégralité des élus locaux, notamment pour travailler sur les axes prioritaires d'une politique territoriale ? De plus, ne manque-t-il pas un volet notamment sur la sécurité, mais surtout une thématique sur la difficulté des jeunes et des étudiants, durement touchés en cette période de crise ? Enfin, je me questionne sur la gouvernance locale, un certain nombre d'élus locaux ayant été laissés de côté lors de l'élaboration de ce pacte, et semble l'être encore lors des comités de pilotage et de suivi.

1. Association liée à la liste LREM Villeurbanne c'est vous ! emmenée par Prosper Kabalo, qui obtiendra au second tour 29,5 % des voix à l'élection municipale derrière la liste de gauche menée par Cédric Van Styvendael, et 33,2 % des voix à l'élection métropolitaine derrière la liste écologiste et d'union de la gauche de Bruno Bernard.

Hélène Geoffroy
Je sens la question un peu orientée, mais je vais répondre bien sûr jusqu'au bout. L'ensemble des élus locaux, l'ensemble des élus municipaux auxquels vous faites sans doute référence puisque nous ne sommes pas appelés à nous concerter avec les élus régionaux par exemple pour l'élaboration de ce pacte, l'ensemble des élus municipaux a donc été consulté puisqu'ils ont donné leur avis dans le cadre des conseils municipaux dont j'ai parlé. Donc je ne sais pas ce qu'il faudrait ajouter de plus, quel serait l'organe par essence plus démocratique que le conseil municipal qui s'est exprimé, et qui est le lieu par excellence où consulter les élus municipaux. Je me suis attachée à faire en sorte évidemment que cette consultation puisse se faire dans les meilleures conditions possibles. Nous avons ainsi fourni tous les documents nécessaires aux maires pour éclairer leurs choix, je me suis déplacée moi-même pour en discuter, ou les services métropolitains quand cela était plus adéquat.

Sur l'association des maires, tous les maires ont bien été rencontrés, ont participé. Il y a eu dix rencontres de CTM, trois versions du pacte qui ont été soumises aux maires, dix-sept contributions reçues, de communes et de CTM, et que nous avons intégrées dans l'élaboration du pacte ou sur lesquelles nous nous sommes expliqués si nous ne les avons pas retenues. Nous avons donc eu l'occasion de bien associer les maires aux différentes étapes de ce processus, de discuter avec eux et de leur permettre de discuter entre élus, et plus d'ailleurs que ce qui était prévu initialement. Sans compter les groupes de travail sur les finances. Je vous assure que nous avons beaucoup travaillé en concertation.

En revanche, il y a eu aussi des désaccords de différentes natures, dont j'ai fait mention dans mon propos. Il y a tout d'abord des maires qui ne sont pas contents de la loi MAPTAM elle-même et qui ne sont toujours pas satisfaits de la transformation du Grand Lyon intercommunal en collectivité territoriale de plein exercice. Mais ça, c'est un débat démocratique qui doit avoir lieu au bon moment et dans le bon lieu, au Parlement si l'on veut changer la loi. Au niveau de la métropole, il faut bien partir de la loi telle qu'elle est, et de la meilleure façon de la mettre en œuvre dans l'intérêt de nos concitoyens.

Ensuite, quant au vote du pacte, je ne vais pas développer ici mes commentaires et j'assume de rester mesurée sur ce point. Nous avons acté en conférence métropolitaine des maires le principe que chaque maire développe l'argumentaire de son vote dans son conseil municipal, ce qui est d'ailleurs en train d'être fait en ce moment dans les 59 communes et je vous invite à aller lire les comptes rendus de ces conseils, que je ne commenterai pas ici. Je rappelle que nous avons bien réuni toutes les conditions légales pour l'adoption du pacte, à savoir la majorité simple des maires, et c'est le cas, représentant la majorité des habitants, et c'est le cas également[2].

Les axes du pacte sont en effet un débat. Quant à la sécurité, nul n'empêche qu'une CTM se saisisse de la question, tout comme d'ailleurs pour ce qui est des problèmes des étudiants. Le pacte de cohérence est fait de telle sorte que si les maires d'une CTM décident de parler de sécurité, de discuter d'un sujet particulier, ils ont liberté de le faire, liberté d'inviter qui ils veulent pour en parler, un commissaire de police, un commandant de gendarmerie, etc. Ils ont donc la liberté de travailler sur le sujet et d'en échanger avec la métropole. Simplement, je le redis, dans le pacte de cohérence actuel sept axes ont été retenus, choisis. Ils ne correspondent pas à l'ensemble des politiques publiques de la métropole. Par exemple, il y a la politique

2. Art. L. 3633-3 CGCT (tel que modifié par la loi du 27 décembre 2019, art. 3) : La conférence métropolitaine élabore dans les neuf mois qui suivent chaque renouvellement général des conseils municipaux un projet de pacte de cohérence métropolitain (...) La conférence métropolitaine adopte le projet de pacte de cohérence métropolitain à la majorité simple des maires représentant la moitié de la population totale des communes situées sur le territoire de la métropole de Lyon.
Le pacte de cohérence métropolitain est arrêté par délibération du conseil de la Métropole de Lyon, après consultation des conseils municipaux des communes situées sur son territoire.

de la petite enfance qui n'apparaît pas non plus. Cela ne veut pas dire que la métropole ne s'occupe pas de la petite enfance puisqu'au contraire c'est l'une des compétences de la collectivité, ce qui n'est d'ailleurs pas le cas de la sécurité. Mais il nous a semblé pour la petite enfance que le travail au niveau des CTM n'avait pas la même pertinence. La petite enfance fait l'objet d'un travail qui se situe plutôt au niveau des communes, des crèches communales, dans un cadre relativement codifié. Mais si des CTM veulent se saisir de la petite enfance, il y a une PPI générale de la métropole qui le permet[3].

Enfin, pouvez-vous me rappeler votre remarque sur la gouvernance locale ?

Jule Le Mener
Oui, je parlais des comités de pilotage et de suivi. Je me posais la question de la gouvernance locale quand ce sont les mêmes personnes qui ont décidé les politiques, les mettent en œuvre et en font le suivi, c'est-à-dire quand c'est le même petit groupe de personnes qui assure les trois étapes de la politique.

Hélène Geoffroy
Je ne suis pas sûre que nous parlons du même sujet. Un comité de pilotage est créé sur un sujet bien précis, un projet d'aménagement par exemple ou une politique publique de la métropole. Travaillent alors sur le sujet les vice-présidents concernés, les maires et leurs adjoints éventuellement. Donc ici, il n'y a pas confiscation par quelques-uns de la décision collective, comme vous semblez l'avoir en tête. Bien sûr que non. Car nous avons dans la démocratie de notre

3. La programmation pluriannuelle d'investissement adoptée par le conseil métropolitain du Grand Lyon les 25-26 janvier 2021 prévoit une enveloppe de 335 millions d'euros pour l'axe Santé, Social, Éducation et Culture, d'autres lignes budgétaires pouvant éventuellement être mobilisées sur le sujet (enveloppes territorialisées, patrimoine, etc.). Source : site internet du Grand Lyon (*https://www.grandlyon.com/actions/2021-2026-relance-ecologique-et-solidaire.html*).

belle République à chaque fois des conseils, municipaux ou de la métropole, qui délibèrent et qui prennent les décisions qui ne sont donc pas confisquées par un petit groupe au sens où vous l'entendez.

Maintenant sur la consultation des uns et des autres, ce pacte de cohérence permet justement de préciser la façon dont nous allons travailler ensemble et avec les instances comme la conférence métropolitaine des maires, qui est importante puisque les maires ne siègent plus tous au conseil de la Métropole et ont donc besoin d'un lieu où ils sont réunis et dans lequel ils peuvent être saisis de sujets. Par exemple, les maires vont être saisis sur la révision du PLU-H (plan local d'urbanisme et de l'habitat) pour qu'ils puissent à un moment exprimer un avis. Ce n'est évidemment qu'un avis, mais au moins il y a bien ce lieu où les 59 maires donnent leur avis à la métropole. Si vous avez 59 maires en désaccord avec un sujet, ça posera question. Il est vrai que la métropole pourrait quand même faire ce qu'elle veut, mais ce serait alors plus compliqué, y compris parce qu'il y a des compétences qui sont croisées entre les collectivités. Il faut donc pouvoir échanger et avancer. En tous cas, c'est la volonté de l'exécutif actuel. Voila ce que je pouvais préciser.

Christophe Chabrot
Vraiment merci beaucoup aux conférenciers qui nous ont donné beaucoup de nourriture intellectuelle, qu'il nous faudra digérer patiemment. J'aimerais poser une question aux élus, qui me mettent dans l'embarras parce que finalement je ne comprends plus ce qu'est une CTM, une conférence territoriale des maires. J'avais à peu près compris ce que ça pouvait être, ce que ça pouvait devenir, et tout d'un coup je me rends compte que le sujet est beaucoup plus complexe que ça et je trouve ceci passionnant. Je croyais qu'une CTM était un lieu de rencontre entre un groupe de communes d'un bassin de vie, dont on peut peut-être discuter du périmètre, mais dont la réalité est en train de s'installer progressivement, et l'échelon métropolitain, avec un va-et-vient d'échanges et de discussions. Alors première remarque : c'est un lieu de rencontre avec les maires, les exécutifs des communes. Et je ne sais pas si l'on peut résumer une commune dans son seul maire.

Il est sans doute la figure la plus visible de la commune, et sans doute est-il le plus souvent honnête dans la représentation de la commune, mais en même temps il ne traduit qu'une majorité municipale. Or une commune, pour reprendre l'idée de « société locale », c'est un ensemble, c'est un système entre des habitants et des institutions qui ne saurait être réduit à la seule majorité politique. Peut-être faudrait-il penser à ouvrir la représentation municipale à d'autres acteurs que le seul maire. Deuxième remarque : si nous ne sommes pas à Lyon comme dans la métropole d'Aix-Marseille-Provence, où les CTM sont calquées sur les anciennes intercommunalités fusionnées, mais qui perdurent dans la métropole, à vous entendre et à relire la loi on comprend bien qu'une CTM n'est pas un échelon déconcentré de la métropole, et n'en joue pas le rôle, même de loin. Comme on l'a vu sur la carte de M. Grivel, les services métropolitains ne coïncident pas toujours avec les périmètres de ces CTM par exemple, et il n'y a pas de représentant obligatoire de la métropole dans ces assemblées. Mais du coup, cela devient plus un lieu de rencontre entre les maires eux-mêmes du bassin de vie, qui peuvent avoir envie comme vous le disiez M. Grivel de faire des choses ensemble, de coopérer sur un sujet. De même quand vous dites Mme Geoffroy que les CTM pourraient être ouvertes aux élus métropolitains, ce qui me paraît en fait assez évident, cela dégage encore d'autres horizons possibles. Les CTM pourraient ainsi devenir des échelons de « déconcentralisation », à la fois échelons territoriaux de la métropole pour mener ses propres politiques et échelons de coordination des politiques municipales de type intercommunal, ou des échelons de rencontres entre les institutions locales et les habitants ou plus simplement entre les services techniques des communes et/ou de la métropole, selon qui fait partie de ces conférences, etc. Donc j'aimerais avoir votre avis en tant qu'élus sur l'identité des CTM sur leur définition, actuelle ou pour l'avenir.

Christophe Testard

J'ai une question en complément qui va pareillement dans le sens de ce qui vient d'être dit par Christophe Chabrot. Après l'intervention de M. Grivel j'avais justement une interrogation sur la possibilité, ou la crainte, d'une autonomisation des CTM. N'y a-t-il pas le risque quand même, dès lors qu'on les calque sur un bassin de vie ou sur une circonscription électorale, qu'elles deviennent une sorte de contre-pouvoir à la métropole ?

Marc Grivel

Oui, je veux bien répondre à ça parce qu'on y a pas mal réfléchi, et vous avez raison. Il faut se rendre compte de la réalité. La conférence territoriale des maires finalement c'est le lieu où les exécutifs municipaux représentés par leurs maires se réunissent dans un esprit volontaire. Mais il faut bien comprendre quelque chose. Jusqu'à 2015, la communauté urbaine s'était construite sur la base du volontariat. Une commune qui voulait en faire partie le demandait et y entrait, comme par exemple la dernière, Quincieux, en 2014. Mais la loi MAPTAM de 2014 a imposé la transformation de la communauté urbaine en métropole-collectivité, et a été adoptée sans même qu'on ne demande aux conseillers municipaux leur avis, ni si telle ou telle commune voulait rester dans la métropole ou pas. C'est quand même très particulier, pour ne pas dire autre chose. La loi MAPTAM sur ce plan-là est une loi brutale[4]. Faire une collectivité territoriale de cette façon-là est une procédure brutale. Mais revenons aux CTM. Une CTM est effectivement l'endroit où les maires vivent encore, toujours, et d'une manière intelligente le volontariat de l'époque de la communauté urbaine. Dans une CTM, on a envie de faire des choses ensemble, mais aussi de faire des choses avec la métropole qui est là et qui s'impose, selon ce que prévoit le pacte

4. Précision du retranscripteur : la communauté urbaine de Lyon a elle-même aussi été créée d'office par la loi du 31 décembre 1966, qui a imposé aux 55 communes d'alors une intégration intercommunale très forte sans leur consentement.

de cohérence. Donc effectivement, dans une CTM il y a des initiatives propres, qui étonnent parfois la métropole, comme quand on crée entre plusieurs communes un pôle d'instruction des permis de construire, qui fonctionne d'ailleurs très bien. Ce pôle est considéré comme concurrent de la métropole[5]. Mais si on regarde les chiffres il coûte deux fois moins cher aux communes. Il faut donc laisser aux communes au sein des CTM ce pouvoir d'initiative locale. La CTM sert à ça. Et bien sûr, ça sert aussi, à travers ce qui est prévu dans le pacte de cohérence, à établir des relations entre la métropole, pouvoir central, et chacune des communes.

Ce n'est pas toujours très facile, bien sûr. Mais la question est exacerbée aujourd'hui parce que dans une CTM, certains maires siègent au conseil de la Métropole et d'autres non. Et parfois même, certains maires qui ne siègent pas à la métropole voient leur commune représentée par leur opposition municipale. C'est quand même un sacré bazar démocratique.

Mais ça marche plutôt bien dans les relations entre maires, et de façon transpartisane. Et c'est d'ailleurs à cet endroit qu'on voit éclore quelque chose qui est complètement dans l'évolution managériale : on sait y faire du transversal, au lieu d'avoir du pouvoir vertical qui tombe dans haut et qui s'impose. La CTM est un lieu de transversalité, de subsidiarité. Et je pense qu'il y a même un petit côté laboratoire dans ces CTM. Il est donc très intéressant de voir comment ça peut évoluer. Et ce n'est pas parce que ce ne sont que des maires qui en font partie qu'on doit dire que c'est passéiste, que c'est étriqué, voire corporatiste. Il s'y prend des initiatives tout à fait intéressantes, tout à fait ouvertes sur l'avenir, et j'ai plein d'exemples comme le réseau Rebond dont on a parlé ce matin, entre plus de huit communes qui

5. Depuis 2014, le Grand Lyon a un service mis à disposition des communes par convention pour instruire les permis de construire à la place des services de l'État, les 27 maires concernés restant bien sûr maîtres de leur signature finale. Ce service métropolitain dit ADS (autorisation du droit des sols) est donc doublé par celui mis en place par les communes signalées par M. Grivel sur leur territoire.

gèrent ensemble 160 000 documents de bibliothèques, avec un salarié qui assure le transfert de document d'une bibliothèque à l'autre. Les grands événements culturels, sportifs, etc. de la métropole sont aussi nés dans les communes…

Maintenant, ce qu'il reste à définir c'est le rôle exact du conseiller métropolitain dans cet espace-là. Et il me semble que ce point est important. Car il faut préciser une dernière chose : l'électeur s'est déplacé deux fois, le même jour, pour élire un conseil municipal, et donc un maire, et pour élire des conseillers métropolitains. Je ne vois pas d'ailleurs en quoi cela pose un problème que cela soit le même jour. Parce que finalement, dans bien des communes on disait à l'électeur qu'il devait aussi voter pour les métropolitaines, et donc la concomitance des élections a aussi profité à ces élections métropolitaines, qui auraient sans doute connu sinon un taux encore plus fort d'abstentionnisme, surtout au deuxième tour. Mais pour cet électeur-là, quand il se passe quelque chose dans la commune qui relève de la compétence de la métropole et qui le contrarie, comme les problèmes de voirie ou de collecte de déchets, il ne cherche pas dans le détail et il tient le maire et son conseil pour responsable. Donc, même si on a transféré une compétence en droit, pour l'électeur on n'a pas transféré la responsabilité. Pour l'électeur, la responsabilité elle est restée au niveau de la commune, de l'exécutif municipal. Il faut bien comprendre ceci, et il faut faire avec tout ça, et trouver la place des élus métropolitains au niveau local.

Hélène Geoffroy
Sur la question du conseiller métropolitain, je partage avec M. Grivel le constat que le maire reste le premier interlocuteur, et d'ailleurs même pour les compétences régaliennes de l'État comme pour les questions de sécurité dont on parlait tout à l'heure où l'habitant se tourne d'abord vers le maire et non vers le préfet ou le commissaire de police.

Par ailleurs, sans doute en effet la commune ne se résume pas à son maire ni à la majorité. Mais la prise de décision au sein du conseil municipal revient quand même bien au maire et à la majorité. Pour les CTM, je rappelle que l'intercommunalité étant devenue une collectivité pleine et entière, la question se pose de la place respective des conseillers métropolitains, des conseillers municipaux et des maires. Et justement, la CTM répond à cette question. Elle ne répond pas à une question démocratique d'ensemble, elle répond simplement au fait que les maires ne sont plus obligatoirement présents dans le conseil de la Métropole. Or lorsqu'on est présent dans une institution de la métropole, qu'on soit dans la majorité ou l'opposition, on suit tous les sujets d'actualité, toutes les politiques publiques de la métropole et on vote sur ces politiques publiques. Et c'est tout cela que désormais les maires ne font plus puisque nous sommes, et c'est logique, sur deux collectivités différentes. En revanche, les sujets concernent les mêmes territoires et sont souvent communs,

Pourquoi ça pose moins de problèmes avec le département, au-delà du fait que les départements sont installés depuis bien longtemps et que chacun a pris ses marques avec son conseiller départemental ? C'est parce que le département est essentiellement sur des politiques sociales et gère les grandes routes. Les points de frictions sont alors moins nombreux avec les communes. Pour la gestion du RSA à l'échelle du département ou de la métropole, vous avez une politique avec des travailleurs sociaux sur des sujets qui produisent moins de frictions avec les communes que par exemple les questions d'aménagement. C'est pour ça que nous avons besoin d'un lieu où les élus de la métropole peuvent rencontrer les maires. Bien sûr, ils peuvent les rencontrer à 59 dans la conférence métropolitaine, mais la métropole fait également le choix de les rencontrer par CTM. Les maires peuvent également se réunir sans la métropole, juste entre eux. Mais sinon, la métropole est bien présente dans les CTM, sous plusieurs formes. Par le coordinateur territorial tout d'abord, qui est un agent de la métropole qui prépare les ordres du jour avec le président de la CTM et les envoie aux membres, qui est présent lors des réunions, en fait les comptes rendus. De même, en fonction des sujets, les vice-présidents vont venir dans les CTM. Si celle-ci veut se saisir de sujets qui ne sont pas strictement prévus à l'ordre du jour des questions métropolitaines, par exemple sur la question de la sécurité qui n'est pas une compétence de la métropole je le rappelle, même si nous avons un service prévention spécialisé, elle peut devenir un lieu d'échanges et d'audition de personnes concernées par exemple.

Sur la question de l'autonomisation des CTM, c'est aussi un débat qui a traversé la réflexion de la métropole. Mais je n'ai pas à ce sujet d'inquiétude particulière. Il est vrai qu'à partir du moment où on dit aux CTM de construire elles-mêmes leur propre projet de territoire, avec éventuellement l'aide de la métropole et avec des financements identifiés, la crainte peut exister que tous les maires se mettent d'accord et en contradiction avec la métropole. Mais on a bien précisé deux choses aux maires. La première c'est que les CTM s'inscrivent aussi dans le cadre de nos politiques publiques et qu'elles ne peuvent donc pas s'opposer trop directement aux choix de la métropole. Je donne souvent l'exemple d'une CTM qui voudrait multiplier par cinq la place de la voiture dans son projet de territoire, ce qui ouvrirait une certaine « complexité » vis-à-vis de la majorité métropolitaine actuelle. Et les maires avec qui j'en ai discuté en conviennent tout à fait, et je n'ai pas d'inquiétudes là-dessus. La deuxième précision qui a été donnée aux maires concerne les communes moins peuplées, qui peuvent avoir peur d'être moins écoutées dans les CTM comprenant des communes beaucoup plus importantes et avec des maires de plus grande envergure ou plus anciens. La métropole a bien fait savoir qu'elle serait garante de la place de ces petites communes dans les projets de territoires.

Aujourd'hui, j'ai le sentiment, même si les conseils municipaux n'ont pas encore tous donné leur avis sur ce pacte de cohérence et si le grand débat métropolitain du 15 mars sur l'adoption de ce pacte n'a pas eu lieu[6], que chacun se dit comme le précisait Marc Grivel que travailler à l'échelle plus petite de la CTM comme le prévoit le pacte permet d'être au plus près des préoccupations des habitants. C'est aussi pour ça que nous prévoyons que les conseillers métropolitains soient invités une fois par an dans les CTM, pour que se retrouvent les deux légitimités, à défaut de pouvoir l'être tout le temps. Certains CTM nous ont d'ailleurs annoncé qu'elles prévoyaient d'associer plus régulièrement les conseillers métropolitains de leur circonscription, et cela la métropole ne l'empêche pas.

Marc Grivel

Sur la notion de « danger » de l'autonomisation des CTM, j'aimerais ajouter que le premier danger c'est la politisation des CTM. Il peut y avoir une grande majorité interne aux CTM qui fait que cela se politise. Et si cela se duplique de CTM en CTM, ça risquera de devenir un enjeu aux élections, notamment pour les grandes organisations politiques qui viendront chercher un appui à l'intérieur du territoire métropolitain à ce niveau des CTM. Ce danger est latent. L'autre danger c'est de bien situer le seuil entre autonomie et indépendance. On y a beaucoup réfléchi quand on a travaillé sur l'évolution des

6. Après son adoption par la conférence métropolitaine des maires le 29 janvier 2021, où 26 maires sur 59 ont voté pour, 16 contre et 14 s'étant abstenus (en décembre 2015, le pacte conçu selon un autre modèle avait été adopté par 47 maires, 11 ayant voté contre et 5 s'étant abstenus), 39 communes ont, depuis ce colloque du 26 février, donné un avis favorable au pacte, dont 22 avec des réserves, 15 ont voté contre et 5 se sont abstenues. Ce pacte a été adopté après légères modifications et dans sa forme définitive par le conseil métropolitain dans sa séance du 15 mars 2021 par 90 voix pour, 43 contre et 16 abstentions.

CTM[7], et le sujet revient souvent. Par exemple, il me semble qu'il ne faut jamais franchir la question du budget. Les maires s'organisent déjà entre eux, maîtrisent l'ordre du jour, ont un contact avec le correspondant territorial de la métropole. Mais si l'on va plus loin et qu'on commence à parler de gérer un budget dédié, général et qui ne soit pas pré-affecté à tel ou tel projet, alors on franchit une ligne qui permettrait la constitution de bastions, de fiefs, et qui risquerait d'entraîner une sorte de balkanisation de la métropole, si vous me permettez l'expression. Donc il faut faire attention aux limites à ne pas franchir.

Christophe Chabrot
Le budget Prox ne ressemble pas à ce type de budget propre aux CTM, au prorata de sa population ?

Hélène Geoffroy
Oui, le budget Prox est devenu un budget propre des CTM dont elles décident elles-mêmes l'affectation, mais en lien avec les services de la métropole et avec les instructions qui leur sont données. Et je rappelle que comme c'est un financement métropolitain, c'est quand même la métropole qui à la fin délibère sur l'affectation des fonds. L'idée c'est que les CTM proposent elles-mêmes les projets et les aménagements qu'elles envisagent, mais dans le cadre des orientations fixées par la métropole. Il est certain que les maires comme les élus de la métropole ont leurs propres orientations et engagements politiques, et il faut réussir à éviter une concurrence néfaste. Mais être sur des aménagements de proximité permet d'être avant tout très concret, et permet d'arriver ensemble à coordonner et la proposition,

7. Marc Grivel a remis le 13 juillet 2019 un rapport commandité par le président Kimelfeld intitulé « Métropole, communes et territoires : construire ensemble une dynamique d'animation et de fonctionnement au service des habitants », comprenant notamment 21 mesures destinées à renforcer la place des communes et des maires au sein de la métropole, comme au sein des CTM ou de la conférence métropolitaine des maires.

et la décision et la mise en œuvre des projets. Ce qui se différencie ainsi de la programmation pluriannuelle d'investissement sur laquelle les 3,400 milliards d'euros, en enlevant les 200 millions reliés aux budgets Prox, sont engagés dans un dialogue bien plus classique entre les services de la métropole, les vice-présidents et les maires ou les CTM sur la localisation des dépenses sur telle ou telle commune. Les budgets Prox permettent d'avoir une autre approche plus souple, plus inventive, plus collective entre les maires, en sortant des questions qui pourraient, comme le signalait justement Marc Grivel, être trop partisanes. Vous constaterez d'ailleurs que ce pacte a été écrit dans un esprit très opératoire, sans y développer par exemple toute la philosophie de notre exécutif.

Xavier Souvignet
Très bien. Nous arrivons malheureusement au bout du temps de notre discussion, comme indiqué dans notre programme. Je remercie tous les intervenants, et nous nous retrouvons après la pause pour la table ronde relative justement aux relations entre la Métropole et son environnement.

Table ronde 2

LA MÉTROPOLE DE LYON ET SON ENVIRONNEMENT[1]

Animateur : Christophe Chabrot (MCF, Université Lyon 2).

Participants : Laurence Boffet (18e Vice-présidente de la Métropole de Lyon en charge de la Participation et des initiatives citoyennes), Bertrand Chabbat (habitant de Lyon), Nicolas Frasie (association « La Ville à Vélo »), Hélène Geoffroy (6e Vice-présidente de la Métropole de Lyon en charge de l'Égalité des territoires), Xavier Odo (maire de Grigny).

C. Chabrot

Nous finissons cette journée très dense par une ultime table ronde. On aurait d'ailleurs pu commencer par cette table ronde pour justement suivre notre fil directeur de la démocratisation de la métropole. Mais si ce matin nous avons discuté de l'impact des changements électoraux et démocratiques sur le fonctionnement de ses institutions (conseil, commission permanente), cet après-midi nous discuterons des liens désormais noués par cette élection entre la Métropole et les communes, mais aussi ses électeurs.

Cette table ronde réunit plusieurs personnes qui sont parties prenantes de notre questionnement. Je vais vous les présenter par ordre alphabétique.

1. Les notes de bas de page d'explication ont été ajoutées en complément par les retranscripteurs de la table ronde.

Mme Laurence Boffet, vous êtes vice-présidente de la Métropole de Lyon en charge de la Participation et des initiatives citoyennes, membre des commissions Finances et Déplacements, conseillère du 1er arrondissement de Lyon sur la liste « Lyon en Commun » et vous avez une formation à l'INSA de Lyon, qui d'ailleurs vous a fait venir à Lyon puisque vous n'êtes pas du territoire, comme moi, mais vous vous sentez aujourd'hui pleinement Lyonnaise. Vous êtes ingénieure en gestion industrielle, consultante informatique.

M. Bertrand Chabbat, vous participez à cette table ronde au titre incongru « d'habitant » de la Métropole, c'est-à-dire représentant ces personnes qui peuvent connaître globalement la Métropole, qui en sont usagers sans doute parfois sans le savoir, mais qui ne sont pas des experts de la Métropole elle-même et qui peuvent poser ce regard neuf, mais non naïf, sur elle. Je tiens à préciser que M. Chabbat est mon voisin. Je l'ai choisi pour qu'il puisse participer au débat avec cet œil neuf, et connaissant l'acuité de son regard. Lui aussi est docteur, ingénieur en informatique, spécialisé en management des connaissances et ingénierie documentaire. Il est actuellement manager-chef de projet à la direction des systèmes informatiques de la CNAF. Il va venir nous parler de « sa » Métropole, c'est-à-dire du côté non institutionnel.

Mme Hélène Geoffroy, vous êtes vice-présidente de la Métropole en charge de l'égalité des territoires. Élue municipale à Vaulx-en-Velin depuis 2001, et son maire depuis 2014. Députée, secrétaire d'État à la ville en 2016-2017, vous avez piloté toute l'écriture du pacte de cohérence métropolitain qui est en cours d'adoption. Vous êtes donc à l'articulation entre les institutions centrales de la Métropole et celles à l'extérieur de la Métropole.

M. Nicolas Frasie est coprésident de l'association La Ville à Vélo, qui est l'une des associations majeures de promotion du vélo à Lyon et dans la métropole. Cette association compte plus de 1 500 membres et se veut et se dit « apolitique », ou en tout cas sans étiquette politique, puisque je crois que vous avez renoncé à tout financement public pour garder votre liberté de parole. Vous demandez d'ailleurs à vos membres, ou anciens membres, qui ont pu se lancer dans la politique, comme Fabien Bagnon[2], de ne plus être des représentants ou des porte-paroles de l'association pour pouvoir vous exprimer, vous, en tant que tel. Votre association est présente depuis 1994-1995 sur Lyon, mais vous irradiez désormais sur le territoire de la Métropole. Vous êtes diplômé de l'École nationale des mines de Nancy, ingénieur de l'École polytechnique de Madrid et en charge du développement de « Communauto Europe » qui est une organisation de partage automobile. Vous nous parlerez de ce lien que vous avez, en tant qu'usager de la Métropole et comme association, avec les institutions.

M. Xavier Odo, vous êtes maire réélu divers-droite de Grigny depuis 2014, Grigny étant une des dernières communes à avoir rejoint la Métropole en 2007 avec Givors. Vous êtes un ancien membre du conseil de la Métropole, mais vous n'en faites plus partie aujourd'hui. Vous êtes un maire actif de Grigny et vous allez nous apporter ce regard des maires qui ne sont plus liés organiquement à la Métropole, mais qui sont quand même partie prenante d'une relation avec elle. Vous nous apporterez donc ce point de vue. À titre personnel, vous êtes également enseignant et proviseur d'un collège de La Tour-du-Pin.

Cette table ronde va s'organiser en deux temps. Nous parlerons d'abord des relations entre la Métropole et les communes suite aux dernières élections directes des conseillers métropolitains, puis de la relation entre la Métropole et les habitants. On ciblera sans doute les intervenants plus ou moins selon ces axes, mais chacun peut, bien sûr, intervenir sur l'ensemble des questions.

On va commencer par la Métropole et les communes. Ce qui m'intéresserait serait de savoir, concrètement, comment s'organisent ces relations entre la Métropole et les communes. Tout à l'heure,

2. Fabien Bagnon, ancien membre de La Ville à Vélo, est actuellement 13e vice-président de la Métropole de Lyon en charge de la Voirie et des mobilités actives.

on a parlé des CTM, de ces conférences territoriales des maires qui sont une manière pour la Métropole de saisir en bloc un groupe de communes. Mais, individuellement, comment la Métropole communique-t-elle avec les communes, comment les maires communiquent-ils avec la Métropole ? Est-ce qu'il y a des services dédiés ? Mme Geoffroy, êtes-vous la porte d'entrée des maires ? Ou est-ce que ce sont les services de la Métropole qui sont les contacts directs des maires ? Est-ce qu'il faut passer par les CTM, par les élus de la Métropole ?

H. Geoffroy
Évidemment, le lien existe très directement. Mais il faut sans doute distinguer entre ce qui relève finalement des liens assez naturels lorsqu'un maire a un sujet de préoccupation sur sa commune ou un sujet sur lequel il souhaite faire avancer une politique publique, et qu'il s'adresse alors au président de la Métropole ou à ses représentants, aux vice-présidents selon les délégations concernées. Par ailleurs, nous sommes dans une période particulière, dans une phase nouvelle où tous les maires ne siègent pas à la Métropole, mais cela ne date finalement que de l'année dernière, alors que nous sommes en train d'écrire le pacte de cohérence métropolitain qui va formaliser des modes de coopération entre les maires des communes et la Métropole de Lyon. Et puis, il y a aussi ce moment particulier que nous sommes en train d'installer, ce moment financier important, la Métropole ayant voté sa programmation pluriannuelle d'investissement (PPI) le 25 janvier dernier dans laquelle elle a identifié les grandes lignes de financement par grandes masses budgétaires. Sur ces 3,1 milliards d'euros, elle s'est exprimée sur les questions d'urbanisme, de logement, de petite enfance, de politique sociale, etc. Désormais, il s'agit de voir sur chacune de ces politiques publiques comment elles vont s'incarner sur les territoires, de façon directe, puisque la Métropole a des compétences et va les exprimer. Mais aussi en lien avec les communes. L'enjeu maintenant, c'est le croisement des volontés et des politiques que veulent porter les maires et celles de la Métropole dans le cadre de cette PPI. Donc, très concrètement, les

maires de la Métropole rencontrent le président, les vice-présidents, en fonction des sujets qui les préoccupent ou qui les intéressent, expriment aussi leur volonté d'être accompagnés par la Métropole sur tel ou tel projet qu'ils ont d'aménagement, de petite enfance, de participation citoyenne, etc. Et puis maintenant, on est dans la phase où on va dire ce que la Métropole est en capacité vraiment de financer dans l'enveloppe qui est la sienne, parce qu'évidemment les demandes seront toujours plus importantes que les finances telles qu'elles existent – et c'est vrai quels que soient les exécutifs – et il y a un échange à faire pour que les souhaits des maires rencontrent les politiques publiques, les orientations politiques de la Métropole. C'est cet exercice-là qui est en train d'être mené et qui aboutira à l'été et qui permettra d'entrer dans une autre phase encore. Une fois cette phase passée, on va rentrer dans les exercices courants entre les maires et la Métropole.

Par ailleurs, au travers des CTM, nous allons avoir un échange qui va durer neuf mois pour construire les projets de territoire, avec des financements déjà identifiés pour le coup, autour des sept axes déjà présentés dans mon intervention. Effectivement, là je suis chargée de coordonner un peu l'écriture de ces projets de territoire en lien avec les vice-présidents qui ont les délégations concernées. C'est un travail collectif de l'exécutif avec les maires et leurs conseils municipaux qui doivent réfléchir sur ces projets de territoire. Cela prend du temps, mais c'est aussi passionnant.

On a aussi le coordinateur territorial qui permet de faire les remontées du point de vue des services de la Métropole. Ainsi bien sûr que les services municipaux qui rencontrent aussi les services de la Métropole. Les choses sont en train de se faire progressivement, y compris parce qu'il y a un changement de l'exécutif métropolitain et sachant qu'il y a aussi des changements au niveau de certaines communes. Il a donc fallu le temps des installations des uns et des autres. Désormais, les rendez-vous se tiennent.

Et puis, pour finir sous la forme de boutade, les maires prennent leurs téléphones et appellent directement le président, les vice-présidents, moi-même, pour divers sujets d'actualité qu'ils peuvent avoir. C'est la vie courante dans laquelle nous allons désormais rentrer. Car jusqu'à aujourd'hui, il a fallu préciser les modes de coopération et d'organisation autour d'un objet majeur qui est celui de la PPI et qui a beaucoup entretenu des débats jusqu'à aujourd'hui, mais c'est normal.

C. Chabrot
M. Odo, si vous avez un problème de trottoir, ou un autre problème particulier, qui appelez-vous ? Mme Geoffroy ou l'agent d'un service particulier ? Comment ça se passe de votre point de vue, de votre côté ?

X. Odo
On n'a pas été livré pour l'annuaire des téléphones. Il n'est pas encore paru l'annuaire de la Métropole et il n'est pas arrivé jusque chez les maires. Je ne me permets pas d'appeler les vice-présidents tant qu'ils ne me l'ont pas autorisé. Je passe par le secrétariat des vice-présidents et on me dit qu'on me rappellera. Voyez par exemple, la semaine dernière j'ai appelé vendredi passé et on m'a rappelé hier au soir [jeudi] à 21 h 45. Malheureusement, je n'ai pas pu répondre, alors je vais attendre le prochain appel. Donc voilà, ce n'est pas si fluide que ça.

C. Chabrot
Vous disiez qu'il y a un agent territorial qui centralise ?

H. Geoffroy
Ce qu'il y a, c'est qu'on a un coordinateur territorial qui est un agent affecté à chacune des CTM qui permet d'organiser l'ordre du jour de la CTM et de faire le lien. J'ai apprécié la boutade de X. Odo, mais on a bien une organisation propre de la Métropole, avec un service métropolitain au niveau de chaque CTM qui traite à la fois les questions de voirie, d'aménagement, etc. Par exemple, les fonds

dont j'ai parlé tout à l'heure qui concernent l'aménagement, les problèmes de trottoir, en réalité on a un coordinateur territorial, des réunions régulières entre les services de la Métropole et des services municipaux pour identifier annuellement la programmation qu'on fera en termes d'aménagement de voirie. Il y a un aller-retour.

Après, sur le principe d'appeler un vice-président, chacun le fait ou ne le fait pas, mais la réalité très pragmatique c'est qu'évidemment en étant en charge de l'égalité des territoires, tous les maires peuvent m'appeler. Et ils le font d'ailleurs sans difficultés. Et sur les sujets qui sont plus techniques comme vous dites, en réalité ce sont les services qui prennent l'attache les uns avec les autres. Là où la relation maire/V.-P./président est essentielle, c'est dans ces moments de discussion dans laquelle nous sommes où il y a des questions financières qui entrent en jeu et les atterrissages sur les communes. Et c'est l'objet en ce moment des débats et discussions que nous avons.

C. Chabrot
Vous voyez, vous avez maintenant l'autorisation de l'appeler si vous le voulez.

X. Odo
Personne ne doute que les services métropolitains font leur job et qu'il y a des gens qui sont là, en lien. La question est : comment gère-t-on la politique entre un élu du territoire et un élu métropolitain ? Et ça va être tout l'enjeu de ce temps d'apprentissage que sera ce mandat-là : quelle place va-t-on donner aux communes ? Quelle est la cellule minimale sur un territoire métropolitain ? Est-ce que c'est la commune, au même titre que ça l'a été depuis deux cents ans avec leurs missions qui avaient été données par la République ? Est-ce que c'est la CTM ? Est-ce que c'est la circonscription électorale ? Est-ce que c'est un autre lieu ? Ça va être la question qui va être posée.

Ensuite, c'est la question du dialogue. Quand je dis dialogue, je ne parle pas du rapport direct « service-service ». Parce qu'à la limite, il y a le même dialogue entre les services préfectoraux et les communes, entre les services l'État et les communes. La question est politique :

entre les élus métropolitains et les élus de mairie, comment va-t-on dialoguer ? Comment cela va-t-il fonctionner ? Hélène Geoffroy sait très bien comment c'était lorsque nous étions tous élus ici dans l'ancien Grand Lyon : beaucoup de choses se passaient évidemment dans ce champ-là qui est le théâtre du conseil de Métropole. Mais ça se passait aussi dans les couloirs où on échangeait, où on partageait, où on faisait avancer des dossiers. Cela disparaît, c'est un fait. Une fois qu'on a dit ça, le problème n'est pas tellement que c'était mieux avant, c'est qu'est-ce qu'on fait maintenant ? C'est ça l'ambition et c'est là qu'il faut que l'on construise l'histoire.

Après, je dirai que la question va se poser sur « petites communes, moyennes communes, grandes communes ». Quel poids aura-t-on dans la relation avec la Métropole ? Les distances aussi : Grigny est très loin, 17 km de la place Bellecour, 20 km de la rue du Lac [siège de la Métropole]. Je n'ai pas encore vu de vice-président débarquer à Grigny au petit matin depuis les élections métropolitaines. Donc très clairement, c'est une histoire à construire et une distance à construire : comment faire pour organiser tout ça dans un champ qui est nouveau pour chacun ? Un maire a sûrement l'habitude de se dire « tout ce que je veux faire, je dois avoir une réponse rapidement et je dois pouvoir le mettre en action ». Car pour l'habitant qui est là, on est l'élu de proximité : ils viennent sonner à la maison pour me dire qu'ils ont un trou devant chez eux. Mais comment faire ? Ce trou ne peut pas être bouché par le maire. C'est de la compétence métropolitaine. Or, c'est qui la Métropole ?

C. Chabrot

D'ailleurs, comment savez-vous ce qui se passe à la Métropole ? Est-ce que par exemple, tout bêtement, vous recevez les ordres du jour du conseil métropolitain ou les comptes rendus ? Est-ce que les maires sont attributaires de l'annuaire de la Métropole ? Comment savez-vous ce qui se passe de l'intérieur : c'est la Métropole qui vous le dit ? Est-ce que ce sont vos élus de la CTM qui vous le disent ? Vos élus de votre parti politique qui vous tiennent au courant ?

X. Odo
Alors, je crois que depuis deux conseils de la Métropole, on obtient l'ordre du jour qui nous est envoyé. Il faut rendre à César ce qui est à César. Pour l'annuaire, je ne suis peut-être pas assez organisé, je ne l'ai pas eu. Mais je ne jette l'opprobre sur personne.

C. Chabrot
Je ne suis pas sûr qu'il soit déjà réalisé d'ailleurs.

X. Odo
Ensuite, c'est du bouche-à-oreille. C'est du dialogue entre élus. C'est de l'information entre des élus. Dans mon conseil municipal, j'ai un élu qui siège à la Métropole, mais qui n'est pas dans ma majorité. Donc j'ai quelques bribes d'informations par ce moyen-là. Mais c'est un nouveau dialogue à inventer. C'est une nouvelle histoire à inventer qui nous prendra du temps, je pense, car pour dialoguer il faut être deux.

C. Chabrot
Justement, à l'inverse, comment la Métropole fait-elle pour savoir ce qu'il se passe à Grigny ? C'est-à-dire, est-ce que c'est le maire qui devient le correspondant de fait ou est-ce qu'il est prévu que la Métropole ait un correspondant dans chacune des 59 communes ? Un arbre tombe, il bloque la voirie, il est 18 heures, qui prend la décision ? Le maire le sait, mais c'est la Métropole qui doit intervenir. Comment le savez-vous ?

H. Geoffroy
Les relais peuvent être multiples. Et il y a ceux à imaginer. Il y a les habitants, tout d'abord. Ils vont voir le maire, tout d'abord. Je suis moi-même maire et je partage cette analyse, y compris parce que les habitants n'ont pas encore totalement identifié ce que sont les compétences métropolitaines. Et même s'ils ont voté pour les conseillers métropolitains, ils ne les ont pas non plus totalement identifiés. Il faut aussi l'imaginer.

Il y a tout ce que la Métropole a mis en place en termes d'outils qui permettent aux citoyens de saisir malgré tout la Métropole sur les sujets de proximité. Je vois par exemple dans ma commune il y a l'outil Toodego qu'a mis en place la Métropole[3]. Et d'ailleurs, c'est transparent, car ils ne savent pas à qui ils envoient l'information à partir de cette plateforme. Et c'est géré de telle sorte que les services compétents se déplacent sans que le citoyen sache vraiment si c'est la Métropole ou la commune. Mais il y a aussi les Maisons de la Métropole (MDM) que nous avons sur le territoire qui sont aussi des lieux de proximité et les portes que poussent les citoyens.

C. Chabrot
Il y en a une par commune c'est ça ?

H. Geoffroy
Non pas forcément, tout dépend de la taille des communes. Il peut y en avoir plusieurs. Moi j'ai plusieurs antennes de MDM, à Vaulx-en-Velin qui a 50 000 habitants par exemple. En revanche, c'est le sujet de la territorialisation sur lequel nous travaillons et Laurence Boffet y reviendra sûrement, sur la question de savoir quels services doivent trouver les usagers dans ces MDM pour gagner de la proximité. Et enfin, il y a la question des conseillers métropolitains, et de savoir comment ils s'incarnent sur les territoires. C'est une vraie question. Il y a deux façons de voir les choses : soit le modèle des conseillers départementaux où il y avait un lien avec le territoire assez clair, soit le modèle des conseillers régionaux qui sont sur une liste et qui sont un peu différents dans leurs relations avec un territoire donné. L'enjeu pour la Métropole aujourd'hui, c'est plutôt d'être dans le

3. Toodego est une application sur Smartphone et un site internet (*www.toodego.com)* qui se présente comme un portail numérique des services de la Métropole de Lyon, permettant d'obtenir des informations, de réaliser diverses démarches, de personnaliser ses alertes d'information, de repérer sur une carte les services publics autour de soi, etc. Cette plateforme n'est pas encore disponible dans toutes les communes de la Métropole, mais connaît une extension régulière.

modèle du conseiller départemental, c'est-à-dire avec des conseillers métropolitains identifiés sur leurs circonscriptions, qui me paraît être le plus opportun. Mais c'est un sujet qui est devant nous.

Pour finir, je dirai que les maires sont aussi informés par la Conférence métropolitaine des maires qui a beaucoup été réunie au début du mandat sur le pacte de cohérence métropolitain, car c'était le sujet d'urgence, mais qui va également traiter de plan local d'urbanisme et de l'habitat (PLU-H). Quand il y a eu les questions sanitaires, les décisions à prendre quand il y a eu confinement, le président de la Métropole a réuni la Conférence des maires. Ils seront réunis dans le cadre du PLU-H, sur l'actualité sur le budget, sur la PPI. On a présenté aux 59 maires et aux maires d'arrondissements de Lyon la PPI avant son vote. Cela veut dire que les maires peuvent être informés. Bien évidemment, ils ne vont pas être informés, parce que ça n'a pas d'intérêt, pour une rétrocession de voirie ; je ne sais pas si ça intéresse le maire de Grigny la rétrocession de voirie à Décines. Mais sinon, sur les grands sujets, on informe les maires, on discute avec eux et parfois on demande leur avis en fonction des sujets.

C. Chabrot

J'avais remarqué cette interview de Jérôme Moroge, maire LR de Pierre-Bénite au journal *Lyonmag*. Il y a sans doute de l'opposition politique, mais il disait : « Mes relations sont quasi inexistantes avec l'exécutif. Mais je ne suis pas certain que ce soit parce que je ne suis pas au conseil métropolitain, car quand j'en parle avec des collègues maires, c'est ce qu'ils me disent aussi. On a un exécutif qui fait fi des communes. » Est-ce que c'est un sentiment que vous avez, M. Odo ? Alors bien sûr, on est bien d'accord, il y a toujours de l'opposition partisane. Mais ce que j'aimerais savoir, c'est si ce problème soulevé est structurel ou politique ? Comment le ressentez-vous de votre côté ?

X. Odo

Alors, je ne répondrai pas en politique. H. Geoffroy l'a dit, la conférence métropolitaine des maires, elle informe. C'est descendant, c'est vertical. Ce n'est pas du tout de l'esprit de dialogue. Autant en

CTM, on peut discuter d'un certain nombre de choses, mais les cinq Conférences métropolitaines des maires qu'on a eues, sur des sujets majeurs, se sont limitées à 1 h 15 à chaque fois. Pour 59 communes, je pense que cela méritait peut-être d'un peu plus de temps de dialogue. En fait notre question aujourd'hui pour nous maires, petits maires, élus de notre petit territoire, c'est qu'on est orphelin d'une communauté urbaine qui était notre intercommunalité, et orphelin d'un département qui pouvait aussi être accompagnant. Donc, on a ce double orphelinat à gérer. Notre question sera de dire comment on va être demain. On avait la peur d'être ou de devenir une mairie d'arrondissement. C'était le sentiment qu'on avait à la fin du mandat précédent. Finalement, que risque-t-on de devenir puisqu'on n'est ou ne sera peut-être plus représenté ? Est-ce qu'on sera une mairie d'arrondissement ? Est-ce qu'on aura ce risque-là ? Ou peut-être qu'on sera totalement à part, et on sera dans notre coin à gérer notre bout de territoire avec les compétences qui nous resteront. C'est peut-être cela la difficulté. Et quand je dis cela, je pose la question, je ne porte pas un jugement. C'est le questionnement qu'on aura sur le mandat qui vient. Comment voudra-t-on obtenir cette relation entre les mairies ? Et je le redis, il y a différentes tailles – et je pense que la relation entre Villeurbanne ou Vaulx-en-Velin et la Métropole n'est certainement pas la même qu'entre Grigny et la Métropole. Une distorsion va se faire. Je n'ai pas la réponse, je dis que je suis en expérimentation, en apprentissage, et nous verrons comment les choses évoluent.

L. Boffet

Oui, M. Odo, c'est un très bon exemple que vous avez cité et que je comprends, étant élue d'arrondissement. On a parlé toute la journée de l'objet métropolitain, on en débat encore, on voit que ce n'est pas stabilisé. Je crois qu'on a essayé de mettre en place quelque chose – et en premier lieu, on reconnaît un peu mieux aujourd'hui les arrondissements dans ce nouvel objet métropolitain, et c'est très important surtout qu'il y a un petit vide juridique dont on n'a pas trop parlé dans la journée. Mais c'est peut-être justement dans ces CTM qu'on a cette expérimentation-là d'échanges un peu autres, ou de reconstruction d'une nouvelle relation avec les communes-Métropole. C'est là qu'il y a vraiment un champ à explorer. Effectivement, ce n'est pas encore totalement stable, on est encore en train d'inventer quelque chose de nouveau tous ensemble. Et c'est très important il me semble, parce que cela conditionne la réussite de cet objet Métropole, à l'aune de ce qu'on a vu sur les arrondissements. Par le passé, ils n'avaient pas du tout accès à la Métropole – même pas des échanges informels, pas du tout. On sait qu'on ne doit pas tomber dans ce schéma-là et on y a réfléchi justement. Est-ce qu'on est au bout de la réflexion ? Je n'en sais rien, et c'est d'ailleurs tout l'objet de nos échanges. Mais en tout cas, je suis d'accord avec vous, il ne faut pas tomber dans ce mode-là.

X. Odo

Juste, vous dites « on y a réfléchi », peut-être. Mais nous, les maires, on n'y a pas réfléchi parce que là on est vraiment dans la particule élémentaire. Le maire est indépendant et vit dans son coin, certainement. Mais la question va être là : quelle est la bonne échelle ? Est-ce que c'est la CTM ? Mais la CTM, ce n'est pas la commune. Et dans des CTM où il y a une multitude de communes, c'est totalement cosmopolite et c'est totalement différent. Qu'est-ce qu'il reste aux maires une fois que l'on aura fait nos 8-Mai et nos 11-Novembre ? Que restera-t-il de cette entité ? Il n'y a pas de jugement. Je pose la question en demandant comment veut-on que ça évolue ? C'est peut-être plus facile de gérer plus gros. En Allemagne, on est passé de 35 000 communes à 6 000 communes dans les années 1970. Peut-être que la France n'a pas su le faire, peut être que la Métropole aidera à faire cela. Cela peut être un chemin, je n'en sais rien. Je ne suis pas en train de dire que l'on va avancer vers cette solution. Je dis que c'est un élément structurant. Dans les éléments structurants, sur les 200 dernières années autour de Lyon, avec l'explosion de la raffinerie de Feyzin qui a changé le périmètre du département[4], la Métropole de Lyon est un nouvel élément qui apporte et qui va changer aussi le secteur et les relations entre les communes et l'intercommunalité, qui n'existe plus.

C. Chabrot

On a bien discuté aujourd'hui de cette dissociation, de cette scissiparité entre les communes et la Métropole qui a réussi à s'extraire et à avoir sa propre légitimité. Effectivement, qu'est-ce qu'il reste alors entre les deux, puisque les communes ne sont plus membres *de* la Métropole, mais sont *sur* le territoire de la Métropole, et il est vrai que ce lien est à recréer. Mais, dans le nouveau pacte de cohérence, d'après ce que j'ai compris, il y a des instruments comme le Fonds d'initiative communale (FIC) ou encore des compétences que l'on qualifiait d'« articulées » dans l'ancien pacte – je pense par exemple au logement social, vous parliez de la trame bleue, la trame verte. Concrètement, par exemple, si la Métropole a un projet de construction sociale ou d'aménagement d'une trame cycliste qui se situe sur le territoire de la ville de Grigny ou si vous-mêmes avez un projet de lotissement social ou d'aménagements, concrètement, comment ça va se passer ? Mme Geoffroy, vous allez vous déplacer à Grigny rencontrer M. Odo ? M. Odo, vous avez une porte d'entrée pour dire « tiens j'ai ce projet, qui peut m'aider ? »

4. Le 4 janvier 1966, explosait la raffinerie de pétrole de Feyzin, au sud de Lyon et qui jouxte l'autoroute A6 dans la « vallée de la chimie », faisant 18 morts, dont 11 pompiers. Cet accident a été qualifié de « première catastrophe industrielle moderne » en France. À l'époque, Feyzin se situait dans le département de l'Isère. Mais la catastrophe a montré la difficulté de dépendre d'un centre de commandement lointain (Grenoble, Vienne) aux portes de Lyon. La loi n° 67-1205 du 29 décembre 1967 a alors rattaché la commune au département du Rhône, comme 22 autres limitrophes du département de l'Isère, qui rejoindra alors la communauté urbaine de Lyon.

H. Geoffroy
Sur les deux exemples que vous prenez, il y a deux vice-présidents – l'un délégué à la question du logement, l'autre à la gestion des trames dans son portefeuille. Le principe est double. D'abord au niveau communal, la Métropole qui a annoncé son ambition de construire des logements sociaux et de faire des trames verte et bleue va à la rencontre des communes car elles ont du foncier ou des capacités à faire les trames verte et bleue. Cette rencontre et ces échanges, qui existaient déjà auparavant, vont se poursuivre. Mais elle ne va pas faire sans les communes sur ces deux sujets-là pour une raison simple : si on veut du logement, le maire doit signer le permis de construire. Je le rappelle, car c'est un débat récurrent, qu'il n'y a que le préfet qui peut se substituer au maire dans le cadre des communes carencées sur le logement social. Sinon, ce qu'il se passe sur la question…

C. Chabrot
Cela veut dire qu'un maire peut faire de la résistance ?

H. Geoffroy
Concrètement, il y a des maires qui n'appliquent pas – et là, je reprends mon ancienne casquette de secrétaire d'État à la Ville – et des villes qui ne sont pas à 25 % et qui payent des amendes. Mais je ne polémiquerai pas là-dessus. Je ne parlerai pas de résistances. Je dirai simplement que nous, nous avons des orientations politiques. La majorité métropolitaine a des orientations politiques, et le maire peut avoir des orientations différentes et nous, la Métropole, n'avons pas de pouvoir supérieur. La Métropole n'est pas une collectivité au-dessus du maire. Nous n'avons aucun pouvoir pour imposer quelque chose à un maire légalement. On doit sortir de cette inquiétude-là. En revanche, ce qui est sûr, c'est que si on a un bâtiment métropolitain et qu'on veut faire du logement social, compétence qui nous appartient, qu'on décide de faire de l'hébergement : on a la capacité de le faire. Mais le parti pris aujourd'hui, c'est de dialoguer avec les maires même sur ces sujets-là, alors qu'effectivement on pourrait héberger

seuls les gens. Dialoguer parce qu'on est sur une commune et que malgré tout on a toujours besoin d'interagir avec le maire sur plein de sujets, parce qu'après il y aura d'autres sujets qui se présenteront.

Sur la CTM, en revanche, et les financements de la CTM, quand on met l'axe logement social ou l'axe trame verte et bleue, là c'est un peu différent. Là, ce sont bien les maires qui disent qu'ils veulent travailler sur ces sujets-là. Ce n'est pas moi qui viens voir les maires en disant « votre territoire a un montant de 5 millions d'euros sur le mandat pour faire un projet de territoire » et en choisissant pour eux. Ces 5 millions d'euros les maires décident des axes sur lesquels ils vont les inscrire. Et s'ils veulent faire une trame verte et bleue, et si les 5 millions d'euros constituent leur trame verte et bleue, et que ça fait sens, alors on y va ! On ne les oblige pas à prendre un autre axe. Ce qui ne veut pas dire qu'on n'a pas une politique de logement social sur la CTM. Mais vraiment, le pacte de cohérence c'est de dire que si les maires se saisissent d'un des axes stratégiques, ils ont des financements en plus de ce que la PPI classique de la Métropole mettrait pour finalement accompagner une volonté territoriale. Voilà pour donner un état d'esprit.

C. Chabrot
Est-ce que vous avez un exemple précis d'une demande qui vous a été faite ou que vous auriez faite avec la Métropole ?

H. Geoffroy
Alors pour l'instant, sur les projets de territoires, on n'a pas encore commencé à y travailler.

X. Odo
Non, la question du logement social est très intéressante. Avec H. Geoffroy, on partage le même constat. Nous avons, l'un et l'autre, largement plus de logements sociaux qu'il n'est nécessaire d'en avoir. La question qui sera posée pour moi, par exemple, c'est que demain, s'il y a un terrain qui appartient à la Métropole, qui l'a préempté – et là-dessus, les communes n'ont rien à dire car la Métropole a le droit de préemption –, s'ils décident de faire du logement social pour faire

les 6 000 logements sociaux qu'ils ont décidés dans leur politique, ils peuvent très bien l'imposer à la ville sans aucune difficulté car ils sont propriétaires du terrain. À part au moment de signer le permis de construire du bâtiment où on peut s'opposer, une fois que le bâtiment est construit, si la métropole veut y mettre un certain nombre de choses… Là-dessus, la discussion peut très bien se passer et on peut bien sûr se mettre d'accord. On en a déjà discuté avec H. Geoffroy et on n'a pas de difficultés entre nous. On dialogue et on trouve la bonne solution. Moi j'ai par exemple 35 % de logements sociaux, et pour H. Geoffroy à Vaulx-en-Velin c'est près de 60 % dans le mandat précédent. Comme toutes les communes n'ont pas 35 %, tant qu'on n'aura pas tous 35 % au moins de logements sociaux, on peut se dire qu'il y a d'autres communes qui doivent le faire avant nous, parce qu'il faut une mixité. Mais est-ce qu'une fois qu'on a dit cela, on entre dans le dialogue et on trouve le juste équilibre, ou est-ce qu'on se dit « j'ai une politique sociale et je veux faire 6 000 logements sociaux, et je vais les mettre où je peux les mettre ». Voilà, la dichotomie elle est là et ce sera l'histoire qui nous dira comment cela va avancer.

Par exemple, la Métropole de Lyon a préempté un terrain en 2015 à Grigny. Ce n'est pas une décision de la majorité actuelle, mais la Métropole n'existe pas que depuis 2020 évidemment. Hé bien ! je n'ai rien pu faire sur ce terrain. Depuis 2015, il est en friche en me disant « on prévoit de mettre des logements sociaux dessus ». Bon. Mais pour le moment, on n'en a pas mis et le terrain est vide. Et ça ne nous paraît pas pertinent d'en rajouter à cet endroit-là, au milieu d'un quartier qui a déjà 100 % de logements sociaux. Le dialogue peut se faire. Mais c'est à nous de le construire. Il n'y a aucun procès d'intention de la part du maire, et j'espère qu'il n'y en a pas du côté de la Métropole. L'idée est de savoir comment peuvent avancer les choses. C'est un dialogue qui sera à faire.

C. Chabrot
Pour la rénovation des cœurs de ville, je crois qu'il y a dans le pacte de cohérence cet axe qui est la revitalisation des centres urbains. Là aussi, ce sera le maire qui développera son projet et qui en parlera à la Métropole ? C'est comme cela que ça se passe, ou c'est la Métropole qui initie ?

X. Odo
J'ai le cas, justement. Cela fait huit mois que je demande qu'une étude urbaine soit lancée. J'en ai payé une partie et j'attends la suite, ce n'est pas démarré pour plein de raisons, et des bonnes, certainement. Mais au-delà de la Métropole et de la ville, il y a plein d'autres acteurs qui entrent en jeu. Nous, on a un bailleur social, qui dépend principalement de la Métropole, qui détient tous les bas des bâtiments et tous les fonds de commerce. Impossible d'en faire mettre un aux normes. Là-dessus, comment va-t-on pouvoir amorcer un dialogue avec la Métropole pour qu'il y ait peut-être plus de mouvements qui s'engagent ? Mais ce problème qui existe maintenant existait aussi avant. Ce n'est pas la Métropole qui a solutionné le problème, et ce n'est pas la Métropole qui freine la solution.

C. Chabrot
Est-ce que vous avez quand même, mutuellement, des moyens de *checks and balances*, comme on dirait aux États-Unis. Vous avez la voirie à la Métropole avec toutes les questions qui se posent et les décisions qui vont avoir un impact direct sur les communes, comme pour le pont de Vernaison[5], les communes ont les permis

5. Le vieux pont de Vernaison qui surplombe le Rhône, un des rares au sud de Lyon, fait l'objet d'inquiétudes de par la vétusté de ses suspensions par câbles qui menacent de rompre. Des travaux de sécurisation d'urgence ont été entrepris début 2020, mais la Métropole a également décidé au printemps de limiter le passage des poids lourds de plus de 3,5 tonnes et finalement d'instaurer un sens unique de passage. Les maires des communes desservies par le pont s'insurgent, critiquant le détour occasionné pour leurs habitants et l'absence de concertation et d'écoute de la part de l'exécutif

de construire, elles ont aussi leurs compétences. Du fait de cette scission organique entre la Métropole et la commune, sentez-vous que cela va déboucher sur des rapports de force ou sur l'obligation de trouver d'autres solutions intelligentes ? Pour terminer sur ce thème, comment intuitez-vous le raccrochage Métropole-commune ?

X. Odo

Le maire connaît quand même assez bien son territoire et sait peut-être où il veut aller, d'une histoire qu'il maîtrise à un avenir qui semble peut-être plus lié aux habitants. Ils ont voté pour un maire qui leur a expliqué où il voulait aller. Après, la question est de savoir comment on met en œuvre ce projet. Avec un territoire comme Grigny par exemple, qui est très loin du centre de la Métropole, je veux bien construire des tas de logements, mais si on a problème de mobilité, ce sera compliqué de faire que les gens puissent se déplacer correctement au centre de la Métropole. Inversement, je suis plutôt partisan d'amener l'économie aussi à Grigny. Mais je n'ai pas la compétence économique et là c'est la Métropole qui l'a totalement. C'est un dialogue qui est à engager, certainement avec les services, et on sent bien qu'il est peut-être compliqué d'avancer, parce qu'on est au début du mandat et que peut-être les champs ne sont pas complètement défrichés sur la politique qui est mise en œuvre. Avec H. Geoffroy, on en avait parlé sur la CTM, sur le développement économique qui est pour moi un enjeu majeur sur des territoires fragiles comme chez nous. Ce n'était pas inscrit au début dans le projet, et aujourd'hui c'est inscrit. On a donc avancé là-dessus. Après, il faudra voir quelle mise en œuvre se fera derrière. Donc, l'initiative, ça reste à mon sens le maire, mais avec toujours la question « quelle sera la position de la mairie à terme ? », et une fois que c'est le maire, comment on fait avancer les politiques ensemble.

métropolitain. La métropole rappelle pour sa part les réunions d'information tenues avec les maires et la nécessité d'agir. Désormais, les deux parties se confrontent sur les solutions pérennes à décider.

H. Geoffroy

Et je dirai aussi en un mot que c'est vraiment encore le même sujet. Je ne crois pas que nous rentrerons dans une logique de confrontation, car je crois que les communes et la Métropole y perdraient en réalité mutuellement. Et le moment démocratique quand même complexe que nous traversons, avec des électeurs qui se sont peu déplacés, y compris pour les élections municipales qui par essence en général réunissent plus d'électeurs, montre que nous avons plutôt une urgence à mettre en œuvre des politiques publiques qui transforment et qui accompagnent, et en tout cas qui mettent en œuvre les engagements que nous avons tous eus lors de la campagne dans nos communes ou à la Métropole, plutôt que d'être dans des chamailleries que personne ne comprendrait. En revanche, ce qui est important, parce que je vois bien l'inquiétude des maires, on a entendu l'inquiétude des maires et le président de la Métropole l'a rappelé avec une grande force à chacune des conférences concernées par le sujet du pacte, l'important c'est de savoir que la Métropole ferait aussi avec les communes. Cela a été affirmé comme volonté politique. Évidemment, maintenant, c'est chemin faisant. D'où l'intérêt d'une clause de revoyure en 2023 pour s'assurer que cela fonctionne. Dont acte, et avançons parce que je pense que c'est un intérêt partagé.

C. Chabrot

On sent que ce mandat est déterminant pour montrer quel est le chemin, ceci dit le chemin de demain ne prédispose pas du chemin d'après-demain, pour à la fois réussir à faire émerger un intérêt métropolitain qui est là – ça y est, l'élection directe existe, donc il y a un intérêt métropolitain qui est propre – tout en préservant ces communes qui vont peut-être même se regrouper, fusionner. Je ne sais pas si Grigny n'a jamais eu envie de fusionner avec Givors pour être plus importante.

X. Odo

Franchement, non. On avait déjà un caractère autistique développé entre Grigny et Givors. Je rappelle qu'on avait une communauté de communes Givors et Grigny. On était les deux seuls, personne ne voulait venir avec nous. J'ai été longtemps à Grigny le quartier nord de Givors. Mais on va essayer de s'émanciper. On ne cherche pas aujourd'hui la fusion. Mais peut-être que demain il y aura une unité, ce sera peut-être la CTM, je n'en sais rien. On ne sait pas du tout ce que ça sera. Je crois qu'il y a un changement de paradigme dans la construction métropolitaine, certes. Mais le monde n'était pas idéal avant, et la ville de Grigny était en conflit avec la métropole durant le dernier mandat sur des dossiers. Donc, j'aurais mauvais jeu de dire que c'était idyllique avant, loin de là. Et ce n'est pas idyllique non plus maintenant. On a des dossiers qui traînent aussi et qui ne commencent même pas au bout de presque huit mois. Ce n'est pas la question de dire « Grigny le méchant ». C'est lié à plein de choses, l'éloignement du centre de décision, etc. Donc c'est à construire, ce n'est pas simple, et ça dépendra des hommes et des femmes.

C. Chabrot
Nous aussi nous aurons notre clause de revoyure sur ces questions-là. Parce qu'en plus, un autre étage se met en place celui des habitants, des « grands-lyonnais ». Et j'aimerais commencer juste par une question toute simple à Bertrand Chabbat. S'il y a un problème, par exemple dans la rue où vous habitez, savez-vous qui appeler ?

B. Chabbat
Pas du tout. Personnellement, je ne sais pas qui appeler. Je sais que j'ai beaucoup d'amis et de connaissances qui ne sauraient pas non plus. Et j'ai été assez surpris pendant ce colloque, du moins depuis que je suis là cet après-midi, de cette incidence de la complexité institutionnelle sur la compréhension que peuvent en avoir les habitants. Je trouve cela assez inquiétant quand même parce que, quand on est attaché à la démocratie, l'une des conditions c'est de comprendre comment cela fonctionne. On peut voter, c'est une condition essentielle. Mais si on ne comprend pas comment les pouvoirs s'articulent, comment s'articulent les responsabilités, on se sent un peu dépossédé. Et je trouve qu'il y a vraiment un gros problème de compréhension du comment ça fonctionne. J'avais noté quelques éléments tout à l'heure

qui étaient donnés par les intervenants. J'entendais par exemple que le nettoyage, c'est de la responsabilité de la Métropole, mais la gestion des déchets, c'est la commune[6]. On avait la même chose pour le stationnement. Le stationnement, c'est la commune, mais la voirie, c'est la Métropole. Le permis de construire c'est la commune. Bref. Moi je pense comprendre à peu près bien quand on m'explique, mais je n'ai pas que ça à faire. Et je sais que beaucoup de gens, je ne sais pas si c'est la plupart, mais, j'imagine, ne comprennent pas et n'ont pas envie de comprendre. À un moment donné, pour reprendre ce que disait M. Grivel je crois, on a un interlocuteur, c'est le maire par exemple. Qu'il soit responsable officiellement ou pas, on va considérer qu'il est responsable.

X. Odo

Je vais vous donner une anecdote. Je suis à la Métropole de Lyon au précédent mandat. Je finis une commission Finances à 18 heures Je monte dans ma voiture. Les pompiers m'appellent en me disant qu'il y a une personne âgée – sans aucun jugement – bloquée dans la déchetterie. La déchetterie, ce n'est pas moi, c'est la Métropole. Oui, mais les pompiers ne le savent pas. Ils m'appellent moi. J'appelle le service propreté de la Métropole qui me répond que ce n'est pas eux la déchetterie, mais seulement le nettoyage. Le service compétent est le service Patrimoine. Or, le service Patrimoine l'a déléguée et il faut appeler l'entreprise qui a la délégation. Je suis arrivé à Grigny, rien n'était réglé. Je suis allé chercher un coupe-boulon et j'ai ouvert aux pompiers pour que le monsieur puisse sortir. On a mis une chaîne de la mairie et à 22 heures une personne est venue. Voilà, c'est typiquement ça. Et les pompiers attendaient devant la porte en se demandant « qu'est-ce qu'on fait ? » J'ai pris la décision en tant que maire du

6. La collecte et le traitement des déchets relèvent en fait de la seule métropole, tout comme le nettoiement des 2 850 kilomètres de voies et 8 millions de mètres carrés de trottoirs. Toutefois, des conventions qualité-propreté sont signées par la métropole avec la moitié des communes pour des actions prioritaires ou concrètes.

territoire, alors que c'était à la Métropole. Mais pour la personne qui était là ou pour les pompiers, c'était le maire qui était là, qui devait être appelé et qui devait intervenir. Donc l'éloignement du lieu de la décision, le côté « grosse administration » que représente la métropole, peut gêner l'habitant. Lui, il s'en moque. Celui qui est important, c'est celui chez qui il peut aller frapper et trouver la solution. C'est le maire.

C. Chabrot
M. Chabbat, vous avez voté aux dernières élections métropolitaines, je crois. Vous connaissez vos élus ?

B. Chabbat
Eh bien oui j'ai voté, oui je sais pour quel parti j'ai voté, mais non, je ne connais pas mes élus, je ne me souviens même pas des noms.

C. Chabrot
Donc, si jamais vous vouliez contacter quelqu'un à la Métropole, vous feriez comment ?

B. Chabbat
Je regarderais sur Internet.

C. Chabrot
Sachant qu'on n'y trouve que le téléphone d'accueil central de la Métropole qui redistribue ensuite. Nous avons d'ailleurs été confrontés à ce problème de lisibilité. Il y a eu de nombreux accidents au carrefour à côté de notre immeuble. Pour réagir, nous avons dû passer par la mairie d'arrondissement, qui en plus à Lyon est encore un échelon supplémentaire, qui ensuite essayait de passer par la mairie, puis par la Métropole pour essayer de gérer cette situation. Une première intervention a été programmée, mais les accidents ont continué. Ça a duré dix ans cette histoire. Et lorsqu'il y a eu trop d'accidents, et avec le changement de majorité, on a réussi à contacter directement la Métropole. Il y a eu une conjonction qui a fait que ça a fini par donner des résultats. Mais c'est vrai que l'on ne savait pas qui appeler.

Alors ce qui est intéressant, c'est que l'important est finalement le service rendu au bout du compte. J'ai essayé hier encore les services Toodego et, très vite, on ne sait pas où on arrive, mais on arrive sur quelqu'un qui serait responsable. Est-ce que pour vous, à la Métropole, ce qui est intéressant c'est d'apparaître comme l'organisation qui est en contact avec les habitants ou l'organisation qui met les habitants en contact avec les services responsables ?

L. Boffet

Alors, il y a plusieurs problématiques. Du coup, celle-ci, qui concerne les services aux habitants, je l'ai aussi dans ma délégation qui s'appelle « la relation aux usagers ». Je ne vais pas refaire tout le film. On a dit beaucoup de choses là, et j'en partage énormément sur le rôle des communes. J'appelle la Métropole « l'objet institutionnel non identifié » et en particulier pour les habitants c'est le cas, et elle n'a pas encore fait ses preuves. Je le dis d'autant plus que je suis à l'intérieur maintenant, mais que je n'ai pas défendu ce projet à l'origine. Pour moi, c'est encore un objet qui doit prouver son utilité. On est très dans la Ve République avec un millefeuille qui est infernal et incompréhensible des habitantes et des habitants. Ceci dit, c'est un petit peu plus compliqué parce qu'il faut la volonté de tout le monde pour changer.

Sur la relation aux usagers, il y a cette problématique de la fusion du département avec l'ancien EPCI [la communauté urbaine du Grand Lyon]. Un EPCI c'est, en gros, que les communes se mettent ensemble pour dire « on partage un ensemble de services techniques ». Cela a un sens que la voirie soit gérée par plusieurs communes, que l'assainissement de l'eau soit géré par plusieurs communes et également la gestion des déchets. Ce sont des choses très techniques qui permettent de se mettre ensemble et de voir comment on peut gérer ces services-là.

X. Odo

C'était une coopération.

L. Boffet

C'était une coopération. Le problème dans la fusion, c'est que la culture technique qui est inhérente à la gestion des EPCI, cette culture très « techno », a gagné sur l'ensemble de la nouvelle Métropole, encore aujourd'hui. Ce n'était pas une habitude, parce que le guichet d'entrée c'était d'abord les communes, d'avoir cette démarche pour l'ensemble de services métropolitains de savoir quand un habitant nous contacte directement ce qu'il fallait faire. Eh bien ! ça, on ne sait pas bien faire. Donc l'enjeu aujourd'hui, c'est à la fois de continuer le travail commun avec les communes, pour bien agencer ça, mais aussi de rendre plus lisibles, plus fluides des relations avec les habitants, avec les usagers qui pourraient parfois maintenant être directes. D'où des réflexions comme la plateforme Toodego, mais qui est loin encore d'être ce qu'il faudrait qu'elle soit.

L'enjeu est aussi de récupérer une culture qui était plus naturelle, qui existe encore, mais qui est très cachée, et qui sont les habitudes de travail du département. Et là, par contre, les habitants identifient bien les Maisons de la Métropole[7]. Je ne dis pas qu'elles sont parfaites, cela dépend des endroits. Mais en tout cas, cette culture-là, qui était plus directe, existe et doit un peu diffuser finalement des habitudes de travail à l'ensemble des services de la Métropole. Et là, j'ai un énorme chantier qui va durer plus d'un mandat, mais sur lequel on est en train de reréfléchir, en faisant aussi remontrer ce que fait la Métropole quand c'est bien. J'ai déjà des communes qui me contactent pour travailler cette liaison avec les usagers. Il s'agit en particulier des petites communes qui se reposent la question, avec le changement : « Comment on fait et qu'est-ce qui se passe mieux ? » On a une plateforme qui s'appelle GRECO, qui est aujourd'hui à refonder et à retravailler, qui permet soit aux habitants d'appeler directement

7. Les Maisons de la Métropole sont des guichets de services métropolitains directement repris des anciennes « Maisons du département » en matière sociale (insertion, aides aux précaires, aux personnes âgées, prestations sociales et handicap).

soit aux communes d'avoir des interfaces sur tous ces aspects très techniques (trou dans la voirie, fuite de gaz d'urgence, etc.) pour avoir une réponse la plus rapide possible[8]. Aujourd'hui, on a à retravailler ce lien. Je le dis vite, mais il y a plein d'autres sujets.

C. Chabrot

Et retravailler aussi la communication. Parce que Toodego et GRECO, qui connaît ? Finalement, est-ce que ce n'est pas intéressant pour la Métropole, qui a du mal à communiquer avec les habitants individuels, de passer par des intermédiaires, des corps intermédiaires, que seraient par exemple les associations d'usagers ? Je pense notamment à La Ville à Vélo. Nicolas Frasie, vous êtes au cœur des questionnements actuels dans la nouvelle majorité. Mais vous, par exemple, quand vous avez une demande, est-ce que vous demandez à vos usagers, à vos membres, de téléphoner ou de poser des mails à chacun aux services de la Métropole, ou à Toodego, etc., ou est-ce que vous contactez en tant qu'association, car vous avez plus d'entrées, le vice-président concerné ? Est-ce que vous pensez avoir un rôle important en tant qu'intermédiaire ?

X. Odo

En fait, il pose la question de savoir si vous, vous avez le numéro de téléphone du vice-président ?

---

8. GRECO est l'outil de Gestion des REclamations COmmunautaires crée par le Grand Lyon pour permettre aux élus, aux services municipaux, aux bailleurs ou aux habitants de saisir notamment les équipes de propreté, de voirie et d'eau de la Métropole en cas de problème. Il centralise les demandes et appels au numéro unique (04 78 63 40 00) ou par Internet (mail : *centredecontacts@grandlyon.com*, ou *www.grandlyon.com/pratique/nous-contacter.html*), qu'il redistribue ensuite aux services concernés.

N. Frasie

Je l'avais avant les élections[9], mais cela ne veut pas dire que je peux l'appeler pour ces sujets-là. Notre première mission est de représenter les usagers cyclistes. On a un vrai enjeu de légitimité. On travaille beaucoup à avoir un lien avec ces adhérents. Nous sommes tous bénévoles. D'ailleurs, les gens viennent chez nous car ils constatent que les aménagements autour de chez eux ne leur permettent pas de faire du vélo en toute sécurité. Ils se rendent compte qu'ils sont désarmés pour obtenir une réelle évolution qu'ils pourraient constater réellement. Du coup, ils se tournent vers nous. À un moment, ils peuvent se tourner aussi vers des partis politiques, mais en tout cas, sur le sujet du vélo et de façon transversale par rapport aux partis politiques, ils se tournent vers nous en disant « j'ai besoin d'aménagements pour pouvoir me déplacer en sécurité. Aujourd'hui, ce n'est pas le cas et j'estime que ça devrait l'être ». Et du coup, notre premier job est de représenter les usagers et de fait ils se tournent vers nous car, d'une certaine façon, il y a une certaine complexité à s'adresser à la Métropole. De la même façon qu'il y a une certaine complexité à s'adresser à la ville. J'habite depuis assez peu dans une ville, je n'ai aucun numéro, aucun contact et je ne sais pas à qui m'adresser pour tels et tels sujets, même si je commence à comprendre un certain nombre de choses *via* l'association. En tout état de cause, La Ville à Vélo a ce rôle de représenter, de simplifier, l'institution et les personnes de la métropole nous restituent aussi qu'elles ont besoin de nous pour collecter les choses.

Il y a un bon exemple de ce qui s'était passé pendant la période du déconfinement où il y a eu une volonté, en tout cas nous avons sollicité l'équipe de la majorité de l'époque qui l'avait accepté, de déployer un certain nombre d'aménagements dits de « transition » ou « d'urbanisme tactique » selon à qui on s'adresse. En l'occurrence, ce

9. Fabien Bagnon, vice-président à la Voirie et aux Mobilités actives, est un ancien membre de l'association La Ville à Vélo.

sont des bénévoles adhérents de La Ville à Vélo, qualifiés à la suite de formations internes, qui ont porté un certain nombre de propositions, propositions qui ont toutefois été refusées en interne parce qu'il a été estimé que ça ne correspondait pas au cahier des charges. L'idée, ça a été d'accélérer les choses et de faire des propositions. Donc oui, bien sûr, nous, on a un rôle à jouer là-dedans.

Après, il me semble important de dire que le suffrage direct n'a pas changé fondamentalement les choses. Pour nous, le mode de fonctionnement est toujours le même. On s'adresse d'abord aux maires. Et c'est structurant pour nous. La « Ville à Vélo » est structurée en groupes locaux, avec 1 600 adhérents qui sont représentés dans 20 communes et 9 arrondissements. À Grigny, il y a peut-être des adhérents, mais on n'a pas de représentant, donc on n'existe pas. C'est-à-dire qu'il n'y a pas de personne que l'on a accompagnée, qualifiée, formée sur les questions de voirie, de RGPD, etc., pour être capable de représenter de manière efficace les adhérents, et de façon plus générale, les cyclistes. Car, de fait, on porte la parole de tous les cyclistes.

C. Chabrot
Une question technique, pratique. On est en train de réfléchir à tout un tas de pistes cyclables, de circuits cyclables, d'harmonisation des parcours. Quand j'étais président de mon conseil de quartier, on avait essayé de réfléchir à ces pistes cyclables, à leur tracé, à leurs connexions dans notre quartier de Lyon. Mais on ne savait plus qui faisait quoi, et on a fini par abandonner. Mais par exemple, il y a ce cheminement cyclable qui est en création[10]. Dans ce projet, demandera-t-on une participation des habitants, des usagers, etc. ? Et si oui, concrètement, est-ce vous qui vous en occuperiez ou est-ce que ce serait le vice-président « Mobilité active » qui le ferait ?

---

10. La nouvelle majorité est ainsi en train de créer un réseau express vélo (REV) mettant en place de grands axes de circulation cycliste à l'échelle de la métropole (la PPI a prévu un investissement de 3,6 milliards d'euros sur la période 2021-2026).

L. Boffet

Alors, ce sont les deux. C'est une autre chose qui change, ou que l'on essaye de changer. Dans l'ancienne manière, mais je le dis encore une fois tranquillement parce que ce n'est pas que la Métropole, c'est une habitude de travail. On a des élus qui choisissent des choses, des services qui exécutent, très souvent dans les mêmes politiques publiques. C'est-à-dire des politiques publiques qui n'échangent pas les unes avec les autres. Ensuite, on exécute. Et là-dedans, les habitants, parfois on a pensé à eux et, le plus souvent, non. Ce qu'on essaye de faire, c'est déjà de partager beaucoup plus les politiques publiques entre nous et de faire du travail beaucoup plus collectif et des constructions de projets beaucoup plus collectives. S'il y a plusieurs politiques incluses, on bosse ensemble et on décide ensemble. Par ailleurs, je vais former à la fois les services techniques et les élus, et on a déjà fait des séminaires pour former les élus et les agents, pour savoir comment on doit inclure les citoyens dans ces *process* là, et les inclure au plus tôt, dans tous les cas. Avec quand même la question pour les élus en particulier de décider quels niveaux d'implication ils vont donner aux citoyens et aux citoyennes. Et qu'ils assument le niveau de participation qu'ils vont décider : du plus petit – qui est au moins de faire la bonne information – au plus fort – qui est carrément de codécider avec des habitants et des habitantes sur des projets donnés. Et puis, il y a à chaque fois l'articulation avec les communes, qui ont aussi la politique de la démocratie locale. On ne peut pas non plus faire sans les communes. Il y a donc souvent tous ces gens-là à mettre autour de la table, plus les habitantes et les habitants.

Par exemple, pour ce qui est du vélo dans son ensemble, on est en train de construire, de préciser avec Fabien Bagnon comment on va concerter, qui est-ce qui doit décider, où ça va se passer, comment inclure pour l'instant la discussion avec les communes. Il y aura des endroits qui seront mis au débat avec l'ensemble des habitants, et il y aura des endroits qui le seront un peu moins. En tout cas, on aura un devoir d'information. Donc, on est aussi en train de travailler sur la mise en ligne de bien plus d'informations, sur la plateforme de participation au projet du Réseau express vélo par exemple, des choses comme ça. Les dispositifs qu'on va adopter sont fonction des projets et sont fonction de la meilleure manière que l'on a choisie pour atteindre les habitantes et les habitants. Des fois, on fera du jury citoyen, d'autres fois, autre chose. Voilà, cela dépend de ce qui sera le plus intéressant pour la politique publique que l'on veut mettre en œuvre, mais aussi pour inclure le plus de monde.

N. Frasie
Je me permets juste de rebondir là-dessus. Je pense que ce qui est important, et c'est le message que je voulais porter aujourd'hui, c'est que la démocratie « participative » – j'utilise ce terme-là qui est peut-être mal utilisé –, l'idée d'impliquer les habitants, dans certains cas peut être vue avec cynisme. Je prends l'exemple de Tassin-la-Demi-Lune qui a fait un sondage avec des petits schémas de voiture où clairement les deux schémas ne sont pas comparables, avec notamment une proportion de voitures qui n'est pas du tout la même dans l'un ou l'autre des dessins, mais on demande aux habitants de se prononcer sur le cas de figure produisant le moins de congestion. Bref. On utilise parfois aussi les habitants pour porter un message politique. Et dans d'autres cas, on s'inquiète d'ouvrir une boîte de Pandore, avec le risque de se retrouver avec des personnes qui vont juste défendre le fait que leur voisin fait déféquer son chien devant sa porte et que c'est tout à fait insupportable, etc. Du coup, ça rend le processus de démocratie participative tout à fait ingérable.

Mais je pense qu'il y a un vrai sujet en termes de démocratie participative, en termes d'intelligence collective. Moi, je n'y connais rien en infrastructure, je n'ai jamais ouvert un bouquin d'aménagement en infrastructure. Et franchement, je n'en ai pas envie. Je ne suis pas là pour remplacer les services, et l'association n'est pas là pour remplacer les services. On dit qu'on apporte une « expertise d'usage ». En fait d'une certaine façon, on dit juste « voilà, à un moment, on se retrouve sur notre vélo, avec notre enfant, sur telle piste cyclable, sur telle voirie, et il se passe ceci ». Quand je me retrouve par exemple dans la grande rue d'Oullins avec mon enfant de un an, franchement c'est une expérience ! Je n'en veux pas bien sûr à Mme Pouzergue [maire d'Oullins] de ne pas avoir d'enfants, d'enfant de cet âge-là et de ne pas circuler avec un vélo cargo, de ne pas avoir ce genre d'expérience. Mais c'est véritablement dangereux, et clairement il faut faire quelque chose.

Du coup voilà, on apporte un point de vue. Mais notre objectif, en tant qu'association, c'est aussi de le qualifier. Et il y a un vrai travail là-dessus, car c'est notre légitimité aussi. Autrement dit, si on veut construire une relation de confiance avec tous les élus de tous les bords politiques, pour le vélo ou pour autre chose, il faut que l'on soit crédible et que l'on travaille notre légitimité. Je pense que ce qui est important, c'est que les habitants puissent apporter des points de vue différents, complémentaires, qui vont permettre d'obtenir une meilleure solution. Sur la voirie, c'est très clair, mais c'est aussi le cas sur plein d'autres sujets. Je pense qu'intégrer les habitants permet d'aller plus loin, car ce sont des hommes et des femmes avec des expériences de vie qui sont ce qu'elles sont, et qui sont déjà très importantes, mais qu'il est important de les compléter avec d'autres expériences.

C. Chabrot

Je vais revenir après sur cette question des consultations. B. Chabbat, vous étiez assez investi dans la vie de l'école de votre enfant. Vous faisiez partie d'une association de parents d'élèves. Est-ce qu'ensuite, quand votre enfant est passé au collège, vous avez continué à vous investir ou êtes-vous simplement allé vous renseigner sur le site internet de la Métropole pour savoir qui était compétent par exemple ? Avez-vous déjà déposé sur le site de la Métropole une demande particulière ? Parce que pour les écoles, on sait que dans la proximité c'est la mairie, c'est le maire, et on fait, ou on peut agir. Mais est-ce que quand on passe à un âge plus avancé, avec des enfants au collège, on continue de faire, d'interagir avec la Métropole ou est-ce que ça vous a finalement découragé ?

B. Chabbat
C'est très personnel, mais j'ai trouvé ça plutôt décourageant. En prenant de l'âge, en quelque sorte, au niveau de l'enfant, on est avec des institutions qui sont plus lourdes. Donc le collège, c'est plus lourd que l'école, le lycée est plus lourd que le collège. Et ça devient très difficile de s'investir, de prendre le temps de bien comprendre tous les enjeux, de participer, etc.

C. Chabrot
Est-ce que c'est une question de personnalisation du pouvoir ? Parce que le maire, on le connaît. Historiquement, on le connaît. Là, j'ai vu un sondage effrayant, je crois qu'il y avait les deux tiers des habitants à Lyon qui ne savaient pas le nom du président de la Métropole à la suite des dernières élections. Alors que l'on imaginait que c'était un peu rentré dans les esprits. Est-ce que ce n'est donc pas aussi un problème de personnalisation, c'est-à-dire que vous ne savez pas « qui » est la Métropole ? Peut-être que maintenant Bruno Bernard, avec toutes les aventures de cette campagne, on le connaît un peu. Mais la Métropole dans votre quartier n'a pas d'identité, de personnes qui permettent de l'identifier. Les MDM deviendront peut-être à terme ce lieu repère. Mais à votre avis, ce sentiment décourageant d'éloignement est-ce un problème de personnalisation ou un problème de complexité de la Métropole ?

B. Chabbat
Je pense qu'il y a les deux. Il y a un problème de complexité, mais on en a déjà pas mal parlé. Au niveau de la personnalisation, c'est peut-être aussi parce que c'est un peu tôt. On voit bien qu'avec les retours dans la presse, les différentes décisions qui sont prises, avec les différentes polémiques, c'est assez instructif. Cela donne aussi les positions respectives des uns et des autres. Et cela permet de mettre des noms sur ces différentes décisions et sur ces personnes. Et donc je pense qu'avec le temps, on va certainement aller vers le mieux en tout cas au niveau personnalisation. Il n'en reste pas moins qu'au niveau de la complexité, c'est quand même assez difficile. Et du

coup, les associations sont un très bon relais telle que l'association La Ville à Vélo ou, en ce qui me concerne, les associations de parents d'élèves. Cela permet quand même, quand on a envie de comprendre, de participer, d'aller un peu plus loin.

C. Chabrot
Parce que non seulement on ne connaît pas la Métropole, mais la Métropole vient rarement vers nous. Je pensais à toutes ces opérations de concertation qui sont en train de se tenir. Concertation de la ville de Lyon sur la Covid et les cantines, la ville de Caluire qui a fait une concertation sur le développement durable. Est-ce que la Métropole pense mettre en place des actes de prises de contact avec les habitants ?

L. Boffet
Elle en fait, mais là aussi elle communique mal dessus. Ça fait partie des énormes chantiers, outre les sites internet du Grand Lyon, qu'on est en train de revoir, et qui prendra du temps. Des concertations ou des échanges avec les habitants, il y en a très souvent. Le souci, c'est qu'on ne communique pas très bien dessus. En particulier, mais ce n'est pas forcément grave ici, on est aussi souvent en lien avec les communes et on fait des demandes de participation à travers elles. Donc, ces consultations particulières sont identifiées à l'initiative de la commune en premier lieu, mais la Métropole y est bien souvent présente. Après, et ça sera nouveau, on va organiser effectivement des consultations, des concertations, importantes, qui seront plus directement pilotées par la Métropole et qui seront peut-être, on verra, plus identifiées comme telles. Il y a des grands sujets comme la ZFE par exemple qui feront l'objet d'une telle concertation. Là, on va lancer des concertations, mais avec des publics un peu fragiles. Donc, ce n'est pas une chose qu'on a beaucoup mise en avant sur le réseau, comme pour le RSJ [le Revenu Solidarité Jeunes], ce petit complément que l'on va proposer par rapport à d'autres dispositifs. Voilà, il y a quand même des grands débats, sur l'aménagement de la ville ou sur les grands aménagements. On va faire aussi énormément

de choses sur l'environnement. Vous le verrez petit à petit. Mais il y a déjà de nombreuses consultations qui se déroulent, mais qui sont trop invisibles aujourd'hui, et c'est l'un des enjeux. Et enfin, je terminerai par une autre chose car c'est une habitude lyonnaise, et qui n'est pas mauvaise, qui existe toujours, qui est de s'adresser justement aux associations, aux fameux corps intermédiaires tous azimuts. Et selon les politiques publiques, on le fait très souvent. Mais là non plus, on ne communique pas très bien sur ces concertations, sur les associations que l'on a rencontrées, comment, dans quel cadre ça se passe.

C. Chabrot
L'association La Ville à Vélo a-t-elle déjà été directement sollicitée par la Métropole ?

N. Frasie
Alors, il existait déjà durant le précédent mandat des réunions dites plénières sur les modes doux et des réunions techniques auxquelles nous sommes conviés, au même titre que d'autres associations dans les mobilités actives. Mais je pense quand même que nous, on subit cette complexité en tant qu'association. On passe un temps bénévole important pour essayer de comprendre, pour prendre contact avec la bonne personne, généralement à l'échelle de la mairie, parfois avec le maire, avec l'adjoint, pour essayer de comprendre ce que sont les travaux en cours. Sachant qu'historiquement, l'association a été créée pour faire respecter la loi dite LAURE de 1996[11] qui prévoit, en gros, qu'en cas de rénovation de voirie, il faut penser aux cyclistes. Ce n'est malheureusement pas toujours respecté. Notre premier job, c'est alors d'être en sentinelle, de vérifier que ça a été fait en cas de nouveaux travaux. La nouvelle chose que l'on a faite plus récemment, c'est de vérifier que sur le permis de construire les promoteurs respectent

11. Loi nº 96-1236 du 30 décembre 1996 sur l'air et l'utilisation rationnelle de l'énergie (LAURE), également appelée loi Lepage, qui intègre notamment des objectifs en matière de déplacement urbain (PDU).

leurs obligations au regard du PLU, du PLU-H, en termes de parking vélo. Et ça, aujourd'hui, ça nous prend un temps de fou qui n'est pas du reste un temps très agréable. Et typiquement, il est très difficile pour nous de connaître les dates des concertations, même quand on est une association identifiée, et qu'on découvre parfois sur la page d'information Facebook de l'arrondissement. Il n'y a pas d'outils mis en place. Et du coup pour nous, c'est un peu notre message d'aujourd'hui, l'application Toodego, qui est essentiellement un outil sur le sujet voirie, même s'il touche d'autres sujets, simplifie beaucoup les choses pour les usagers.

L. Boffet
C'est un début.

N. Frasie
Exactement, c'est un début, et c'est un début qu'il faut saluer. Mais il n'empêche qu'ensuite on ne sait pas ce qu'il se passe. Ce n'est pas un outil qui est transparent, et il peut susciter de nombreuses frustrations pour les habitants qui envoient une bouteille à la mer, mais ne savent pas ce qu'elle devient. Nous, on appelle vraiment à ce qu'il soit mis en *open data* pour pouvoir disposer des informations qu'il recueille. Par exemple M. Chabbat, lui ou une autre personne bien sûr, qui a signalé un problème d'accidents au carrefour est peut-être le 50e à signaler ce problème. Peut-être que le service est simplement saturé et qu'il ne peut pas s'en occuper, peut-être qu'il y a plein d'autres raisons. Mais le fait est que nous, les citoyens ou des associations comme La Ville à Vélo, serions très intéressés d'aller chercher cette information pour la valoriser, c'est-à-dire pour la qualifier et pouvoir ensuite porter un message aux responsables en disant « concrètement à travers cet outil, on a réalisé ça et il s'agirait sans doute de travailler là-dessus ».

C. Chabrot
D'accord. Malheureusement, on va bientôt être obligé d'arrêter pour cause de couvre-feu à 18 heures. Juste, pour terminer, est-ce qu'il y aurait un coup de *buzz* à faire ? Un référendum métropolitain ou une

demande de consultation sur un sujet qui concernerait la globalité ? Mais au moins pour montrer que la Métropole demande. Avez-vous déjà eu cette idée ?

L. Boffet
Oui. Je ne vous donnerai pas de sujet spécifiquement ce soir. Je formule un vœu qui nous concerne tous sur l'implication des habitants, en termes de boutade, parce qu'on a parlé toute la journée de la Métropole, y compris de son règlement intérieur, y compris ce matin le fait de dire qu'il faudrait qu'on implique plus les citoyens, que certaines instances soient publiques alors qu'elles ne le sont pas, et la majorité encore aujourd'hui des groupes politiques n'y sont pas favorables. Vous voyez qu'on a encore à convaincre bon nombre d'élus d'aller de l'avant là-dessus. Et donc, le référendum, il apporte des réponses, mais il n'est pas non plus la panacée à tous les éléments où l'on demande l'avis aux gens. Je suis favorable pour qu'on en organise sur le mandat. Mais il y a plein d'autres dispositifs à mettre en place, à tester selon les projets : des budgets participatifs, des jurys citoyens, le fait d'associer des associations et autres collectifs d'habitants, des syndicats et les faire travailler sur certains sujets. Voilà, en formule un peu finale, ce serait ainsi très bien que pour le prochain colloque, on commence par nous, par ces sujets, pour voir où l'on en est sur tous ces dispositifs nouveaux avec les habitants.

C. Chabrot
Oui, entendu, on fera un colloque spécialement sur notre table ronde. Car les communes connaissent trop la Métropole, peut-être, mais les habitants ne la connaissent pas assez. Et les maires sont au milieu, ne sachant pas à qui refiler la baffe qu'ils viennent de recevoir de leurs administrés, pour reprendre l'image connue du maire « à portée de baffe ». En tous cas, on voit qu'il y a un vrai déficit d'identification de la Métropole, de communication. Toodego, vous connaissiez ?

B. Chabbat
Pas du tout.

C. Chabrot

Voilà. GRECO, j'en ai déjà entendu parler, mais je n'ai jamais su vraiment où trouver ce service. Or, à mon avis, cette visibilité est très importante pour les habitants et la démocratie locale.

L. Boffet

C'est le premier axe de ma feuille de route lorsque je suis arrivée à la Métropole.

X. Odo

C'est tout le débat de l'éloignement du pouvoir en fait. À quel moment l'habitant touche-t-il le pouvoir ou pas ? Et toute la difficulté de la Métropole, si on ne veut pas qu'elle soit hors-sol, c'est de savoir comment on l'attache aux territoires. Alors, est-ce que ce sont les élus métropolitains qui doivent être attachés aux territoires ou est-ce que ce sont les maires ? L'histoire le dira. Mais je crois que la question est là : « Quelle légitimité aura les uns et les autres ? » La Ville à Vélo a la légitimité à dire « moi, je veux qu'on fasse respecter la loi ». Mais finalement, quelle légitimité des uns et des autres ? Et à la fin, quand les gens ne sont pas contents, ils débarquent dans le bureau du maire.

C. Chabrot

D'autant que vous n'êtes pas la seule association de vélo, que vous tenez peut-être des positions différentes d'autres associations. Là aussi, la question de la légitimité des intermédiaires ou même des habitants se pose. Ce qui nous intéressait avec Bertrand Chabbat c'était de ne plus avoir d'accidents en bas de chez nous, qui nous mettaient en danger. Alors après, l'intérêt général métropolitain, à la limite on peut vivre sans ou du moins sans le ressentir. Quand je parlais tout à l'heure de société locale et d'appropriation de la Métropole par leurs habitants, c'est aussi un vœu que je formule, mais je pense qu'il y a beaucoup d'habitants qui peuvent très bien vivre tant qu'il y a un service qui est fait, et sans s'approprier la Métropole.

X. Odo
Et le suffrage direct a des défauts, mais il a un avantage : les gens qui ont voté se sont déplacés. Alors plus ou moins selon le Covid, mais je pense que tous les maires qui ont été élus l'ont été assez largement, parfois même au premier tour comme dans mon cas. Et on peut raconter ce qu'on veut, mais ces gens-là, de cette commune-là, ils ont choisi ça, cette personne, ce programme. C'est ce choix qu'il faut légitimer, et il faut vraiment faire attention de ne pas mettre en danger cela. C'est le dernier rempart qui nous reste.

L. Boffet
Je suis d'accord avec vous. Mais je rappelle cet enjeu-là d'inclure aussi les habitants en dehors des élections, car on a de plus en plus d'abstention. Je ne crois pas que ce soit par un désintérêt complet de la politique, ou de la vie de la cité au sens noble du terme. Mais justement, on a à bien réfléchir tous à ceci.

X. Odo
Oui, mais, on doit faire attention à la légitimité… On le voit dans les quartiers politiques de la ville. On met en place un conseil citoyen, on demande à 4-5 personnes dans un conseil décisionnel de prendre des décisions en laissant parfois les élus de côté. Il faut faire attention au juste équilibre, car quelle est la légitimité de ces 4-5 personnes sur ce quartier ? Ils y habitent, c'est une qualité. Mais ils n'y seront peut-être plus dans 3-5 ans. L'élu a été au moins élu pour prendre des décisions. Et c'est toute la limite de l'exercice, même si je suis un grand partisan de la participation – je ne crois pas qu'il existe un maire qui construise sa ville contre ses habitants, même si en ce moment c'est un peu compliqué. On a dû faire 200 consultations ou concertation lors du précédent mandat sur des petits bouts de voirie, des questions importantes sur l'éclairage nocturne, etc. Il y a plein de sujets de dialogue, de rencontre, mais il faut faire attention à chaque fois aux légitimités de ces décisions.

C. Chabrot

Bien, merci beaucoup, on va être obligé de clore ce colloque. Merci à toutes et à tous d'être venus ou de nous avoir suivis sur Internet. Je voulais vous remercier pour tout l'apport de votre expérience. Et je pense que l'on fera peut-être des séminaires, plus ponctuels, sur des questions plus déterminantes et précises permettant d'aller un peu plus au fond. Ce colloque permettait de faire un bilan un peu général sur ce premier impact du suffrage universel direct. Mais je pense que ce n'est que le premier de futures autres collaborations.

Je vous remercie vraiment beaucoup.

ANNEXES

Annexe 1

PRÉSENTATION SYNTHÉTIQUE DE LA MÉTROPOLE DE LYON

par

Christophe CHABROT

Maître de conférences (HC) de droit public
Université Lumière-Lyon 2, Faculté de droit Julie-Victoire Daubié
UR Droits, Contrats, Territoires (DCT), Responsable de l'axe Territoires

Population	1 398 892 hab. (chiffre Insee pop. municipales au 29 sept. 2021)
Nombre de communes sur son territoire	59
Taille géographique	533 km^2

Source : *Le Grand Lyon*, Insee.

I. Statut et cadre juridique principal

La Métropole de Lyon est une collectivité territoriale à statut particulier (art. 72 al. 1 de la Constitution), créée au 1er janvier 2015 par la loi n° 2014-58 du 27 janvier 2014 dite MAPTAM de Modernisation de l'action publique territoriale et d'affirmation des métropoles (Titre II, Chapitre II, art. 26 à 39. Décision du Conseil constitutionnel n° 2013-687 DC du 23 janvier 2014, considérants 56 à 75), modifiée ou complétée par l'ordonnance n° 2014-1335 du 6 novembre 2014 (finances métropolitaines, ratifiée par la loi n° 2015-381 du 3 avril

2015), l'ordonnance n° 2014-1543 du 19 novembre 2014 (diverses mesures, ratifiée par la loi n° 2015-382 du 3 avril 2015), l'ordonnance n° 2014-1539 du 19 décembre 2014 (élection des conseillers métropolitains, modifiée et ratifiée par la loi n° 2015-816 du 6 juillet 2015), et la loi n° 2019-1461 du 27 décembre 2019 relative à l'Engagement dans la vie locale et à la proximité de l'action publique

II. Organes principaux

– Le **conseil de la métropole** : depuis les élections des 15 mars (1er tour) et 28 juin (2e tour) 2020, le conseil est passé de 165 à 150 membres élus dans le cadre de 14 circonscriptions métropolitaines, comprenant de 7 à 17 conseillers selon leur poids démographique, au scrutin majoritaire de liste à deux tours, avec prime majoritaire de la moitié des sièges octroyés à la liste arrivée en tête de l'élection dans chaque circonscription et répartition des autres sièges entre toutes les listes ayant obtenu au moins 5 % des suffrages, y compris la liste arrivée en tête, à la représentation proportionnelle à la plus forte moyenne (ne peuvent se présenter au second tour que les listes ayant obtenu plus de 10 % des voix, modifiées le cas échéant par fusion de listes). Le mandat métropolitain est de six ans.

– Le **président du conseil de la métropole** : il est élu pour six ans par le conseil de la métropole à la majorité absolue de ses membres (ou à la majorité relative au troisième tour). Depuis 2020, s'appliquent les règles de non-cumul, un maire ne pouvant notamment plus être également président du conseil de la métropole. Le 2 juillet 2020, le conseil a désigné Bruno Bernard (EELV) président par 84 voix (2 voix pour D. Kimelfeld, et 62 abstentions).

– La **commission permanente** : passée de 45 membres en 2014 à 66 membres depuis 2020, elle est aujourd'hui composée du président, de 23 vice-président(e)s et de 42 membres élus du conseil de la Métropole. Comme la commission départementale, elle est désormais élue au scrutin de liste, paritaire, à la représentation proportionnelle à la plus forte moyenne, sans panachage ni vote préférentiel, ce qui permet la présence en son sein d'élus de l'opposition. La commission actuelle a été désignée par vote du conseil de la Métropole le 2 juillet 2020, un vote spécial ayant désigné en son sein les vice-présidents au scrutin de liste à la majorité absolue.

– La **conférence métropolitaine des maires** : cette assemblée consultative réunit régulièrement les maires des 59 communes de la métropole, sous la direction du président du conseil métropolitain. Elle élabore en début de mandat le pacte de cohérence métropolitain qui sera adopté par le conseil de la métropole, et débat des politiques de la métropole en relation avec les communes.

– Le **conseil de développement** : créé de manière volontaire par délibération du conseil de la métropole le 11 mai 2015, dans la lignée du conseil de l'ancienne communauté urbaine, cette instance consultative est composée de 200 membres, répartis en 6 collèges (Acteurs économiques : 30 membres, Organismes publics : 30 membres, Vie associative : 30 membres, Représentation territoriale des habitants : 45 membres, Citoyens volontaires : 45 membres, Personnalités qualifiées : 20 membres). Assurant la liaison entre les organes de la métropole et les acteurs socio-économiques, il est consulté pour avis par le conseil de la métropole sur le projet d'agglomération et sur toute autre question relative à la métropole. Il peut produire ses propres avis et études. Sa composition et son fonctionnement ont toutefois été repensés en profondeur en novembre 2021.

– Les **conférences territoriales des maires (CTM)** : le territoire de la Métropole est désormais découpé en dix conférences territoriales des maires délimitées par le conseil de la métropole, dans la lignée des bassins de vie de l'ancienne communauté urbaine. Elles réunissent les maires des communes concernées. Elles sont dirigées par un président et un vice-président élus en leur sein. Consultées pour avis simple sur l'élaboration et la mise en œuvre des politiques métropolitaines, et notamment le PLU et le SCoT, elles participent également à l'écriture du pacte de cohérence métropolitain. Un coordonnateur territorial nommé par le conseil de la métropole assure la liaison avec les instances décisionnelles. Une conférence des présidents de conférences territoriales des maires est prévue par le pacte de cohérence métropolitain qui envisage également la possible réunion de conférences des maires ponctuelles sur d'autres territoires spécifiques.

III. Budget principal (source : délibération du conseil de la métropole du 25 janvier 2021)

Budget principal primitif (hors budgets annexes) : 3,762 milliards d'euros.
Recettes/Dépenses de fonctionnement : 2,663 milliards d'euros.
Recettes/Dépenses d'investissement : 1,098 milliard d'euros.

IV. Compétences (art. L. 3641-1 à L. 3641-9 CGCT)

A. Art. L. 3641-1 CGCT

I. – La métropole de Lyon exerce de plein droit, en lieu et place des communes situées sur son territoire, les compétences suivantes :

1° En matière de développement et d'aménagement économique, social et culturel :

a) Création, aménagement, entretien et gestion de zones d'activité industrielle, commerciale, tertiaire, artisanale, touristique, portuaire ou aéroportuaire ;

b) Actions de développement économique, dont la participation au capital des sociétés mentionnées au 8° de l'article L. 4211-1, et actions contribuant à la promotion et au rayonnement du territoire et de ses activités, ainsi que soutien et participation au pilotage des pôles de compétitivité situés sur son territoire ;

c) Programme de soutien et d'aides aux établissements d'enseignement supérieur et de recherche et aux programmes de recherche, en prenant en compte le schéma régional de l'enseignement supérieur, de la recherche et de l'innovation ;

d) Construction, aménagement, entretien et fonctionnement d'équipements culturels, socioculturels, socio-éducatifs et sportifs métropolitains ;

e) Promotion du tourisme, dont la création d'offices de tourisme, sans préjudice de l'animation touristique qui est une compétence partagée, au sens de l'article L. 1111-4, avec les communes de la métropole ;

2° En matière d'aménagement de l'espace métropolitain :

a) Schéma de cohérence territoriale et schéma de secteur ; plan local d'urbanisme et documents d'urbanisme en tenant lieu ; définition, création et réalisation d'opérations d'aménagement ; actions de valorisation du patrimoine naturel et paysager ; constitution de réserves foncières ;

b) Organisation de la mobilité au sens des articles L. 1231-1, L. 1231-8 et L. 1231-14 à L. 1231-16 du code des transports ; création, aménagement et entretien de la voirie du domaine public routier de la métropole de Lyon ; signalisation ; parcs et aires de stationnement, plan de mobilité ; abris de voyageurs ;

c) Participation à la gouvernance et à l'aménagement des gares situées sur le territoire métropolitain ;

d) Établissement, exploitation, acquisition et mise à disposition d'infrastructures et de réseaux de télécommunications, conformément à l'article L. 1425-1 du présent code ;

3° En matière de politique locale de l'habitat :

a) Programme local de l'habitat ;

b) Politique du logement ; aides financières au logement social ; actions en faveur du logement social ; actions en faveur du logement des personnes défavorisées ;

c) Amélioration du parc immobilier bâti, réhabilitation et résorption de l'habitat insalubre ;

d) Création, aménagement, entretien et gestion des aires d'accueil des gens du voyage et des terrains familiaux locatifs définis aux 1° à 3° du II de l'article 1er de la loi n° 2000-614 du 5 juillet 2000 relative à l'accueil et à l'habitat des gens du voyage ;

4° En matière de politique de la ville :

a) Élaboration du diagnostic du territoire et définition des orientations du contrat de ville ;

b) Animation et coordination des dispositifs contractuels de développement urbain, de développement local et d'insertion économique et sociale ainsi que des dispositifs locaux de prévention de la délinquance ;

c) Programmes d'actions définis dans le contrat de ville ;

5° En matière de gestion des services d'intérêt collectif :

a) Assainissement et eau ;

b) Création, gestion, extension et translation des cimetières et sites cinéraires métropolitains, ainsi que création, gestion et extension des crématoriums métropolitains ;

c) Abattoirs, abattoirs marchés et marchés d'intérêt national ;

d) Services d'incendie et de secours, dans les conditions fixées au chapitre IV du titre II du livre IV de la première partie du présent code ;

e) Service public de défense extérieure contre l'incendie ;

6° En matière de protection et de mise en valeur de l'environnement et de politique du cadre de vie :

a) Gestion des déchets ménagers et assimilés ;

b) Lutte contre la pollution de l'air ;

c) Lutte contre les nuisances sonores ;

d) Soutien aux actions de maîtrise de la demande d'énergie ;

e) Élaboration et adoption du plan climat-air-énergie territorial en application de l'article L. 229-26 du code de l'environnement, en cohérence avec les objectifs nationaux en matière de réduction des émissions de gaz à effet de serre, d'efficacité énergétique et de production d'énergie renouvelable ;

f) Concession de la distribution publique d'électricité et de gaz ;

g) Création, aménagement, entretien et gestion de réseaux de chaleur ou de froid urbains ;

h) Création et entretien des infrastructures de charge nécessaires à l'usage des véhicules électriques ou hybrides rechargeables ;

i) Gestion des milieux aquatiques et prévention des inondations, dans les conditions prévues à l'article L. 211-7 du code de l'environnement ;

j) Création et gestion de services de désinfection et de services d'hygiène et de santé.

II. – Le conseil de la métropole de Lyon approuve à la majorité simple des suffrages exprimés le plan local d'urbanisme.

Conformément au XI de l'article 16 de la loi n° 2019-1428 du 24 décembre 2019, les présentes dispositions entrent en vigueur le 1er janvier 2021.

B. Art. L. 3641-2 CGCT

La métropole de Lyon exerce de plein droit les compétences que les lois, dans leurs dispositions non contraires au présent titre, attribuent au département.

V. Les 59 communes et 10 CTM de la Métropole de Lyon

Tableau 1

Les 59 communes et 10 CTM de la Métropole de Lyon

Commune	**Nombre habitants**	**Superficie en hectares**	**Conférence territoriale des maires 2020***	**Circonscription métropolitaine 2020**
Albigny-sur-Saône	2911	257	Val de Saône	Val de Saône
Bron	42216	1010	Portes des Alpes	Portes des Alpes
Cailloux-sur-Fontaines	2803	869	Val de Saône	Val de Saône
Caluire-et-Cuire	42847	1045	Plateau Nord	Plateau Nord-Caluire
Champagne-au-Mont-d'Or	5570	258	Ouest Nord	Val de Saône
Charbonnières-les-Bains	5119	413	Val d'Yzeron	Ouest
Charly	4552	510	Lônes et Coteaux	Lônes et Coteaux
Chassieu	10498	1160	Portes des Alpes	Portes des Alpes

Commune	Nombre habitants	Superficie en hectares	Conférence territoriale des maires 2020*	Circonscription métropolitaine 2020
Collonges-au-Mont-d'Or	4181	380	Val de Saône	Val de Saône
Corbas	11108	1190	Portes du Sud	Portes du Sud
Couzon-au-Mont-d'Or	2472	311	Val de Saône	Val de Saône
Craponne	11125	465	Val d'Yzeron	Ouest
Curis-au-Mont-d'Or	1175	310	Val de Saône	Val de Saône
Dardilly	8675	1407	Ouest Nord	Val de Saône
Décines-Charpieu	28604	1701	Rhône-Amont	Rhône-Amont
Ecully	18587	846	Ouest Nord	Val de Saône
Feyzin	9879	964	Portes du Sud	Portes du Sud
Fleurieu-sur-Saône	1464	291	Val de Saône	Val de Saône
Fontaines-Saint-Martin	3053	274	Val de Saône	Val de Saône
Fontaines-sur-Saône	7068	232	Val de Saône	Val de Saône
Francheville	14656	825	Val d'Yzeron	Ouest
Genay	5490	849	Val de Saône	Val de Saône
Givors	20121	1150	Lônes et Coteaux	Lônes et Coteaux
Grigny	9675	575	Lônes et Coteaux	Lônes et Coteaux
Irigny	8695	884	Lônes et Coteaux	Lônes et Coteaux
Jonage	5989	1211	Rhône-Amont	Rhône-Amont
La Mulatière	6431	185	Lônes et Coteaux	Lônes et Coteaux
La Tour-de-Salvagny	4040	842	Ouest Nord	Val de Saône

Commune	**Nombre habitants**	**Superficie en hectares**	**Conférence territoriale des maires 2020***	**Circonscription métropolitaine 2020**
Limonest	3 648	897	Ouest Nord	Val de Saône
Lissieu	3 128	566	Ouest Nord	Val de Saône
Lyon*	518 635	4 795	Lyon	6 circonscriptions
Marcy-l'Etoile	3 603	537	Val d'Yzeron	Ouest
Meyzieu	34 151	2 301	Rhône-Amont	Rhône-Amont
Mions	13 665	1 157	Portes des Alpes	Portes des Alpes
Montanay	3 186	716	Val de Saône	Val de Saône
Neuville-sur-Saône	7 560	547	Val de Saône	Val de Saône
Oullins	26 583	440	Lônes et Coteaux	Lônes et Coteaux
Pierre-Bénite	10 461	440	Lônes et Coteaux	Lônes et Coteaux
Poleymieux-au-Mont-d'Or	1 355	620	Val de Saône	Val de Saône
Quincieux	3 480	1 800	Val de Saône	Val de Saône
Rillieux-la-Pape	30 410	1 159	Plateau Nord	Plateau Nord-Caluire
Rochetaillée-sur-Saône	1 532	129	Val de Saône	Val de Saône
Saint-Cyr-au-Mont-d'Or	5 721	729	Ouest Nord	Val de Saône
Saint-Didier-au-Mont-d'Or	6 951	834	Ouest Nord	Val de Saône
Saint-Fons	19 254	606	Portes du Sud	Portes du Sud
Saint-Genis-Laval	21 019	1 226	Lônes et Coteaux	Lônes et Coteaux
Saint-Genis-les-Ollières	5 036	375	Val d'Yzeron	Ouest

Commune	Nombre habitants	Superficie en hectares	Conférence territoriale des maires 2020*	Circonscription métropolitaine 2020
Saint-Germain-au-Mont-d'Or	3 043	543	Val de Saône	Val de Saône
Saint-Priest	46 510	3 000	Portes des Alpes	Portes des Alpes
Saint-Romain-au-Mont-d'Or	1 221	261	Val de Saône	Val de Saône
Sainte-Foy-lès-Lyon*	22 141	683	Lônes et Coteaux	Ouest
Sathonay-Camp	6 267	195	Plateau Nord	Plateau Nord-Caluire
Sathonay-Village	2 374	515	Val de Saône	Val de Saône
Solaize	2 939	814	Portes du Sud	Portes du Sud
Tassin-la-Demi-Lune	22 403	741	Val d'Yzeron	Ouest
Vaulx-en-Velin	50 823	2 095	Rhône-Amont	Rhône-Amont
Vénissieux	67 129	1 533	Portes du Sud	Portes du Sud
Vernaison	5 001	406	Lônes et Coteaux	Lônes et Coteaux
Villeurbanne*	150 659	1 452	Villeurbanne	Villeurbanne

*Note. Les périmètres des CTM ont été modifiés par la délibération du conseil de la métropole du 5 octobre 2020 pour mieux les mettre en phase avec les circonscriptions métropolitaines établies par l'ordonnance du 19 décembre 2014. Ainsi, l'ancienne CTM Centre regroupant Lyon et Villeurbanne a été divisée en deux : la CTM Lyon comprenant la commune de Lyon et ses neuf arrondissements, et la CTM Villeurbanne comprenant la commune de Villeurbanne. Sainte-Foy-lès-Lyon qui était dans la CTM Ouest est désormais située dans la CTM Val d'Izeron, correspondant plus exactement à la circonscription Ouest dont la commune faisait partie auparavant.

Source : Population : Insee (chiffres consultés au 29.09.2021) ; Superficie : *Annuaire du Grand Lyon 2017*.

Tableau 2

Les conférences territoriales des maires

Les conférences territoriales des maires	Les communes de la CTM
Lônes et Coteaux du Rhône	Charly, Givors, Grigny, Irigny, La Mulatière, Oullins, Pierre-Bénite, Saint-Genis-Laval, Vernaison
Lyon	Lyon et les 9 arrondissements de Lyon
Ouest Nord	Champagne-au-Mont-d'Or, Dardilly, Écully, La-Tour-de-Salvagny, Limonest, Lissieu, Saint-Cyr-au-Mont-d'Or, Saint-Didier-au-Mont-d'Or
Plateau Nord	Caluire-et-Cuire, Rillieux-la-Pape, Sathonay-Camp
Porte des Alpes	Bron, Chassieu, Mions, Saint-Priest
Portes du Sud	Corbas, Feyzin, Saint-Fons, Solaize, Vénissieux
Rhône Amont	Décines-Charpieu, Jonage, Meyzieu, Vaulx-en-Velin
Val-de-Saône	Albigny-sur-Saône, Cailloux-sur-Fontaines, Collonges-au-Mont-d'Or, Couzon-au-Mont-d'Or, Curis-au-Mont-d'Or, Fleurieu-sur-Saône, Fontaines-Saint-Martin, Fontaines-sur-Saône, Genay, Quincieux, Montanay, Neuville-sur-Saône, Poleymieux-au-Mont-d'Or, Rochetaillée-sur-Saône, Saint-Germain-au-Mont-d'Or, Saint-Romain-au-Mont d'Or, Sathonay-Village
Val d'Yzeron	Charbonnières-les-Bains, Craponne, Marcy-L'Etoile, Francheville, Sainte-Foy-lès-Lyon, Sainte-Genis-les-Ollières, Tassin-la-Demi-Lune
Villeurbanne	Villeurbanne

Source : Métropole de Lyon, présentation de l'auteur, C. Chabrot.

VI. Les 14 circonscriptions électorales de la Métropole

Tableau 3

Les 14 circonscriptions électorales de la Métropole

Dénomination des circonscriptions métropolitaines	Délimitation des circonscriptions métropolitaines	Nombre de sièges à pourvoir	Nombre d'hab. par conseiller
Lônes et Coteaux (112 538 hab.)	Charly, Givors, Grigny, Irigny, La Mulatière, Oullins, Pierre-Bénite, Saint-Genis-Laval, Vernaison	12	9378
Lyon-Centre (96 134 hab.)	1er, 2e et 4e arrondissements de Lyon	11	8739
Lyon-Est (environ 62 000 hab.)	3e arrondissement de Lyon : partie à l'est de la ligne de chemin de fer Paris-Lyon	7	8857 (environ)
Lyon-Nord (environ 94 000 hab.)	6e arrondissement de Lyon 3e arrondissement de Lyon : partie à l'ouest de la ligne de chemin de fer Paris-Lyon	9	10 444 (environ)
Lyon-Ouest (100 857 hab.)	5e et 9e arrondissements de Lyon	11	9169
Lyon-Sud (81 825 hab.)	7e arrondissement de Lyon	8	10 228
Lyon-Sud-Est (85 170 hab.)	8e arrondissement de Lyon	9	9463

Dénomination des circonscriptions métropolitaines	**Délimitation des circonscriptions métropolitaines**	**Nombre de sièges à pourvoir**	**Nombre d'hab. par conseiller**
Ouest (84 083 hab.)	Charbonnières-les-Bains, Craponne, Francheville, Marcy-l'Etoile, Saint-Genis-les-Ollières, Sainte-Foy-lès-Lyon, Tassin-la-Demi-Lune	9	9 342
Plateau Nord-Caluire (79 524 hab.)	Caluire-et-Cuire, Rillieux-la-Pape, Sathonay-Camp	8	9 940
Porte des Alpes (112 889 hab.)	Bron, Chassieu, Mions, Saint-Priest	12	9 407
Portes du Sud (110 309 hab.)	Corbas, Feyzin, Saint-Fons, Solaize, Vénissieux	11	10 028
Rhône Amont (119 567 hab.)	Décines-Charpieu, Jonage, Meyzieu, Vaulx-en-Velin	12	9 963

Dénomination des circonscriptions métropolitaines	**Délimitation des circonscriptions métropolitaines**	**Nombre de sièges à pourvoir**	**Nombre d'hab. par conseiller**
Val de Saône (110688 hab.)	Albigny-sur-Saône, Cailloux-sur-Fontaines, Champagne-au-Mont-d'Or, Collonges-au-Mont-d'Or, Couzon-au-Mont-d'Or, Curis-au-Mont-d'Or, Dardilly, Écully, Fleurieu-sur-Saône, Fontaines-Saint-Martin, Fontaines-sur-Saône, Genay, Limonest, Lissieu, Montanay, Neuville-sur-Saône, Poleymieux-au-Mont-d'Or, Quincieux, Rochetaillée-sur-Saône, Saint-Cyr-au-Mont-d'Or, Saint-Didier-au-Mont-d'Or, Saint-Germain-au-Mont-d'Or, Saint-Romain-au-Mont-d'Or, Sathonay-Village, La Tour-de-Salvagny	14	7906
Villeurbanne (150659 hab.)	Villeurbanne	17	8862
Total		150	

Note : Les chiffres de la population sont ceux de la population municipale donnés par l'Insee au 29 septembre 2021 (hors population comptée à part).

Source : Ordonnance n° 2014-1539 du 19 décembre 2014, modifiée et ratifiée par la loi n° 2015-816 du 6 juillet 2015.

Noter que depuis la délibération du 5 octobre 2020 du conseil métropolitain modifiant les périmètres des CTM :

– six circonscriptions métropolitaines ont le même périmètre que les conférences territoriales des maires dont elles portent pour la plupart le même nom (Lônes et Coteaux du Rhône, Plateau Nord-Caluire, Porte des Alpes, Portes du Sud, Rhône Amont, Val d'Izeron/Ouest) ;

– une circonscription coïncide avec une seule commune et une seule CTM (Villeurbanne) ;

– la circonscription Val de Saône continue de regrouper les deux CTM Ouest Nord et Val de Saône ;

– À Lyon, les six circonscriptions correspondent parfois aux arrondissements (Lyon Sud/7e arr. et Lyon-Sud-Est/8e arr.) ou à des regroupements d'arrondissements (Lyon-Ouest/5e et 9e arrondissement et Lyon-Centre/1er, 2e et 4e arrondissements), le 3e arrondissement étant pour sa part scindé en deux, une partie formant la circonscription Lyon-Est et l'autre étant rattachée au 6e arrondissement pour former la circonscription Lyon-Nord.

Annexe 2

RÉSULTATS DES ÉLECTIONS MÉTROPOLITAINES DES 15 MARS (1ER TOUR) ET 28 JUIN (2E TOUR) 2020

Tableau 4

Résultats des élections métropolitaines lyonnaises de 2020

Listes	Têtes de liste	Partis	Premier tour		Second tour		Sièges
			Voix	%	Voix	%	
Maintenant la Métropole pour nous	Bruno Bernard	EÉLV	64 044	22,62			**59**
C'est la gauche unie	Renaud Payre	PS-PCF-G.s-ND-PP	29 159	10,30	105 593	42,44	**21**
Lyon en commun	Nathalie Perrin-Gilbert	LFI-E!-GRS-MRC	11 174	3,95			**4**
Pour une Métropole juste	François-Noël Buffet	DVD	50 039	17,67	17 743 60 338	7,13 24,25	**15** **28**
Un temps d'avance	Gérard Collomb	LEM-MoDem-UDI	48 959	17,29	591	0,24	0
Ensemble avant tout	David Kimelfeld	LREM dissident-PRG	44 601	15,75	8 839 50 132	3,55 20,15	**3** **20**
La Métropole du bon sens	Andréa Kotarac	RN-PCD	21 707	7,67	5 588	2,25	0

Listes	**Têtes de liste**	**Partis**	**Premier tour**		**Second tour**		**Sièges**
			Voix	**%**	**Voix**	**%**	
Positivons Lyon Métropole	Éric Lafond	DVC	6389	2,26			
Faire entendre le camp des travailleurs	Olivier Minoux	LO	3270	1,16			
Divers		SE	2107	0,74			
Divers gauche		DVG	1427	0,50			
Villeurbanne - Métropole 2020 Décidons ensemble		UPR	233	0,08			
Suffrages exprimés			283109	97,77	248824	97,54	
Votes blancs			2278	0,79	3556	1,39	
Votes nuls			4188	1,45	2712	1,06	
Total			**289575**	**100,0**	**255092**	**100,0**	**150**
Abstentions			517700	64,13	553649	68,46	
Inscrits/ participation			807275	35,87	808741	31,54	

Source : Présentation Wikipedia : *https://fr.wikipedia.org/wiki/élections_métropolitaines_de_2020_dans_la_métropole_de_Lyon.*

Vérifié sur le site du ministère de l'Intérieur : *https://www.interieur.gouv.fr/fr/Elections/Les-resultats/Municipales/elecresult__metropole-de-Lyon-2020/(path)/metropole-de-Lyon-2020/index.html.*

Figure 2

Cartographie des résultats au 2e tour

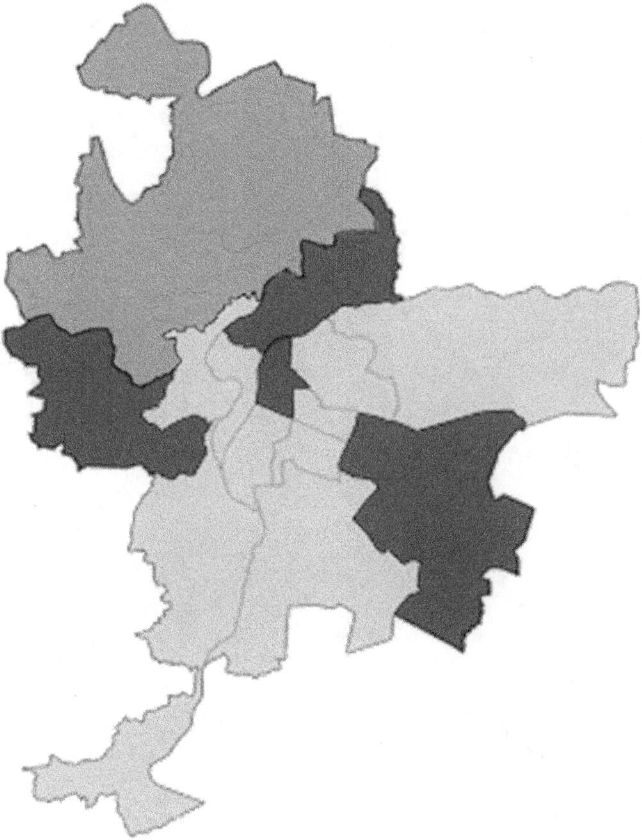

Légende :

- EELV-Union de la Gauche
- Les Républicains-LREM-Centre
- LREM Dissident-DVD

Source : *Rue89 Lyon*.

Annexe 3

COMPARATIF DES PLAFONDS DES FRAIS DE CAMPAGNE POUR LES ÉLECTIONS MUNICIPALES ET MÉTROPOLITAINES (OU DÉPARTEMENTALES)

Tableau 5

Plafond par habitant des dépenses électorales (euros)

Fraction de la population de la circonscription	Plafond par habitant des dépenses électorales (en euros)			
	Élection des conseillers municipaux		Élection des conseillers départementaux	Élection des conseillers régionaux
	Listes présentes au premier tour	Listes présentes au second tour		
N'excédant pas 15 000 habitants	1,22	1,68	0,64	0,53
De 15 001 à 30 000 habitants	1,07	1,52	0,53	0,53
De 30 001 à 60 000 habitants	0,91	1,22	0,43	0,53
De 60 001 à 100 000 habitants	0,84	1.14	0,30	0,53
De 100 001 à 150 000 habitants	0,76	1,07	-	0,38
De 150 001 à 250 000 habitants	0,69	0,84	-	0,30
Excédant 250 000 habitants	0,53	0,76	-	0,23

Source : Art. L. 52-11 du Code électoral.

Tableau 6

Montant du plafond de dépenses par liste de candidats

Circonscriptions métropolitaines	**Population municipale**	**Montant du plafond de dépenses par liste de candidats (art. L.52-11)**	**Montant du plafond du remboursement forfaitaire des dépenses de campagne par liste de candidats (art. L.52-11-1)**
Lones et Coteaux	111 807	56 570,00 €	26 871,00 €
Lyon-Ouest	99 635	52 079,00 €	24 737,00 €
Lyon-Sud	82 045	45 588,00 €	21 654,00 €
Lyon-Centre	96090	50 771,00 €	24 116,00 €
Lyon-Est	65 172	39 362,00 €	18 697,00 €
Lyon Nord	88 235	47 872,00 €	22 739,00 €
Lyon Sud-Est	84 717	46 500,00 €	22 088,00 €
Ouest	83 418	46 095,00 €	21 895,00 €
Plateau Nord-Caluire	78 726	44 363,00 €	21 073,00 €
Porte des Alpes	110 382	56 044,00 €	26 621,00 €
Porte du Sud	107 975	55 156,00 €	26 199,00 €
Rhône Amont	115 182	57 816,00 €	27 462,00 €
Val de Saône	109 045	55 551,00 €	26 387,00 €
Villeurbanne	149 019	70 302,00 €	33 393,00 €

Source : Art. L. 52-11 du Code électoral.

Table des matières

Partie II

ÉLECTIONS ET TERRITOIRES

ANNEXES

Structures éditoriales du groupe L'Harmattan

L'Harmattan Italie
Via degli Artisti, 15
10124 Torino
harmattan.italia@gmail.com

L'Harmattan Hongrie
Kossuth l. u. 14-16.
1053 Budapest
harmattan@harmattan.hu

L'Harmattan Sénégal
10 VDN en face Mermoz
BP 45034 Dakar-Fann
senharmattan@gmail.com

L'Harmattan Cameroun
TSINGA/FECAFOOT
BP 11486 Yaoundé
inkoukam@gmail.com

L'Harmattan Burkina Faso
Achille Somé – tengnule@hotmail.fr

L'Harmattan Guinée
Almamya, rue KA 028 OKB Agency
BP 3470 Conakry
harmattanguinee@yahoo.fr

L'Harmattan RDC
185, avenue Nyangwe
Commune de Lingwala – Kinshasa
matangilamusadila@yahoo.fr

L'Harmattan Congo
67, boulevard Denis-Sassou-N'Guesso
BP 2874 Brazzaville
harmattan.congo@yahoo.fr

L'Harmattan Mali
ACI 2000 - Immeuble Mgr Jean Marie Cisse
Bureau 10
BP 145 Bamako-Mali
mali@harmattan.fr

L'Harmattan Togo
Djidjole – Lomé
Maison Amela
face EPP BATOME
ddamela@aol.com

L'Harmattan Côte d'Ivoire
Résidence Karl – Cité des Arts
Abidjan-Cocody
03 BP 1588 Abidjan
espace_harmattan.ci@hotmail.fr

Nos librairies en France

Librairie internationale
16, rue des Écoles
75005 Paris
librairie.internationale@harmattan.fr
01 40 46 79 11
www.librairieharmattan.com

Librairie des savoirs
21, rue des Écoles
75005 Paris
librairie.sh@harmattan.fr
01 46 34 13 71
www.librairieharmattansh.com

Librairie Le Lucernaire
53, rue Notre-Dame-des-Champs
75006 Paris
librairie@lucernaire.fr
01 42 22 67 13

www.ingramcontent.com/pod-product-compliance
Lightning Source LLC
LaVergne TN
LVHW050639051026
849532LV00002B/446